Advancing
the Culture of Teaching on Campus

HOW A TEACHING CENTER CAN MAKE
A DIFFERENCE

提升大学教学能力
——教学中心的作用

〔美〕康斯坦斯·库克 等著

陈　劲　郑尧丽　译

ZHEJIANG UNIVERSITY PRESS
浙江大学出版社

图书在版编目（CIP）数据

提升大学教学能力 /（美）库克等著；陈劲，郑
尧丽译. —杭州：浙江大学出版社，2011.5
书名原文：Advancing the Culture of Teaching on
Campus：How a Teaching Center Can Make a
Difference
ISBN 978-7-308-08630-1

Ⅰ.①提… Ⅱ.①库…②陈…③郑… Ⅲ.①高等教
育－教学研究 Ⅳ.①G642.0

中国版本图书馆 CIP 数据核字（2011）第 076341 号

浙江省版权局著作权合同登记图字：11-2011-78 号

提升大学教学能力

[美]康斯坦斯·库克等 著 陈劲 郑尧丽 译

责任编辑	樊晓燕	
封面设计	刘依群	
出版发行	浙江大学出版社	
	（杭州市天目山路 148 号 邮政编码 310007）	
	（网址：http://www.zjupress.com）	
排　版	杭州中大图文设计有限公司	
印　刷	杭州丰源印刷有限公司	
开　本	710mm×1000mm　1/16	
印　张	13.75	
字　数	232 千	
版 印 次	2011 年 5 月第 1 版　2011 年 5 月第 1 次印刷	
书　号	ISBN 978-7-308-08630-1	
定　价	38.00 元	

这是一本关于在研究型大学,即美国密歇根大学内运作一个教学中心(CRLT)的策略的书。2012 年这个教学研究中心将迎来其 50 周年纪念,这是第一个达到这个里程碑的教学中心。这本书将阐述 CRLT 中心的思想,介绍它的优势所在,以及它将要达成的目标。CRLT 中心的伙伴们有着共同的战略目标,并遵循统一的运作规程。本书是 CRLT 所有中心成员共同努力的结果,每个人分写其中的一章或几章。在这些章节中您能看到 CRLT 中心所从事的项目,其涵盖非常广泛,还能看到 CRLT 中心所获得的成果。此书分成两个部分,第一部分介绍的 CRLT 中心的功能,是美国其他普通教学中心共有的,第二部分着重介绍了 CRLT 中心所能提供的独特服务。结论部分是全国研究型大学教学中心的主任们提出的建设性建议。

译者简介

陈 劲 浙江大学教授、博士生导师,麻省理工学院访问学者,国家杰出青年基金获得者。现任浙江大学本科生院常务副院长、浙江大学竺可桢学院常务副院长、浙江大学科教发展战略研究中心(教育部战略研究基地)主任,同时担任教育部科技委管理学部委员、中国工程院教育委员会委员、*Journal of Knowledge-based Innovation in China* 主编。主要从事创新管理与政策、高等教育创新策略等方面的研究。

郑尧丽 2006 年毕业于浙江大学管理学院 MBA 专业,2008 年 9 月开始攻读浙江大学教育经济与管理专业的博士学位,当前主要的研究方向为学生创新领导力的培养。2010 年 11 月开始负责浙江大学本科生院学生对外交流工作,致力于在全球化的知识经济、学习经济背景下,进行高素质的国际化人才培养计划的组织与实施。

中译版序言

浙江大学校长竺可桢教授曾说过："大学教育之目的，在于养成一国之领导人材，一方提倡人格教育，一方研讨专门智识，而尤重于锻炼人之思想，使之正大精确，独立不阿，遇事不为习俗所囿，不崇拜偶像，不盲从潮流，惟其能运用一己之思想，此所以曾受真正大学教育者之富于常识也。"人才培养和科学研究都是大学教育的重要职责。浙江大学以"中国特色、世界水平"的世界一流大学为目标，多年来立足人才培养、科学研究、社会服务、文化传承创新为四大任务，全心致力于建设名副其实的研究型大学。建设研究型大学所面临的首要任务就是如何在不断提高大学科学研究能力的同时提高教师的教学水平以培养学生的学习能力以及科研能力。

诚如本书中所说"研究型大学的教学中心在努力完成其提高教学和学生学习能力的使命之时，面临着独一无二的挑战。"研究型大学的教员的发展在很大程度上是由他们的艺术创造力和学术研究决定的，而其教学水平起到的作用却是微乎其微。但是他们是否能向学生高效传递知识并教给他们从事科研的必备技能？这是一个值得怀疑的问题。研究型大学的教员的确需要不断做出科研成果，但是提高其教学水平势在必行，因为人才培养也是大学教育的一个重要任务，而且是根本的任务。密歇根大学成立的教学研究中心应运而生，着力解决提高教员的教学水平，发展学生的学习能力，促进建设一种教学和研究齐头并进、共同繁荣的大学文化，完成研究型大学的教育使命。教学研究中心不仅解决教授在教学过程中遇到问题，而且为教授提供教学能力培训项目，同时还提供其他项目以提高大学对教学能力的重视度，促进提高大学的教学水平。

还是竺老校长的话："一个学校实施教育的要素，最重要的不外乎教授的人选、图书仪器等设备和校舍建筑。这三者之中，教授人才的充实，最为重要。""他山之石，可以攻玉"，密大成立的教学中心在这方面给我们提供了很好的借鉴和启示。借助于密大在这方面取得的成果和现实经验，我们将推动建立有中国特色的大学教学文化。

浙江大学副校长　来茂德

2011 年 5 月 15 日

序

莱斯特·芒茨(Lester P. Monts)

在本书中,密歇根大学(University of Michigan)学习和教学研究中心(Center for Research on Learning and Teaching, CRLT)的教职员工详细地叙述了他们的工作以及成功的策略。这令我甚感欣慰。这使得在论述制度变迁的文献中又增加了浓墨重彩的一笔。密歇根大学学习与教学研究中心(以下简称中心或教学中心)作为美国第一个教学中心,极大地推动了密歇根大学的教学活动。无论是在我早先担任美国高校理事会(The College Board)董事会主席期间,还是现在担任美国学院与大学联合会(Association of American Colleges and Universities,AAC&U)委员会委员之时,无论是我在国内还是在国外进行咨询,都能听到其他院校的同行对中心的称赞,他们评价它对其他高校的教学中心和那些想在自己校园做出优秀教学成绩的学术管理人员起到了模范带头作用。

一直到最近,大学教学才拥有了些许专业化的特征,主要表现在直接的教学训练作为研究生教育的一部分得以系统地出现。我自20世纪70年代早期开始从事高等教育,在音乐学院的一个教研室中担任音乐教授,给本科生和研究生讲授乐器吹奏课程。我根据从老师那里学到的一套杂乱的教学策略与教学法来教学生如何用小号进行独奏,如何演奏室内乐(通常指由少数人演奏或演唱的多重奏曲)和管弦乐作品。我按我的老师所教的方式继续教我的学生。在那个年代音乐教学都是口耳相传,这一传统影响广泛,从欧洲的音乐学院一直延伸到美国以及其他地方。

10年过后,也就是20世纪80年代初期,我的教学任务发生了极大的变化。取得音乐学博士学位后,我在一所一流研究型大学担任教职。当准备在一门关于世界音乐的大课上给文理学院的新生作讲座的时候,我陷入了一种两难境地。虽然新的挑战并未把我吓倒,但我还是向教学发展专业人士咨询,以便帮我改善教学的有效性,提高教学水平。

我认为我在教学实践中所碰到的问题绝不是个案。成百,甚或上千的教授作为学者和研究人员在高级学位教育中接受了学术训练，但总是忽视了教学方面的训练，以至于在大学中不能很好地胜任"教师"这一角色。至于我，有人会说，我成为一个好老师不仅仅是因为自己的努力，还在于我的学生、我的同事以及教师发展专业人员的帮助。我非常感谢我以前的学生和同事对我所做的一切，同时我也想强调教师专业发展顾问们以及密歇根大学(安娜堡主校区)学习和教学研究中心在其中所起到的重要作用。

我于 1993 年从加州大学圣塔芭芭拉分校来到密歇根大学。我在圣塔芭芭拉分校担任音乐教授和本科生事务办公室主任，在密歇根我成了负责学术和多元文化事务的副教务长。数年后，我担任了负责学术事务的高级副教务长和校长的艺术、多元文化和本科生事务高级咨询顾问。我直接负责包括大学后备军官训练团、招生办公室和学生资助办公室在内的 16 个单位，其中，我最喜欢的是与中心的合作。中心用于指导工作的价值观，从提高学生学习能力，到对多元学生群体进行的包容式(inclusive)教学，与我的价值观念非常契合。

我来密歇根之前，中心已经有一段辉煌历史，它在这一领域的知名人物如韦尔伯特·默克凯什(Wilbert McKeachie)教授等的带领下在国际上拥有了良好的声望。我来之后与执行主任康斯坦斯·库克(Constance Cook)一起，将中心的工作集中在为密歇根大学社区的服务上。中心研究人员都是意志坚强的学者，一直致力于创新实践的研究，他们将提高学生学习能力的任务放在最优先的位置。密歇根大学是一所规模庞大的分权型大学，而中心研究人员则能积极调整自己工作来满足各个院系不同的需要，并且密切配合院系领导们，以帮助他们完成紧要的任务。中心的研究人员因此广受赞誉。

中心在 1993 年有 13 位工作人员，其中仅 5 位有博士学位。经数年发展，中心的一线员工中就有 12 名博士，还有多名博士后。我帮助中心招募的人员中有首位多元文化教学的协调人，首位评价研究者和首批工程专家。我还推动了戏剧项目即中心演员项目的发展。这一项目因它创造性地利用戏剧来提高教学与学习的质量而闻名全国。按美国高等教育的传统，"研究型"大学和"教学型"大学有一定区别，而对于教师来说，其发展重点也会根据大学的定位和使命的差异而有所不同。如果一所"研究型"大学，其教师发展在很大程度上依赖于创新力和学术探究，而不是教学，那他们是否具备了有效和高效完成教学的基本技能呢？此外，在这种模式下，作为大学存在基础的学生，如何获取他们所学专业和学科的基本知识呢？

在这方面我总是能看到中心工作的作用。每当我与教务长和副教务长们会晤商讨教学和学习方面的新动议的时候，我提出的第一个建议都会是让中心参与进来。当我参加信息技术委员会会议或本科生学院院长会议的时候，都能听到中心在教育技术或学生学习评价方面发挥了积极的作用。当我组织教师成立委员会以加强对本科生教育的领导，或者提出一个新计划以改进本科生教育的时候，我都会把中心的成员安排到领导岗位上。中心各项工作的质量都很高，这是远近皆知的。所以当教务长办公室想要漂亮地完成某些任务的时候，我们往往会依赖执行主任康斯坦斯·库克和中心的专业人士来做这些工作。

最重要的可能是，密歇根大学教师终身教职和晋升的考核评审情况在过去的 20 年里发生了实质性改变。过去在新教师的欢迎会上，我会愉快而又坚定地强调优秀的教学是评定终身教职和晋升的一个主要标准，而中心将会为新教师提供各种项目和服务。而现在，当我们阅读晋升考核材料的记录时，很高兴地看到，教师们会在材料中加入关于教学的自述，或者会附上一封系主任们写的信，肯定中心各项活动对于这些教师提升教学表现有着重要的作用。在以往，终身教职和晋升的考核材料一般对教学有效性方面的纪录着墨甚少，而现在有充分的证据显示，教师们都会记录下他们致力于追求卓越教学的过程。

在中心近年来的发展中，我很荣幸恰逢其会。在过去的 20 年里，中心在改进密歇根大学校内乃至校外的教学质量，以及促进学习方面发挥了极为重要的作用。这本书是对中心这么多年来所获经验的全面总结，我希望大家和我一样，能从此书中获得教益。

目　录

第二部分　教学研究中心独特的着重点

导　言

学习与教学研究中心
及其在密歇根大学的作用

康斯坦斯·库克(Constance E. Cook)

　　这是一本关于如何管理教学中心的书,或者更具体一点,这是一本关于一所研究型大学即密歇根大学安娜堡主校区教学中心管理策略的书。密歇根大学学习与教学研究中心(CRLT)将在 2012 年迎来其 50 岁的生日,它是全美第一个到达这一具有里程碑意义时间点的教学中心。中心于 1962年成立,是所有高校中历史最悠久的教学中心。我们对它的历史引以为豪,同时也想与大学管理人员,尤其是其他大学教学中心的同行一起分享我们的经验教训。

　　像密大学习与教学研究中心这样的教学中心,其目的在于促进教师发展(也被称为教师教育发展中心或教师教学发展中心,各中心名字不尽相同)(Gillespie & Robertson, 2010)。教学中心是高等教育学术管理结构中相对较新的一个部分,它们绝大多数成立于 1990—2010 这一时期。教学中心主任这一职位一直到 2005 年才被加入到《高等教育纪事》(*The Chronicle for Higher Education*, 2005)的管理职位列表中(为了便于比较薪资)。据保守估计,在所有美国中学后教育机构中只有 21% 设有教学中心(Kuhlenschmidt, 2010)。从分布来看,教学中心在社区大学、文理学院、综合性大学和专业院校(如独立的法学院和医学院)等各类高等教育机构中都有设立,不过大部分有博士学位授予权的研究型大学设有教学中心。确切地说,研究型大学中有 3/4 的院校设有教学中心(Kuhlenschmidt, 2010),其中包括中西部十大名校联盟中(共 12 所大学)的 11 所和所有的常春藤盟校。不幸的是,媒体对高等教育的报道更为关注的是偶尔出现的某个中心关闭了的新闻,而不是许多新中心成立或已有中心发展的新闻(如 Glenn, 2009, http://chronicle.com/article/The-Unkindest-Cut/21885/)。结果,大学的管理者们,包括那些拥有中心的大学管理者们,也没有意识到其他学校的中心在不断发展。

大学回应公众对高等教育批评的方式之一就是发展教学中心。学生、家长、校友会、商业和政府部门官员以及公众关心的常常是学生的学习成果。对高等教育的批评实际上在 20 世纪 80 年代中期就已经开始（如美国大学协会（Association of American Colleges），1985；Bennett，1984；国家教育研究院（National Institute of Education），1984），之后愈演愈烈。（如最近，高等教育未来委员会主任（The Secretary of Education's Commission on the Future of Higher Education），2006；Bok，2006；Callan，Jones，Ewell，& Breneman，2008；Hacker & Dreifus，2010；Hussey & Smith，2009；Shavelson，2010；Smith，2009）。

中心自从设立之后就面临这些压力，但它一直都受到优待。密歇根大学一直都在资金和政治层面对中心给予支持。事实上几乎每位新任教务长和院系领导都比前任更注重优先发展教学。尽管密歇根大学管理层很明智，公众对学生学习也很关注，但在研究型大学发展教学中心仍然具有挑战性。毋庸置疑，研究是大学的首要工作，因此中心必须采取一些方法来强调和保障教学质量，因为教师从研究中获得的回报要远远大于有效完成教学任务所获得的回报。此外，在密歇根这样复杂而又规模庞大的大学，是很难进行交流的——为教师宣传新的项目和机遇困难重重，甚至在征得同意之后，教师也没有可随意支配的时间用来促进职业发展。中心为密大的 19 个学院提供服务，因此，至关重要的是中心要根据各学科的要求制定项目，单一模式不适于所有的学院。最后，在向教务长申请创新项目的资金时，已有的项目不管如何有效，申请继续运行的资金都是一个很大的挑战，而新项目却永远更有吸引力。

尽管如此，中心得到了很大的发展。本书的目的就是与大家分享我们采取的一些策略。这些策略使教学中心成为大学教育完成其使命不可或缺的一部分。在教学中心工作，处理如此之多的难题，而且没有正确答案，这既构成了挑战，也带来了快乐。而且，我们在工作中形成和采用的一些方法比其他学校更有效。

值得一提的是，我们知道中心的成功很大程度上是凭借运气的——这样的机会百年难得一遇。我们也意识到，就像任何个案研究不具有普遍意义一样，我们的观察结果当然不适用于所有研究型大学的教学中心，也不适用于其他类型的院校。相信读者会从中心的故事中选择适合自己情况的经验和项目，重构本书所列的主题，进而促进自身的发展（Merriam，2009）。

希望本书能为其他关注教师发展的人提供一个契机，使他们反思其中心的
管理和实践，思考采取何种最佳方式在校园中创建一种教学文化。

随时间而变化的中心角色

正是通过中心首批负责人的努力，现在我们这辈人才能享有一个盛名
远播、全国认可的教学中心。中心于 1962 年由密歇根大学董事会创立。董
事会的一位董事尤金·鲍威尔（Eugene Power），他同时还是施乐公司董事
会的成员，要求密歇根大学尝试利用教学机和程序学习。因此大学指定一
个教师委员会，即教学改进教授评议委员会（the Faculty Senate Committee
on the Improvement of Instruction）来研究这一问题。当时，这一委员会设
立了一个程序学习临时特别委员会（Ad Hoc Committee on Programmed
Learning），后者于 1962 年建议大学创建一个研究有效教学的中心，而不仅
仅是教育技术。教授们要求中心采取通过研究证明能有效促进学生学习能
力的方法支持密歇根大学的教学人员。中心创建之初仅有一位员工，即范
德堡大学（Vanderbilt University）心理系主任兼教授斯坦福·埃里克森
（Stanford C. Ericksen）。他是学习和培训领域的杰出人物，受聘领导新中
心的工作。（见表 1）

表 1　1962—2010 中心主任名录及学科背景

姓　　名	任　　期	学科背景
斯坦福·埃里克森 （Stanford Ericksen）	1962—1973	心理学
詹姆斯·库里克（临时） （James Kulik(interim director))	1973—1975	心理学
韦尔伯特·默克凯什 （Wilbert McKeachie）	1975—1983	心理学
唐纳德·布朗 （Donald Brown）	1983—1993	心理学
康斯坦斯·库克 （Constance E. Cook）	1993—	政治科学和高等教育

中心第二任主任是心理学教授韦尔伯特·默克凯什。默克凯什教授因
《教学建议》（*Teaching Tips*）一书而出名，这本书是所有已出版的关于大学
教学的书中最受欢迎的，现在已出了第 13 版，是与玛里拉·西尼可（Maril-

la Svinicki)合著的(Svinicki & McKeachie,2011)。经由詹姆斯·库里克(James Kulik)暂时领导了一段时间后,唐纳德·布朗(Donald Brown)成了中心的第三任主任。他也是一位心理学教授。他在规划密歇根大学寄宿制学院方面功不可没。这也是美国历史最悠久的本科生活学习项目之一。我于1993年成为中心主任,现在还担任这一职位。除詹姆斯·库里克之外,每任主任都会延长任期,这可能有利于中心维持稳定和良好的声誉。

中心一直因其研究和出版活动而盛名在外。1963年埃里克森开始出版《教师备忘录》(*Memo to the Faculty*),这是一份简报,它主要用于公布并分析与教学相关的新的研究和实践。备忘录每年出版6次,中心把它送给密大全体教师以及国内国外的订阅者。埃里克森1982年从中心退休时备忘录也停办了,并在1987年被《学习与教学研究中心论文汇编》(*CRLT Occasional Papers*,以下简称《论文汇编》)取代,一直持续到现在(http://www.crlt.umich.edu/publinks/occasional.php)。

从一开始,中心研究人员就定期在国家期刊上发表研究成果。1963—1993期间,大多数专业人员都由教师或研究员(几乎都是心理学方面)担任,进行研究和发表成果对他们的终身教职和晋升至关重要,因此他们也对此全力以赴。

除了研究之外,中心的项目和服务也在不断增加。中心研究人员在1968年开始为教师举办研讨会,到1976年还为教师改进教学水平提供资助。1978年中心举办了第一届新研究生助教和新教师入职培训会。1985年举办了第一届国际研究生助教培训会。1990年则第一次实施了期中学生反馈服务(Midterm Student Feedback Services, MSFs),也称为小组教学诊断(Small Group Instructional Diagnosis, SGID)。

1993年密大教务长让我领导中心,他说想让中心为密大提供更多的项目和服务。因此,我开始雇用非教师研究人员,他们能集中精力提高教学水平而不必为了终身教职和晋升而在成果出版方面竞争。目前中心获得博士学位的研究人员,其学科背景极为广泛(人类学、生物学、化学、比较文学、电子和机械工程技术、政治科学、社会学和教学系统技术)。这些专业研究人员同时都是学者,他们继续做研究并大量发表研究成果,但发表论文并不是他们的第一要务。

当前中心概貌

在本书撰写之时，中心有 24 名一线员工（其中 12 名拥有博士学位），每年还有一些兼职的研究生。因为中心是美国最大的教学中心之一，更明确一些，这 12 名拥有博士学位的专业人士要服务密大 19 个院系的 3300 名教师，还有超过 2000 名助教（在密大他们被称为研究生助教，Graduate Student Instructors，GSIs）。这样一个小团体显然满足不了如此多的需求，这也是为什么我们一直以来极为重视确立优先规则的原因。

中心直属于高级副教务长，而他是中心坚定不移的同盟者（参前言及导言结尾关于教务长职务的组织结构图）。我们在密大的策略就是通过同时采用两种方法来提高教学文化：从深度来说，就是为少数教师、管理人员和助教一直不断提供丰富多彩的活动；从广度来说，就是采取多种方式提供关于各种主题的一次性活动，大学里越多人了解越好。我们还优先考虑学科专业的工作，因为教师与他们的院系关联紧密，并关注新项目和特殊服务。随着时间的推移，我们在密大大多数院系拥有了强大的影响力，同时在教务长办公室那里也树立了形象。

用三言两语描绘中心的工作是很难的，因为中心的服务每年都会根据需要有所变化，而且每年需要优先处理的事也会不同。我们尽量列出了中心最杰出的项目和服务，并将其概览列入附录中。

本中心与其他教学中心的差别

中心在很多方面做的工作性质与其他教学中心毫无二致，但是我们员工数量相对众多，还有很多兼职研究生，这让我们有更多机会提供数量更大、质量更高的项目和服务。

除了规模，我们在其他方面也与常规中心有所不同。我评价这些异同因为我熟悉大常春藤联盟（the Ivy League Plus）所属院校，包括常春藤 8 所盟校加上斯坦福大学、麻省理工学院和芝加哥大学，以及院校合作委员会（Committee on Institutional Collaboration，CIC）所属院校，包括中西部十大名校加上芝加哥大学。另外我对探讨研究型大学教学中心的研究文献也很熟悉。（尤其是 Dotson & Bernstein，2010；Frantz，Beebe，Horvath，Canales，& Swee，2005；Gillespie & Robertson，2010；Kuhlenschmidt，

Weaver，& Morgan，2010；Pchenitchnaia & Cole，2009；Sorcinelli，Austin，Eddy，& Beach，2006；Wright，2000）

中心与其他大多数教学中心的相似点

像大多数教学中心一样，中心有一些教育技术专业人员（两位员工有教育技术背景），但我们并不是大学的教育技术中心。相反，我们是一个交流场所（把人和想法聚在一起），是资金提供者，是评估人，我们试图在大学做出信息技术决策时给出教学方面的建议。

像大多数教学中心一样，中心不再管理课程评估系统（10 年前我们就不再承担该职责了），因此教师可以仅仅把我们当做支持他们的部门，而不是对他们做出评估的机构。

像大多数教学中心一样，本中心的大部分资源都用于为教学人员提供个人服务：包括咨询服务和学生期中反馈（MSFs or SGIDs）。

与其他教学中心相比，中心优先考虑的重中之重

中心的工作一半涉及教师，一半涉及助教。与其他大学的教学中心相比，我们涉及教师的工作更多，而其他很多教学中心更关注研究生助教。

中心的一半工作是针对学科专业的，与大多数教学中心的工作相比，中心更结合需求。我们相信我们在学科方面所做的工作比其他大学教学中心更为有效，因此我们在分配资源时优先考虑学科专业。

中心为工程学院专门设立了一个办公室，叫做北校区学习与教学研究中心（简称北校区中心）。它由工程学博士担任研究人员，在工程学院有办公场地，单独为工程学院的教师提供服务。

如大多数教学中心一样，中心为需要咨询的任何教师或助教提供教学咨询。感谢我们雇用并培训的研究生教学咨询员，正是他们承担了大量的学生期中反馈工作。

与很多中心相比，中心更致力于多元文化的教与学，这在重视多元文化的大学，如密大，是合乎情理的。我们相信多元文化教学和课程使教学惠及所有学生，而不仅仅是那些边缘群体的学生。我们试图把多元文化因素融入项目和服务的方方面面，并致力于职业发展以使员工的工作更容易。我们对差异的定义很广泛，既关注边缘学生停滞不前的状况，也关注在教学环

境中出现的各种文化差异问题。

中心还有首个面向教师和助教的、由大学教学中心管理运作的教学模拟情景剧项目。尽管有其他中心设立了由国家科学基金会资助的互动式戏剧项目，但只有少数中心形成了自己的戏剧项目。我们的戏剧项目首先聚焦于多元文化的差异性，以及它在教学与学习的场景和教师工作生活中是如何产生的。

中心的评定和评估研究比其他大多数教学中心更多，这些项目由一位研究员负责，而每位员工都会参与其中。

中心管理着多达 8 项的评审性教学基金项目，每年共资助近 100 位教师。

中心比其他大多数中心进行更多的研究，出版更多的成果，即便如前所述，研究不是我们的第一要务。

中心很幸运管理着大学大部分主要的教学奖项，因此中心的名字与那些奖项和出色的教学成绩联系在一起。

中心为教务长管理系主任和副系主任培训项目，这让我们有机会接近系主任们，并在他们面前展现自己。

中心还为博士后学者提供数目众多的服务，包括一个短期课程，向他们讲授教学法，并为他们进入教师就业市场做好准备。

中心研究人员代表密歇根大学校长举办了多届密歇根—中国大学领导论坛（持续 2 周的中国大学校长职业发展研讨会），这一计划帮助中国大学促进了教师发展（见第一章）。虽然一些教学中心开始海外的教学咨询，但据我所知，任何教学中心参与的国际项目的规模都没有我们现在与中国开展的大。

与其他教学中心相比，中心优先考虑的第二个重点

像大多数教学中心一样，中心有一个系列研讨会，但这不是我们的主要关注点。相反，这是我们采用的一种方式，通过每学期宣传新的一套项目向整个大学展示我们教学中心。

像大多数同类组织一样，中心作为一个大学以及国家改进教学与学习计划（如卡内基教学促进基金会和美国学院与大学联合会）的联络员，要招聘教师、组织相关项目和宣传国家级成果的信息。但是，这些国家计划不是中心的首要关注点，而在其他很多教学中心却被列为首位。

中心拥有一些由国家间接支持的项目（如国家科学基金项目），我们很少直接申请那些项目。我们的申请通常是因为相关项目需要我们的某位中心研究人员担任主要调查员。（北校区中心的研究人员在联邦项目中确实担任主要调查员。）

本书概览

本书各章节按上面所列的关注程度排列，解释我们的想法，决定我们要先做什么和要做到什么。中心研究人员在工作中采用同一种战略方法和同一套一般工作原理（见第一章）。本书由中心所有专业人员共同编写，每个人写了一章到多章。你会在所有的章节里看到中心采用的方法，因为它应用于各式各样的项目和服务。本书分成两大部分，第一部分是关于全美教学中心都具备的功能，第二部分描写了本中心特别强调的服务。结语是由全美各研究型大学教学中心主任提出的建议。

本书由中心行政助理主任马修·卡普兰（Matthew Kaplan）统稿编辑，我也提出了一些建议。这本书展现了我对中心的愿景，马修和中心所有才能卓著之士都对这一愿景的形成与确立贡献了自己的力量。人们问我中心得以大力发展的原因时，我的回答很简单：因为我的同事们无一例外都才华横溢、敢于创新、通力合作并全心全意地致力于提高学生学习水平。每天有幸与这些杰出人才一起工作，我对此满怀感激。优秀的员工是教学中心得以发展的关键。

第一部分　领导力和核心功能

第一章　组织与领导一个教学中心　描述了我的领导哲学以及我如何在中心实现我的领导哲学，包括主任的角色、我们的预算策略和我的工作原则。这章还解释了我们采取的员工监管方法，尤其是教学咨询人员的雇用过程，工作任务的管理和职业发展机遇。

第二章　衡量教学中心的有效性　由评价助理主任、助理研究员玛丽·怀特（Mary C. Wright）完成，本章概述了如何设计、实行及利用教师全面发展评估系统。这章她还给出了利用评估系统发展教学中心的策略。

第三章　与教师和学术管理人员建立关系　由我和中心助理主任德博拉·梅兹立什（Deborah S. Meizlish）合写。这章谈到了应采取的那些策略，与中心的各位支持者，尤其是教师、教务长、系主任和系学术负责人，还有与其他本校部门的有效互动。教学中心通过平衡各种关系来产生重大影响，成为大学规划和决策不可或缺的一部分。

第四章　教学咨询：利用学生反馈提高教学水平　由北校区中心主任辛西亚·费尼利（Cynthia J. Finelli）、中心助理主任特莎·品德·格里沃（Tershia Pinder-Grover）和玛丽·怀特完成。他们在这章中描述了他们对各种学生期中反馈方法有效性的研究，以及确定学生反馈形成的其他模型，如定制的学生调查——这能与咨询有效地结合起来。最后，他们强调教学咨询人员在帮助教学人员解释学生反馈以及确定改进策略方面起到了关键性的作用。

第五章　高水平的研究生助教：拓宽中心领域　由特莎·品德·格里沃、玛丽·怀特和德博拉·梅兹立什三个人完成，他们三个都指导过中心同行教学咨询员（Peer Teaching Consultants，PTC）项目。中心的专业人员通过培训讲习班和持续不断的循环式教学，培养了大批研究生助教咨询员。同行教学咨询员们与助教们商讨一些教学主题，观察各自的教学活动并制作录像带，收集各自学生的反馈。这一章描述了中心三个同行教学咨询员项目的选择、培训、监管和评估。

第六章　对未来教师教学培训的方法　由中心助理主任查德·赫少克（Chad Hershock）、前中心咨询员克里斯托弗·格劳斯科斯（Christopher R. Groscurth）和中心助理主任斯提力阿娜·米勒科娃（Stiliana Milkova）完成。未来教师培养项目（Preparing Future Faculty，PFF）在设计、内容和范围方面各不相同。这章探讨了五种互相补充并能相互转换的培训模式，集中于以下几个问题：每个项目如何为教师将来从事教学作准备、每种方法的利与弊以及设计项目时采取何种策略以满足多元化和跨学科的客户群。作者最后提出这些方法如何在研究生、博士后以及教师和管理人员中间推动一种追求卓越教学的文化。

第二部分　本中心特有的重点

第七章　教学中心在课程改革和评价中的作用　由我、德博拉·梅兹立什和玛丽·怀特三人合写。这章概述了中心在大学和院系促进课程改革和评价中采用的策略。集中探讨了中心如何参与改革和评价、中心所能提供的服务范围、中心咨询人员把评价活动融入课程改革并使之有效的方法，以及中心的支持对学术单位的价值。

第八章　通过教师发展增强差异性　由多元文化学习与教学副主任和

协调员克里斯卡·拜尔沃特(Crisca Bierwert)完成。这章描述了教学中心如何对大学社区和文化多元化做出贡献,以及对一个展现了校园多元化关键因素项目进行了回顾:多元化学生的成功、多元化教师的参与和容纳以及学术单位和社区多元文化思想和实践的激发等。这章还探讨了战略性的方法,包括与其他单位合建团体,以及在项目中运用多元文化主义以吸引更多支持者,从而超越仅仅设立多元文化目标的方法。

第九章　促进教师有效利用教育技术　由教育技术助理主任和协调员朱尔平(Erping Zhu)、马修·卡普兰与前任中心教育技术专家查尔斯·德士内(Charles Dershimer)一起完成。这一章概述了整个学术社区,从教师、助教到员工和管理人员运用教育技术支持、评估并宣传取得最好效果的实践行为所采用的一种整体方法。这一章除了概述用于促进效果最好的实践行为发展所采用的方法,还提炼出了作为框架的一般原则以满足其他教学中心的技术需求。

第十章　提高教学水平的行动研究　由查德·赫少克修改自一篇已发表的文章,这篇文章取自2007年玛丽·怀特、前中心咨询员克里斯托弗·奥尼尔(Christopher O'Neal)与我合写的《学术机构改进》(*To Improve the Academy*)。它表明教学中心可以采用行动研究作为一种有力的工具来提高教学与学习质量。这一章描述了涉及科学入门课程和中心数学课程行动研究项目,还特别注重助教的作用。结语概述了2003年中心行动研究计划给密大各院系带来的重大课程变革。中心研究人员希望着手他们自己的行动研究项目,这章结尾探讨了中心研究人员的原则。

第十一章　角色扮演及其他:把戏剧引入教师发展中的策略　由马修·卡普兰与中心艺术主任杰弗雷·斯特格(Jeffrey Steiger)合写。这一章着重于角色扮演式戏剧的编导和短片制作,以描绘在学术机构教学与管理过程中错综复杂的戏剧性冲突。卡普兰和斯特格探讨了戏剧的目标和优势,利用师生员工现实生活中的经历来编导短剧的方法,对群众演员进行表演培训;让教师发展人员形成利用短剧的技能。

结　语

应对研究型大学教师发展面临的挑战,本书汇集了院校合作委员会和大常春藤联盟各校教学中心主任以及长期从事教师发展、经验丰富的实干家们所提出的建议。每个人讲述了他们曾面临的一个具体的难题,以及他

们成功解决这一难题所采用的方法。这些难题根据主题归类,同时也提供
了丰富的建议。

附录:密歇根大学学习与教学研究中心概况

建立时间	1962 年
直属负责人	学术事务高级副教务长
中心使命	—创建密歇根大学的教学文化 —提升大学的教学和学生学习质量 —为不同文化背景学生的成功营造良好的学习与教学环境 —为提高学生学习质量开展教学研究并推广研究成果。
服　务	—为 19 个学院(包括 3 300 名教师和 2 100 名助教)提供服务 —2009—2010 年,中心提供服务总计达 18 885 人次 　　—为密歇根大学 4 229 人提供服务 　　—为其他大学 2 408 人提供服务 　　—为 40 多个密大委员会提供服务并与 30 个密大办公部门合作
中心员工	—执行主任,行政主任,副主任 —12 位具博士学位教师发展顾问和 3 位博士后 —戏剧艺术主任,戏剧管理主任,戏剧管理协调员(以及 15 名兼职演员) —7 名项目管理人员(例如,活动策划、出版物/网站、基金项目、财务预算和技术支持) —22 名研究生教学咨询员(每人工作量相当于全职员工的 10%) —工程学院办公室,也叫北校区中心,由工程学院教师担任员工
中心的 工作分配	—50%的工作服务于教师;50%服务于助教 —50% 的工作涉及整个大学;50%针对各学科专业
中心工作重点	—主动式与合作式学习 —多元文化的教学与学习 —学生学习评估 —跨学科教与学 —教育技术 —未来教师培训 —评估研究

续表

服务教师	—8 项竞争性资助基金以资助教学创新（每年奖励超过 95 位教师，总计超过 300 000 美元） —具体学科新教师的入职培训、总结反思会（Retreats）、工作会议，以及应系和学院的要求提供咨询，例如，关于课程改革、教学氛围、教学评估与技术 —全校新教师的入职培训 —在本科生院系的所有新教师设立教学研讨班 —每年两次教务长教学研讨会 —每学期为教师开设研讨会/工作会议 —期中学生反馈，特别对于新教师 —个体咨询 —录像/课堂观摩 —系主任和副院长的专业培训 —提供教学策略和密歇根大学教学资源的网站 —关于教学与学习研究的出版物 —管理教学奖项：特尔努教授、美国年度教授、密歇根年度杰出教授和教学创新奖
中心表演人员 戏剧项目	—面向教师、研究生和学术管理人员的各种演出 —25 篇关于教学与学习、教师工作生活、多元化与医学教学的短剧 —2009—2010 年为超过 2 700 位观众演出 50 多场
针对研究生 和博士后 的活动	—秋冬学期对新助教进行培训 —支持系里的助教培训工作 —培训国际学生助教 —每学期为助教举办讨论会/研讨会 —学生期中反馈、个人咨询、录像、观察 —网站和出版 —研究生教师资格证 —研究生教学咨询员 —4 个未来教师培训项目 —为博士后人员开设的大学教学短期课程

续表

学生学习评估	——中心为密歇根大学 14 所学院的院长提供核心课程的学生学习评估 ——为教师提供资源的教学评估网站 ——关于学生学习的评估方法的"教务长研讨会" ——面向系主任和骨干教师的"评估讨论会" ——对单个教师和学术主管提供个人咨询 ——主持着重于学习评估的研讨会和总结反思会(Retreats) ——协助数据收集,包括群体研究和问卷调查 ——关注学生学习评价的项目经费和资源,包括吉尔伯特·惠特克(Gilbert Whitaker)基金和学生学习调查基金(Investigating Student Learning grant)
多元化的影响	——所有项目中运用包容式(Inclusive)教学策略 ——评估学生不辍学(Retention)和弱势学生群体成功状况 ——关于身份和课堂动态变化的研讨会和讨论会 ——应对课堂争议和沉默气氛的研讨会和讨论会 ——多元文化课程发展和课堂设计的讨论会 ——关于多元文化和包容式教学的跨学科教师研讨会 ——教务长关于国际化的研讨会 ——邀请国际教师参加的活动
中心的校外事务	——管理由梯格尔基金会,斯宾塞基金会和国家自然科学基金资助的项目 ——创建院校合作委员会(CIC)的教学中心主任组 ——大常青藤联盟教学联合体的成员 ——密歇根—中国大学校长论坛:与中国教育部合办、时间为两周的为中国一流大学校长举办的项目 ——教师发展研究中心(为中国一流大学的管理人员和教师设立)
改进学生学习的科研项目	——提高写作能力,促进批判性思维的实验 ——促进道德发展的课内外活动 ——在大课中播放讲座录像(Video Podcasts)的效果 ——教学中心在管理培训中扮演的角色 ——学习科学的调查研究 ——元认知策略(Meta-Cognitive Strategies)对于专业写作和思考的影响 ——策略性地使用屏幕截取(Screencasts)来帮助学生学习 ——调查教师对新世纪学生学习的理解 ——收集学生反馈信息的其他方法 ——中国一流大学学生与密大学生差异研究

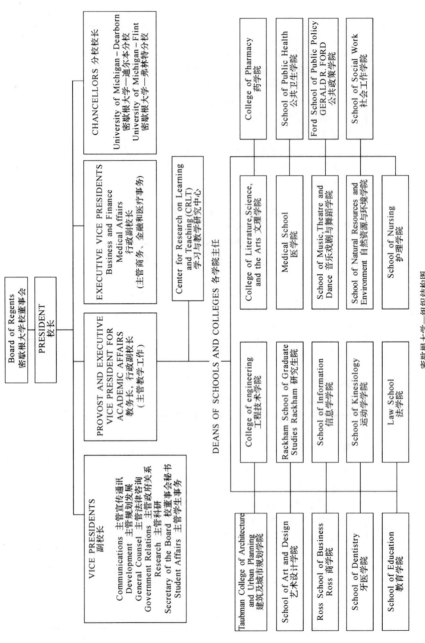

密歇根大学一组织结构图

第一部分 领导力和核心功能

Section Ⅰ：Leadership and Core Functions

第一章

组织与领导一个教学中心

康斯坦斯·库克(Constance E. Cook)

关于如何建立教学中心、确定优先事项并确保其成为大学变革的有效推动者已论述颇多(如 Chism，1998；Sorcinelli，2002；Gillespie，2010)。但是涉及教学中心的内部运作却鲜有提及，这有点不可思议，可能因为大多数教学中心规模小的缘故(Sorcinelli，Austin，Eddy，&& Beach，2006)。然而组织管理是成功的一个关键性因素，教学中心的运作面临着很多挑战。管理这个主题应给予更多的关注。

本章探讨教学中心管理的基本要素：主任的角色、员工的招聘和培养、预算模式和运作原则。下面是我个人的一些见解和实践，因此我常用第一人称描述。

主任的角色

大学中的角色

我是一名受过训练的政治科学家而不是一位教育专家。我在密歇根学习与教学研究中心(CRLT)的同事是教育专家，他们与教师讨论如何提高教学水平并开展研讨会以培训教学人员。他们这些工作做得非常好。我本身的学术专业关注的是政治利益团体，关注这些团体如何动员并鼓励人们实现公共政策目标(Cook，1980，1998)。我的学术背景让我在大学站稳了脚跟，因为大学政治与公共政策的制定过程有颇多相似之处。我自认为是大学中提高教学水平的主要游说者，我采用的策略，例如建立联盟、收集数据、进行宣传以及互投赞成票，与游说者在当地、州政府和首都华盛顿的政治事务中所采用方法如出一辙。可能最大的不同就是资金授受的方式不同。教学研究中心主办8个竞争性资助项目，还有密大所有主要的教学奖项,但我们一直凭借同行评议来避免任何产生不正当或者偏袒行为的可能性。

有时,研究型大学新任的学术领导人在飞机上花费了太多时间。教学中心主任能参加各式各样的大会,资深人士有机会去其他大学咨询并发表演讲。但是在学校中经常露面是教学中心主任的关键性工作之一。我认为自己如果不在大学内,那么根本不可能在大学中成功游说,因此我避免频繁旅行,把大部分时间投入到中心的需要中去。这对一位主任前几年的工作来说是特别重要的。由于大学变化很快(重要人物,就像他们的短期优先事务一样变化频繁),待在学校有利于了解新的机遇和挑战并作出回应。还有,在密大这种规模的大学,与那么多关键人物发展关系需要花费很长时间。留在学校里意味着主任能与整个大学的学术领导人进行私人联系,通过参与重要的委员会和大学内的项目和接待会建立合作关系。在中心与其他部门合作举办的事项中,把主任的名字与之紧密联系起来是很重要的,通过留在现场、露露面、经常发表简短的介绍性演讲能很好地达到目的。把我的名字与中心联系在一起有助于一些教师认清情况。他们看到我的名字就知道中心也参与了。

校外的角色

由于密大声誉良好,即使我没有大力鼓吹我们的活动,大家也都知道教学研究中心取得的成就。毫无疑问,一个好的网站大有裨益(www. crlt. umich. edu),我们的网站访问量非常大:每年超过 330,000 人次访问,包括来自 150 多个国家和地区的点击(访问 http://www. crlt. umich. edu/aboutcrlt/aboutcrlt. php,查看教学研究中心的《年度报告》)。

同行的帮助以及其他中心主任的建议对我来说是很宝贵的。我担任中心主任时,其他研究中心有经验的主任不断指导我,我试着"把这种做法传下去",也对其他主任担负起这种职责。对我最为重要的是参与主任联合团体的会议——既有大常春藤联盟教学联合体(密歇根受邀参加这一团体),又有院校合作委员会(CIC 或中西部十大名校联盟加上芝加哥大学)(后者是我于 2002 年创办的)。这两个组织都有一个为期一天半的年会,还有在全国会议上偶尔的聚会。但其最有价值的一方面在于主任们乐于通过邮件迅捷、坦诚地共享信息。如果我给这两个信息组发送一个目前密大关注的问题(如新指导咨询员的薪水范围、网上课程的评估或教学中心服务评价),那我很可能在不到 24 小时内收到 15～20 份推心置腹、卓有见地的答复。

我的同行给我提供信息、提出建议并设身处地为我考虑，我很感激他们。我会定期在其他大学做咨询，通常是为其他中心作项目复审。这种咨询能启发新的思想，同时也帮我理清了中心这么做的原因。

招聘并培养员工

目前，商业管理文献的聚焦点之一就是对积极组织的认识开展了新的探讨。这种理论描述的是在工作场所通过聚焦于优点而非弱点创造一种积极环境的策略；建立互利共赢的关系；赋予员工一种重要性和目标感(Cameron，2008)。接下来讲述的是我们如何尝试在教学研究中心创造这种积极的环境。我提到"我们"因为是我与中心行政主任和副主任共同担着管理的责任。我们每周见一次，像小组一样讨论问题之后我才做出决定。

雇用合适的人

凯勒(Keller，1983)在他影响重大的关于大学和院系管理的书中谈到："就我的经验而言，一流大学和二流大学之间最大的不同就在于他们对员工选择给予的关注度不一样"(137 页)。我们认为在教学研究中心雇用员工也许是我们要完成的最为重要的任务。中心的声誉取决于员工素质。比如，教学中心不像英语文学系，它是新近才出现的新机构，并未被当成是大学形象不可或缺的一部分。因此，我们有责任坚持不懈地做好工作、完成大量的任务以证明我们的价值。我们试着雇用的人不仅是他们各自领域的专家，而且要积极活跃、自主创新和愿意分享权力。

雇用好的员工要花大力气，我们通常要雇人是因为有人离开了。很明显，在劳动密集型的研究工作刚刚开始的时候，总会面临人员短缺的问题。但是"早付晚付总得付"的原则也在这儿适用。我们如果敷衍了事，雇用的人不是我们需要的或我们不了解的，那当一段时间后我们试着把他们剔除出组织时，最终发现要做的更多。同时雇用不好的员工会打击队伍的士气，破坏中心在校园的声誉。

学科背景

我们认为如果教学中心的职业员工取得博士学位的学科分布广泛，学缘结构合理，那中心在规模较大的大学会非常有成效。当然，每个系都对应一名该专业的员工是不可能的。教学研究中心有 12 位拥有博士学位的员工,但大学有 19 个院和 200 多个不同的系。尽管如此,我试着做到尽可能接近,比如,把有科学背景的咨询顾问分到科学、医学和相关健康科学领域的系。教师与学科专业和他们相近的咨询顾问能建立更好的关系。

工作经验

我们雇用的员工要有在大学教学的经历,如果没做过教师或有案可查的教学人员,至少要作过助教。这一经历有助于咨询顾问理解并对教学人员向他们咨询的难题感同身受。此外,(对于我们来说更为重要的是)我们希望员工有作为教师专业发展顾问的经历。本中心员工都曾在其他教学中心作为教师发展顾问工作(或实习)过,他们自己本身是教师,或在获得学位前担任过研究生助教一类的教学任务。找到这类人才很难。对这类人才的需求在全国都很旺盛,竞争很激烈。在 2009 年经济衰退到谷底的 3 个月期间,高等教育专业和组织发展网络(the Professional and Organizational Development Network in Higher Education,POD)登了 58 个广告招聘教师发展人员、教学中心的主任、助理主任或副主任。应征的人不多,最优秀的应征者炙手可热。

广 告

在哪儿登广告经常是最大的难题。要雇到优秀的人才先要登好的广告。广告要有效针对应试者所属的人群。教师发展顾问的来源并非单一不变的,因为他们来自不同的学科,具有不同的教育和从业经历,这使得选择合适的广告媒介很困难。我们需要多元化的员工为多元化的教师服务,并拓宽教学中心的视野,因此,我们通过各种影响广泛的渠道发布广告。这些包括教师发展职业组织(高等教育专业和组织发展网络(POD)、高等教育教学与学习协会(Society for Teaching and Learning in Higher Education,STLHE)、地区性的高等教育专业和组织发展网络)、高等教育报刊网站(《高等教育纪事》,《高等教育界》(Insider HigherEd))、多元化和技术论坛(如"高等教育的多元化主题论坛"(Diverse Issues in Higher Education)、美国高校教育信息化协会(EDUCAUSE))以及相关的学科专业协会。

决策标准和过程

我们中心给予特别重视的是表 1-1 所列的技能和知识基础,还有聘用评议过程,这能让应征者展示出他们的能力。

表 1-1　应征者需要的技能、知识以及聘用评议程序

应征者需要的技能、知识	聘用评议程序
公共演讲和陈述	面试、研讨会
写作和研究	学术写作样本、求职信和书面短文
人际沟通技巧	面试
咨询技巧与反思能力	角色扮演
教师发展和学科研究文献的知识	面试和研讨会
活动策划	书面短文和面试
推动机构变革的经历	书面短文和面试

为了衡量应征者技能的强弱程度，我们的招聘过程历时长久而又复杂。审查过应征者的简历（CV）、求职信和学术写作的样本后，我们经常会通过视频会议，如网络电话（skype）与最有希望的人谈话，或者对那些就在附近的人进行简短的面试。符合要求的人之后要经过一系列的步骤，这样让我们对彼此有了更好的了解。第一步就是作业。我们要求他们写一篇短文讲述他们会如何组织一个教学研究中心通常会组织的那些大型项目；另一篇短文是讲述他们推动机构变革的成功经历。

审查过他们的短文后，我们邀请应征者与中心所有专业人员见面，进行一个简短面试。之后对他进行小组面试。由于教师发展顾问一般处理的是结构性问题（Tiberius，Tipping，and Smith，1997），我们要求应征者扮演一位中心研究人员，他的客户带来的问题很有挑战性而且不易解决（见第十一章）。

在每次角色扮演之后，我们要求应征者说出他们在哪儿做得好，哪儿不应该那么做。最后，要求应征者就自选的一个主题做一次演讲，时间限制在50分钟。接下来用半小时对听众讲出他们演讲的优点和缺点。我们一直希望应征者能利用这个机会（角色扮演和演讲之后）承认他们知识欠缺之处和有待提高的地方。我们重视反思能力（Schon，1983）。

上述过程需要用几天来完成，这是有益的，因为人在适应环境后经常会前后表现不一。应征者经常会半道退出，或者因为他们觉得对这份工作并不是很喜欢（应聘教学研究中心的职位要做很多工作），或者他们没达到要求。同时，他们了解到中心在招聘过程中态度极其严谨、对细节和质量的控制极为重视。特别是从作业和方案中，他们还能了解到这份工作的本质到

底是什么。他们还能认识他们以后的新同事。

招聘过程完成后，中心专业人员会讨论每个应试者的优点和缺点。当然了，人无完人，但我们的讨论甚至对已经获得职位的应征者都有好处，因为这样的讨论会明确我们该给那个人什么样的职业发展机遇。对应征者的选择并不需要全体同意（主任有最终决定权），但冗长的投票过程总是能让中心研究人员最终达成一致意见。

时间表

我们在招聘过程中思虑周详，但也想很快结束对每个应征者的考察。冗长拖沓的招聘过程经常会让应征者丧失热情，也让我们更难以作出结论。招聘就像求爱，我们试图向应征者展示中心是一个很棒的工作地方，这儿每个人的工作都各不相同，还可以经常变化，个人自主和同事支持实现了完美的结合。我们不会假设说应征者理解我们的工作或环境，所以我们在招聘过程中尽可能多地提供信息。即使我们决定不录用应征者，我们也希望他们期盼着加入我们的团队并在招聘过程中对教学研究中心有所了解、心怀尊敬。

招聘其他员工

教学中心有 9 名员工（我们称之为项目员工）负责各种支持性工作，从计算机技术支持到会计、活动策划和网站管理。他们由一名办公室主任管理，后者也做研究和编辑工作。就像咨询顾问一样，我们在招聘过程中也计划让项目员工职位的应征者完成写作任务和扮演角色。有时我们很幸运地找到一位优秀的长期员工；但是我们经常雇用的是新来的研究生。他们精力充沛、积极性高，但对办公室工作毫无经验。通常是我们对他们进行培训和教导，他们给我们工作一两年之后就去读研究生了。一直不断地招聘、交流和教导是一件难以忍受的事，但在项目员工的频繁更替中，看到一张张崭新的笑脸和很有新意的思想，我们乐在其中。

工作量

在教学研究中心我们试着鼓励工作规划（job crafting），在商业管理文献中可看到对此的描述（Berg，Dutton，& Wrzesniewski，2008 http://www.bus.umich.edu/Positive/POS-Teaching-and-Learning/Job＿Crafting-Theory_to_Practice-Aug_08.pdf）。我们的员工积极性高，能力突出。

他们应该在职业生涯中实现他们的价值。为了帮助他们达成目的,我们鼓励他们根据他们的兴趣和能力定制(或规划)工作。我们试着在任何时候都鼓励员工独立自主、谨慎斟酌。工作流程一般包括认知规划、任务规划和关系规划(Wellman & Spreitzer,2010;Wrzesniewski & Dutton,2001)。换言之,我们鼓励员工在常识基础上学习新的东西(认知规划),他们就可以按照需求通过重新设定方向、重新建构以及扩大任务量等扩展工作任务的界限,只要他们觉得这些改变有利于实现中心的使命,有利于拓展中心的工作(任务规划);与中心其他人员、密大其他单位乃至其他院校的同事合作(关系规划)。我们鼓励在中心教师发展人员中发展一种积极向上的精神。幸运的是,教学研究中心工作数量繁多、种类多样,个人要找到适合自己的工作量和关注点并不难。

劳动分工(任务规划)

中心专业人员工作是按一个矩阵组织的,一些员工负责具体的学科领域(如工程、科学和数学、社会科学、人文和艺术学科),其他的负责一些专题性领域(如教育技术、评价研究和多元文化教学和学习)。一些专业人员两手兼备(既是学科专家,又对某个具体的专题领域非常熟悉),但大多数人还是有所侧重。

像学习与教学研究中心这么大的中心劳动分工不断变动。我们自然是让具体专业的员工扮演适合他们,他们也感兴趣的角色。解释一下,有语言背景的咨询顾问通常会与语言系一起工作。因为我们不能每个单位配一个学科专家,我们认为员工必须具备研究和人际交往技巧,这样他们能通过研究向学科教师了解不熟悉的领域。对于大的活动,如针对助教的项目或者未来教师岗前培训大会,我们会实行轮责制,实现员工多元化并给计划注入新的思想。轮责是可行的,因为我们为中心每一项大活动准备了详细的指南手册,这样新的咨询顾问(和项目员工)接手时,凭借指南手册就知道如何着手进行。

支持专业人员(关系规划)

由于专业人员非常难得(要找到有博士学位、大学教学经历和教师发展经历的人很难)而且中心招聘时精挑细选,我们试着通过给他们提供大量帮助以最大化利用每个人的专业。中心有几个行政助理,他们为大型赛事做后勤工作、制作旅行计划并协助做其他的耗时工作,像追踪和报导我们服务时的数据录入和分析工作。我们还有博士后学者和研究生提供研究支援。他们协助做数据收集和分析的工作,帮助起草章程并准备文献。行政支持和研究生做这些工作是为了让专业人员可以充分有效地利用自己的时间。我们有幸有基金来支付这种工作,小一点的教学中心可能会考虑用实习生或勤工助学学生满足他们的需求。

员工的专业发展(认知规划)

在密大这样一个庞大而复杂的大学里,教学中心能碰到大量各种各样的问题,机遇和挑战永远存在。因为我们一直坚持对大学中各类项目和服务所提出的要求做出回应,我们都需要提高技能和知识水平以便能做好工作并满足大学的需要。我们也尝试一些方法,能在中心激发活力并注入新思想。工作规划包括认知发展,如找到有助于员工学习和成长的方式。这类活动在中心是一种标准模式,我们是一个学习型组织(Senge,1990,2000)。

我们在中心发现,教师发展顾问的专业技能只能经验性地获得,在不同阶段需要不同类型的培训和很多反馈(Tiberius, Tipping, & Smith, 1997)。因此,我们用各种各样的方式提高教师发展人员的专业技能。

良师益友

我们在中心要求新员工参加他们同事主持的项目,这样他们就知道我们是如何工作的,通过这一过程,他们既获得了训练,也与同事们建立了关系。我们还要求他们在咨询和学生期中反馈会议中跟着中心的同事,以便学习这些技能。每个新的专业人员都有一名员工导师,这位同事关注新同事的进步情况,并回答有关工作流程、人事和工作环境等问题。我们的新同事主持活动时,我们提供事务明细表、流程图和操作手册,这方法无论是对于有经验还是没有经验的新同事,都适用(Tiberius, Tipping, & Smith, 1997)。

员工在校内的专业发展

像密大这样的研究型大学,每天有很多讲座和项目。当这些活动主办者认为教师发展顾问会对活动内容感兴趣或与他们要服务的教师有关(如一位科学领域的发展顾问与学科教师会面,并通过参加获奖科学教授的座谈会了解了他们当前的兴趣点),他们就会邀请中心的专业人员参加。如果顾问们有时间参加这些项目,他们就会见到更多的教师,这对他们来说很有价值。我们也向教育技术办公室和人力资源部提供的校内培训项目支付报酬。

内部项目

对于有经验的咨询顾问来说,使用个案研究和角色扮演首先有助于他们发展竞争优势,之后能加强对教师发展专业业务的熟练度(Tiberius, Tipping, & Smith,1997)。中心每周开一次员工会议,会上我们经常讨论一位咨询顾问经历的棘手案例,或者教授一门新的技术,如播客。中心一年举办两次员工反思会——冬天一天,夏天两天——会上我们对自己的工作进行深入反思。中心的研究项目、对一本书的小组讨论(这让我们对工作有了新的看法)、演讲者或咨询顾问讲述的关于改善服务话题和对我们的工作重点进行深刻讨论,能帮助我们对未解决的问题提出最终的答案(如,如何让未来教师培养项目(PFF)更有序,或中心在大学信息技术计划中应该起着什么样的作用)。一些反思会还涉及和项目员工一起进行团体活动,如去艺术博物馆游览、参观最新的大学建筑物或者坐公共汽车环底特律城宣传我们的学习服务活动。

会 议

我们也鼓励专业人员参加会议(如高等教育专业和组织发展网络(POD)、国际教学和学习学术协会(International Society of the Scholarship of Teaching and Learning,ISSOTL)、美国学院与大学联合会、高等教育种族问题全国会议(National Conference for Race & Ethnicity in Higher Education,NCore))以及学科会议。每个员工每年选一些会议参加,只要预算够,中心就支持他们。我们希望员工不参加那些关注点很窄的会议,因为我们的涉及范围很广,不仅仅局限于我们自己的学科。

教 学

教学对于一些员工来说有利于专业发展。尽管中心研究人员有时也教他们自己学科的课,我们希望他们的兴趣满足于教中心开设的课(特别见第六章):每年五月的未来教师培养项目,我们要给 50 名研究生上 10 次课,每学期也会给 10～12 名研究生教学咨询员讲授多次有关教师和助教专业发展的课程,还有给 35 名理科博士后学者上 7 次课,给工程学院的 10 名研究生上系列课，给国际研究生助教开一个秋冬班，以及为40名文理学院的年青教师组织一个教学研讨班（teaching academy），讲授如何讲好课（比如两天的入职培训，之后就是一整年的其他几次课）。

研　究

中心鼓励我们研究人员进行研究，通常每年他们中的大多数都会有在学术大会发言并有文章发表在期刊上（偶尔也会出专著）（见教学研究中心年度报告，http://www.crlt.umich.edu/aboutcrlt/aboutcrlt.php）。但是也有一些需要注意的地方：我们要求服务工作优先于研究，因为我们不想错失提高大学教学和学习的机会。就像教授自己所学学科一样，工作时间研究能做就做，不能做就在下班后和周末利用自己的空余时间做。中心的专业人员没有要求必须做研究，但大多数都想做。我们一直重视他们的研究工作并加大出版力度，我们也协助做宣传工作。

我们发现最有用处的研究就是应用研究，它能为中心工作提供信息并提高效率。比如，一个中心研究项目对很多咨询方法作了比较以找出哪种对教师最有效（见第四章），另一个项目调查了本科生上入门科学课的经历（见第十章）。前一个改进了我们给教师提供的信息服务，后一个改善了助教的培训方法和几个系的入门课授课方式。中心研究人员还帮助教师完成他们自己的教学和学习学术项目(SoTL)，向他们展示如何研究教学并协助进行数据收集和分析。

不同的预算模式

服务收费的方式

教学研究中心的预算大部分来自于教务长。我们通过做劳动密集型的工作获取来自其他学术单位（系主任、系主席和其他办公部门）的补充资金。20世纪90年代，密大有一段时间实行集中责任管理（Responsibility Centered Management，RCM），大学办公部门开始为提供的服务收费。该机制取消后，很多办公部门还对一些服务收费。结果，十多年来教学研究中心一直对一些服务收费。约三分之一的年度预算来源于这些资金，一些是一次性的资金，一些是经常性资金。

中心一直以来对校内单位的服务收取费用。这些工作完全不同于我们代表教务长为整个大学所做的工作(如岗前培训、系列研讨会、教改项目申请、单个教师的咨询、网站和发表文章等)。例如,我们对策划或组织系里的反思会、收集和评价学生的专业学习数据、为系里的教师开展专门的研讨会、设立专门小组作为课程改革的一部分或者为院里或系里设计助教培训项目等服务收费。

我们是以低于服务成本的价格来收取费用的;教学研究中心也要负担一部分费用。而且,当我们报价时,我们都会注明,即便各办公室/学院无力支付,我们也依然会提供服务。有趣的是,从未有一个单位无偿接受我们的服务;他们几乎一直都是全额支付我们提出的报价。我们的报价并非一成不变的:如果项目由校外的款项提供资金,我们要价就高一些。如果我们手头的工作很少或近段时间没有给一个单位工作过,我们可能根本不要钱,或者要得很少。如果该单位资源不多,我们要价会更少。由于每种服务都是量身定做的,没有可比性,顾客也不可能比较在中心所花的费用。

每年约有 10 个学术单位付钱给我们。我们把资金用于兼职研究生,他们协助我们工作使得我们的专业人员能充分利用他们的时间。除了这些完成特定任务收取的少量资金外,我们还收到相当于 4 位员工薪水总和的资金(一半来自文理学院,一半来自工程学院),让我们完成劳动密集型工作。在文理学院,例如,我们协助系里完成助教培训项目、为新晋教授开展工作(包括学生期中反馈)并参加各种各样通识教育评价项目。同样的,我们与研究生院就几个项目达成协议,我们提出主张,之后组织活动、配备员工,同时他们提供支持和资金:3 个未来教师培训项目、一个促进多元文化研讨会、一个为博士后学者开设的短期课程和教师资格证(见第六章)。这三个学院的资金都不属于基本预算项目,它按年给付,很少重新进行商定。我们很倚重它。

开发和资金筹集

中心不做开发工作,而是院长们自己筹集资金(这是他们的主要职责之一),然后中心为其服务,他们付钱给我们。这种安排节省时间,意味着我不会和院系争捐款。还意味着我们为院系所做的工作满足了他们的真正需求,同时向教务长证明各部门重视学习与教学研究中心提供的服务。

联邦和基金会项目经费

中心并没花很多时间去申请联邦机构或私人基金会的项目。我们有时与其他办公部门或教师联合,或在教务长或系主任的命令下去申请。但我们很少自己寻找项目资金。申请这些基金项目的竞争很激烈,所以成功的几率很小,不值得员工花那么多时间起草报告。如果成功的话,之后还要提供项目报告。至关重要的是,校外的出钱者有很多关注点和限制条件,对产生的报告的方方面面都会横加干涉,这会让项目对大学自身而言并不那么有用。我们从教务长那儿募得资金,他们告诉我们他们的需要,这是更为明智的。如同捐款募集一样,校外项目经费会让中心从大学领导人要做的要务中分心。

北校区学习与教学研究中心

中心预算模式的一个有趣的例子就是北校区学习与教学研究中心办公室、工程学院教师发展办公室(CoE)(http://www.engin.umich.edu/crlt-north/)。它有自己的主任和咨询顾问(他们拥有工程学博士学位),还有后勤人员。他们所有人都在工程学院。北校区中心是教学研究中心的一个分部,员工的薪水由学习与教学研究中心和工程学院共同承担,各自按百分比付给每位人员薪水。

分部的创建是因为工程学院教师发展办公室(CoE)想要有工程学背景的咨询顾问,并且学院紧急需要发展几个项目以提高学生的学习能力。幸运的是,学院资源充足,可以实现他们的设想。把这种员工行政体制放到中心,而不是工程学院,我们能让学院行政工作变得轻松简单,既能改变员工规模而又不必雇用或裁减员工,并且得到中心本部在专题方面,如多元化、教育技术和评价的支持。换言之,中心的一线研究人员可以随时替补分部的员工。

分部的项目和服务包括为工程学院开展助教培训项目、为教师和助教提供一系列研讨会、还有对想要咨询的教师作咨询解答。但是,分部与中心提供的服务略有不同,尤其在申请校外项目方面。分部的咨询顾问经常写报告(尤其是给国家科学基金会),投入大量时间做研究和申请基金项目。这种优先考虑是因为工程学院强调教育研究和教学与学习学术研究。教学与学习学术研究也是工程项目认证机构的优先考虑之事。因此,分部根据所在地的文化制定工作,中心预算模式把这种定制工作考虑在内。

运作原则

"第三章：与教师和学术管理人员建立关系"，讲述了中心在大学采用的策略以不断继续它的使命。但是作为主任，我的职责就是让员工群策群力，对于我们如何处理事情和采用什么方法提出看法。教学中心是一个有趣而又很具挑战性的工作场所，因为工作不是规定好或者预先确定的，所以我们能很好地掌握工作主动权，至少大多数情况下能自我决定如何提高大学教学水平。我们工作的指导原则有很多，包括服务导向、快速响应、质量控制和问责制、采用中心的方式来解决院系问题、抓住机遇达成目标和坚持不懈的精神。接下来会有描述。

服务导向

第一个并且可能是最重要的原则是以服务为导向，积极反应。我们有很多机会能开展新的项目和服务，但当中心遇到机遇和需求时，我们积极回应，效率非常高。中心计划与大学计划（如教务长的那些）一起实施时，能产生最大的影响。因此，我们需要确定计划的实施先后顺序并考虑到时间因素。这可能看起来显而易见，但研究表明教学中心经常不优先实行大学领导提议的事项（Sorcinelli，Austin，Eddy，& Beach，2006）。

在我们的活动范围内，我们试着全面领会大学要优先考虑的事。为了制定好工作日程，我定期与系主任们见面，让他们提出项目，我们实施或者协助他们实施。这并不意味着我们不制定我们的工作日程。当他人的要求与我们的使命（即通过教师、管理人员和助教的共同努力提高教学和学习水平）相违背时，我们会拒绝加以考虑。忘却使命是我们极力要避免的事情。然而，甚至当我们拒绝他人要求时，我们也试图有所帮助，为其他的大学办公部门提出建议，因为他们的使命可能更切合大学的需要。

创造力强的教师发展人员即使在真空中也能制定充满趣味的计划，尤其在夏天，那时秋季学期的工作还没有开始。为了让员工能留出时间应对学年中可能出现的服务需求，主任不应让员工的时间安排被预先计划好的活动占满，这将会使员工们不能对新的机遇做出回应。主任的任务就是随时掌握每个咨询顾问的工作量和活动，防止员工因工作量过大而过度疲劳，让他们变换工作，保持挑战性，派时间充裕、技术够格的人做新的工作。我们发现处理工作量问题是我们最大的挑战之一，因为我们并不是每次都能顺利找到新办法。尽管我们使用额外的研究生或博士后帮助达成目标,员工过度疲劳却一直都是一个要密切关注的问题。

快速响应

密大的节奏很快,所以我们努力做到快速响应。当服务需求或者机会出现时,当其他人还因为一个观念而激动或者想着参与的时候,我们已经做出了回应。拖延就是错失时机。管理人员和教师公务缠身,如果我们没有抓住机会他们就会转移注意力。但是,这意味着我们需要让计划出现在他们的关注范围内,要持续跟进,确保计划不断发展。

质量控制和问责制

我作为主任负责确定质量标准,之后作为质量控制员执行这一标准。我定的标准高,我的同事就会相应那么做。我们声誉在外,人们对我们信赖有加,我们的工作质量也是不负众望。我们一直重视中心的服务并坚信它会不断得到完善(见第二章对评价策略的描述)。在大学校园里,发送备忘录或邮件出现打印错误或语法错误,或语言表达不清楚,这是很失策的。我们对所有的交流材料都会再三检查,因为这些材料要向教师显示我们项目规划的质量,而教师也更愿意参加规划详细、深思熟虑的项目——他们的时间花在这上面物有所值。

采用中心的方案解决院系问题

作为一名政治科学家,我学习过政策制定的垃圾桶模型(当组织的目标模糊、团体成员关系松散时,组织在作决策时,便如抽奖般,从众多解决方案中,任选一种来执行。)(Cohen,March,& Olsen,1972),该理论认为解决方案经常单独出现,并且备用在那里,等相关问题一出现就能对应上。问题的出现促使人们从"垃圾"(即以前的解决方案汇总)中选一个可能对解决问题有用的方案。虽然我们对此方法顾虑颇多,但这种理论模型经常应用于中心的运作。我们有一系列的项目(如讨论会、研讨会、圆桌会议和戏剧梗概)和完备的服务内容(如奖金、评价研究、网站、成果出版),这些可以根据具体情况选择解决方案之一以适应某一特别需求。机遇或开端(难题)降临到我们头上,之后我们就提出这些项目和服务(方案)。我们清楚没有教务长、系主任、主席或教师的强有力支持,我们只能侃侃而谈却不能独立实行方案。因此,当管理人员或教师发现问题、需求或感兴趣的东西时,我们回应的项目或服务一定是经过周密规划的。

例如,当教务长发表讲话说他希望出现更多的跨学科团队教学课程时,我们改变教改基金的用途,并建立一个新基金来支持那些课程。当一位系主任关注本系研究生学习的氛围时,我们的戏剧项目作简短的陈述以吸引学生谈论氛围问题。当教师感兴趣于分享他的高招,即调整维基软件使之适宜在教室使用,我们就组织一个研讨会,他可以在会上对同事展示他的方法,然后我们录下来放到网上。当另一个教师致力于研究一种课堂视频系统而且它看起来好像能在大学里应用时,我们会收集评价数据,这样他在宣传时就更有信服力。上面种种都是微不足道的事情,或者说是极为容易实现的目标(Weick,1984)。但是随着时间推移,积少成多,就会显示出教学中心对大学的价值。

抓住机遇达成目标

巴伦(Baron,2006)建议说教学中心应该在机遇出现时,抓住机遇作出回应,这也是中心正试着做的,最为突出的一点是它不断推动战略目标向前发展。与大学领导的频繁接触总给我提供机遇,我一般通过这种人际网络和人际接触了解到需求。例如,我们一些教务长下属办公部门的主任们每个月会有一个早餐会议以共享新闻,这有助于让我们发现行动机会。第三章提供的信息就是关于中心如何与大学领导、教师和其他行政办公部门进行互动合作的。

我们在中心经常抓住机会在小范围开展新的服务,证明我们做得很好之后,会要求更多的资源以便开展更多工作。用这种方法达成的目标包括互动戏剧项目、工程学院分部办公室、研究生教师资格项目和未来教师培养项目(PFF)。每个例子,我们都是让已有员工在小范围内证明我们的能力后,再多雇一些员工来完成工作。

有时我们齐心协力开展宣传活动让人们知道我们已经做的工作。例如,在密大重新评估过程中对设立一个大学评估办公室进行了讨论。在中心,我们一直把自己当做评估办公室,但很明显,我们的评估工作并不为人所知,也没有协同部门的帮助。在进行重新评估前的那段时间,我们为找到突出我们工作的办法可谓殚精竭虑,如把中心半年举办一次的教务长研讨会集中在评价方面,利用我们与系主任和院长们的接触为他们组织讨论会并以评价为例,中心的两个竞争性基金项目也以评价为目标,这样教师就受到激励愿意做出评价,还有在研讨会系列里提供多种评价内容。我们还创办了一个内容丰富的密大网站,有评价定义、其他好的网站的链接、密大教师教学评价的范例和中心评价项目的列表(http://www.crlt.umich.edu/assessment/index.php)。我们宣传网站的对象是大学管理人员和那些来访问评估网站的人。结果认证人员认为学校管理部门低估了大学的评价数量,总结说院系评价项目数量很多,特地表扬了中心在这方面所做的努力(密歇根大学,(2010),2010 评估:密歇根大学——一所在学习、知识和责任方面全球化的大学)。因此,中心最终被认为是评价办公室,它一直都是,只不过在过去默默无闻。

中心抓住机遇实现目标最近的一个例子就是在中国开展的新计划。这本书出版时,我们将开始与中国教育部合作促进中国一流大学的教师发展。这个计划预计对参与的中国院校产生重大影响,这些院校与密大教师有合作,我们很多的中国学生也来自那儿。中心决定与中国合作是出于战略考虑。密大将国际化作为优先考虑的重点(这也是 2010 年密歇根大学重新评估的焦点),因此大学鼓励全球性活动。与中国合作也是优先考虑重点,因为密大与中国早在 19 世纪 80 年代就有密切联系,在密大的中国学生数量惊人。通过致力于中国的教师发展,中心提高了密大在中国的知名度,这反过来又提高了中心在密大的地位。

从 2005 年开始中心主持密歇根中国大学校长论坛,这是为中国名牌大学领导开办的持续两周的职业发展项目。我们就这样对中国高等教育有了专门的知识并与重要领导建立了联系。通过这一教师发展计划,我们希望能与密大的国际学生和教师更为有效地合作并对影响教学的文化差异有更深刻的理解。

坚持不懈

看到中心影响越来越大让人很满意,因为取得的每个成就看起来都让下一个目标更容易实现。大学里有一种雪球效应:如果你的办公室受到尊敬,那么这种尊敬会有增无减。受到的尊敬越多,就能实现新的战略目标,实现了之后,就像鸡生蛋,蛋生鸡一样又受到更多的尊敬。

教学中心主任必须对战略目标心中有数,并持之以恒地为实现具有重大战略性地位的目标而努力。在中心取得的成就中最重大的都是那些经过经年累月坚持不懈的努力完成的。例如:

在大学占据的地方够漂亮(位于中心地带),这表明大学重视提高教学水平,办公场所够大,能容纳完成工作所需的员工。

给教师提供足够的项目经费，经费数额即便在资源充足的密大也是很高的。

为院系副职（在教务长的支持下）举办了一个职业发展项目，以便在管理层增加知名度。

不将中心作为一个学生评价办公室，因为当中心被认为是一个支持性部门，而不是一个评估部门时，它与教师的合作更有效。

开展了半年一次的教务长教学研讨会以建立大学范围内对前沿教学和课程问题的对话。

管理大学主要的教学奖项以把中心与杰出教师的创新工作联系到一起。

请注意：我们在中心观察到，在规模较大的学校信息传播很慢，所以受到尊敬要花很长时间。一旦你受到尊敬，它增长的速度非常快。怪异的是，人们丧失对你的尊敬也得很长一段时间。一旦取得良好声誉，同事们会原谅你偶尔的错误。看起来好像人们记住的是办公部的整体贡献。但是，当教学中心不再受到人们尊敬时，若想要挽救，那可是任重而道远啊！

第二章

衡量教学中心的有效性

玛丽·怀特（Mary C. Wright）

当高等院校在衡量其对学生学习影响方面面临越来越大的压力的时候，人们也越来越希望能记录教学中心对下列结果的影响，如学生学习、学习气氛、教师教学有效性和教师/学生的保持率。虽然要求教学中心更好地展示他们的作用并不是刚出现的现象（e.g.，Centra，1976），在实行问责制的时代，衡量有效性的呼声只能是越来越高。如同一些学者（Sorcinelli，Austin，Eddy，and Beach，2006，p. xv）写道："从父母到立法者每个人都期望高等教育机能确保可以衡量的结果。"这种呼声也延伸到了教师发展工作。但是，研究文献中并没有现成模式能教给教学中心如何评价工作，如何将研究成果向利益相关者公开。我们在这儿给其他教师发展专业人士提供一个模式去评估工作，以及提供可以采用的策略使研究成果有助于促进教学中心的发展。

这一章开始是对教师发展工作评价的文献回顾。然后讲述了密歇根大学学习与教学研究中心（CRLT）如何记录并评价教学发展工作以及如何运用这些探究改善实践并强调中心带给学校的价值。在其他章节（第七章），我们将探讨中心如何与各院系合作，协助他们确定教学有效性。鉴于我们工作的重点，中心把检查自身计划的结果置于优先考虑的位置。

教学中心如何计划并评价工作？

确立"指导原则、明确的目标以及评价程序"是创建并维持教学中心最好的实践经验之一（Sorcinelli，2002，p. 14）。中心 1976 年的报告显示美国仅有 14% 的教师发展项目作了评估，从那时开始，关于教学中心如何评估他们的工作的文献开始增多。虽然关于评价具体项目类型的资料有很多，却很少有谈到教师发展中心如何建立一个全面的评价计划，指导并记录他们工作的有效性。

在全国范围内对教师发展专业人士作的调查显示（Centra，1976；Ferren & Mussell，1987；Frantz，Beebe，Horvath，Canales，& Swee，2005；Hines，2010），几乎没有中心对他们的项目和计划作过全面的评估。可能由于上述情况，已出版的资料中很少谈及中心全面评价工作的模式。尽管缺少全面的模式，但也有积极现象，即有单个中心对教师发展工作的具体方面做了系统评价，如教学咨询（Jacobson，Wulff，Grooters，Edwards，& Freisem，2009）、教改基金项目（Ferren & Mussell，1987）、学习社区（Light & Calkins，2008）、研讨会（Connolly & Millar，2006；Way，Carlson，& Piliero，2002）、目标（Young，1987）和中心投资收益（Bothell & Henderson，2004）。需求评估模式方面的文献很丰富，展现了在这一关键过程采用的很多的方法（Milloy & Brooke，2004；Sorcinelli，2002；Sorenson & Bothell，2004；Travis，Hursh，Lankewicz，& Tang，1996）。但是，鉴于将高等教育的影响记录下来极为重要，教学发展专业人员需要全面考虑中心的有效性，而不仅仅是一个单独计划的影响。

中心的全面评价模式

为了规划中心工作的评估，我们设立了一个模型，列出了我们要回答的关键问题以及我们如何收集信息的方法。门格斯等人（Menges and Svinicki，1989）认为矩阵模型有益于项目评价，因为它与数据来源的问题相关联，可作为一个提出问题、收集数据并提升项目的框架。虽然他们把这一工具当成指导项目评估的一种方法，但我们发现它也可作为一种有效策略，帮助我们全面思考中心在很多项目中的评价目标，包括从单个的教学咨询到大范围的计划如我们的教学戏剧项目。运用矩阵模型或其他综合性方法进行评价的教学中心包括明尼苏达大学（Langley，2008）和俄亥俄州立大学（Plank，Kalish，Rohdieck，& Harper，2005）。但是，就我们所知，在所有发表文章中，本文首次详细描述了教学中心如何形成全面的评价系统，从工作的核心问题，到数据收集程序，乃至成果宣传都囊括在内。

中心全面评价的矩阵模型

表 2-1 展示了这个模型。下面我们讲述核心问题和我们认为有益于信

息收集工作的数据来源。我们的评价角度集中于下面的 5 个问题：

（1）中心有多少客户，属于什么类别（如职位、系别）？

（2）参与者认为中心的项目和服务有什么价值或在什么方面有用？

（3）中心的项目或服务使得参与者打算对教学作什么样的改变？接下来参与者的教学知识、行为或态度发生了什么样的改变？

（4）长期来看，中心的计划给学习带来了什么样的转变？

（5）大学需要什么样的新计划？

我们进行教师发展文献整理时，在密大为系主任和其他管理人员研究分析项目的影响时，都会出现这些问题。虽然其他教学中心会选择问不同的问题，但这 5 个问题为我们提供了大有裨益的反馈机制，这一机制有助于我们向关键的相关人员传达我们的价值观念。我们对于每个问题都寻找多种数据资源以使我们能对这一领域的有效性做出更多描绘。

表 2-1　中心如何评价其项目和服务

	活动注册信息和员工的报告	网站点击信息	即时反馈问卷	电子邮件和网络调查	参与者报告与叙述	面试与专门小组	教学结果测量
中心服务多少客户（行政人员、教师和研究生）？	X（据人口统计数据分析）	X（据校内与校外分析）					
参与者觉得中心服务价值高低/有用程度			X（如在所有研讨会上，参与者评定研讨会的整体价值）	X（如新教师岗前培训与教务长教学研讨会参加者收到邮件，请求他们评估活动的整体价值）	X（如邮件和谈话）	X（如大学领导力项目的参加者）	

续表

	活动注册信息和员工的报告	网站点击信息	即时反馈问卷	电子邮件和网络调查	参与者报告与叙述	面试与专门小组	教学结果测量
教师觉得中心服务/项目对他们教学将会或已经带来什么变化?			X（如在戏剧短剧项目中会被问到他们学到能应用到教学中去的是什么。）	X（如学生期中反馈客户被问到服务引起他们上课方式哪些变化；考试前和考试后教学研讨班参与者对教学准备的感觉）	X（如比较大的中心项目经费接收者的项目报告）	X（如对教师/管理人员就戏剧项目带来的教学和组织变化进行采访与专门小组采访）	X（如研究考试前和考试后不同反馈服务对学生评估的影响；研究学生）
中心服务/项目对参与者态度/行为的长期影响是什么?				X（如调查项目对研究生教学咨询顾问作为教师在教学和指导工作方面的影响）	X（如教学与技术研究中心和蒂格尔奖授予仪式）	X（如在中国采访密歇根——中国领导人论坛的参与者）	
密大需要什么样的新项目和新服务?				X（如对研究生进行调查评估是否需要开展未来教师岗前培训研讨会和信息技术培训）	X（如参加助教指导活动的人对新的计划提出建议）	X（如大学领导人论坛会前的需求调查）	

中心服务了多少客户(行政人员、教师和研究生)?

大多数教师发展中心都要记录项目参加者的数目,可能因为能证明有人参与对于项目存在的合理性是必需的(Eble & McKeachie, 1985)。由教师发展顾问所作的一项调查发现,"大多数项目,无论采取何种结构,无论员工规模的大小,都对保留记录持认真的态度,"他们将接受教师发展服务的参与者的数量记录下来(Chism & Szabó, 1996, p. 120)。出于同样的动机,中心一丝不苟地记录了与我们一起工作的人的信息。

为了记录客户数量,中心使用注册表、项目经费收款人名录和员工服务报告,这能追踪到每次咨询、学生反馈会议或项目规划会议。每个记录都包括客户的统计信息(职位和部门)这样我们能确定我们提供最多服务的领域。此外,中心有一个经常使用的网站(http://www.crlt.umich.edu),尽管没有记下那些登陆我们网上资源的人的身份,但我们运用了谷歌分析法追踪校内和校外的每年访问量(340,000)和网页浏览量(650,000)。

这些数据非常醒目地出现在中心的《年度报告》里,它用表格的形式向大家展现了中心给密大客户提供的服务,以及在院/系和职衔方面的分布情况(网上总结访问 http://tiny.cc/crltreport)。我们也列出了接受服务的校外组织,如从中心获取信息的其他大学,还有通过基金项目拨付给教师的经费数额。

参与者觉得中心服务价值高低或有用的程度

费伦和马塞尔(Ferren & Mussell, 1987)写道:"如果我们对高等教育的教师发展作预测的话,建立在日常活动基础之上的形成性评价将会成为确保项目发展并使其保持有效的基本条件(p. 114)"。参与者认为中心服务和项目对其有用程度的数据是我们收集形成反馈的一种关键方法,对我们服务的不断提高起着关键性的作用。

对于研讨会和大多数的活动,我们收集即时匿名反馈,包括参与者自我评价(即感知学习)和参与者对活动的评价。虽然这种形式常常是针对特定活动中的个人收获,但是也对参与者提出一些普遍性问题,包括:

• 请在你认为符合研讨会的整体价值数值上画圈(用利开特式量表从1=完全没有价值到5=很有价值)。

• 你希望从研讨会中获得什么?

• 你认为研讨会哪方面最有用?

- 参加研讨会对你有什么改变？

- 能否给我们提些建议如何让这个项目更有用？

这些评价表一般都很小（通常仅占一页纸），服务提供者会在项目中留出时间让参与者完成。在对有多场次的活动（如新教师岗前培训和全校范围内教师一起参加的教务长教学研讨会）进行更全面的评估时，我们会在第二天发送网上评估的邮件。

参与者还可以进一步对即时反馈进行补充，可通过非正式的方式（邮件和对话）和有组织的方式进行。访谈和专门小组是战略性的方式，因为他们属于时间和劳动更为密集型的，但当需要的时候，我们会用这种方式来听取参与者的意见。举例说，我们的大学领导力项目是为副系主任和副院长们开展的，连续举办了三年，我们决定对其进行评价看其还是否有效。计划将参与的管理者分为三组：经常参加项目的人、参加几次会议的人和从未参加过的人，对他们进行 5 分钟的电话访谈。虽然访谈特意设置得很简短，以便公务缠身的院系副职们都能参加，但这些电话都很有价值，既提醒管理者关注项目的情况，又能请求他们对第二年计划中的时间安排和主题选择方面提出意见。

受中心服务或项目影响，教师觉得它对他们教学会造成（或他们打算作出）什么变化？

虽然很多教师发展项目都收集即时满意度数据，但很少会继续追踪教师看教师如何改变（或计划改变）教学方式（Chism & Szabó，1997；Plank & Kalish，2010）。由于很多教学中心的重要目标之一就是改变教师的教学行为以促进学生有效学习（Sorcinelli，Austin，Eddy，& Beach，2006），因此对实际效果和预期效果相关数据的收集就很重要。

如前所述，参加研讨会的人在活动过后会被问到他们打算如何改变教学方式。类似地，我们也会在长期评价中问到这个问题。比如，在我们的研究生教师资格项目中，会让人在教学法方面进行反思，从而促进专业发展，参与者会被问到他们在项目经验的影响下，会如何改变教学实践方式（详细见第六章）。

除了收集教师可能作出教学行为改变的信息，我们也很重视测量我们项目对教学变化的影响，并通过自己报告和教学结果采集数据。中心评价它对教学变化的影响一般通过三种方式：我们教改基金项目接受者的叙述和工作成果；与教师/管理人员就教学和组织变化进行访谈和专门小组讨论;调查新教师教学培训前后教学准备的充分程度的变化。(第四章列举的第四种方式是从参加学生形成反馈过程的教师那儿收集自评报告和学生评价。)虽然一些方式使用了自我评价报告数据,但也有证据表明参与者的自我评价与其他方式(如第三方观察)高度相关,因此具有可信度,能被用来判断项目的有效性(D'Eon, Sadownik, Harrison, & Nation, 2008)。

中心每年教改项目经费超过 30 万美元,由于这是主要的投资,我们觉得测量资金对教学的影响是重要的。所有项目获得者都被要求完成一个关于资金使用的简短报告(如受影响学生人数),报告内还要有后续计划和宣传计划。对于具体的项目,我们也会进行更为详细的过程和结果评价。例如,我们的学生学习调查项目,它用来支持教学与学习学术活动(SoTL),我们通过调查来评价项目获得者在这一年项目工作中学到了什么。此外,基于为教学与学习学术活动项目有效性的标准,我们还对运用项目经费达成的最终成果、有关他们研究的海报进行分析(Wright & Bergom, 2009)。

另一种评价模式就是中心戏剧项目所使用的方法。在戏剧项目表演后(现在总共收集了 2000 份正式问卷)直接进行调查,评估它的有效性。观众要完成一个调查,上面问到"从表演中你学到的最有意义的,并且还会把它运用到教学或对学生的工作中去的是什么?"我们对得到的结果按职位(如教师、管理人员和研究生)进行分析。除了这些即时的自我报告,我们还会在表演后 3 个月到一年的时间里,用额外的调查和专门小组讨论对该信息进行补充,还会与管理人员就活动对其组织的影响进行采访,也作为即时调查的补充(Kaplan, Cook, & Steiger, 2006)。

最后,我们还会在学生评价或教师自信心方面偶尔运用考试前或后的模式来评价最终结果。例如,在我们与最大的学院——文理学院院长办公室合作时,我们为新任助理教授提供了一次为期较长的职前培训——教学研讨班项目。教学研讨班项目评价的一种方法是通过活动开展前或后的调查,询问参与者对 17 种不同教学活动准备得如何。这些活动各式各样,从课程设计到指导研究生全部包括在内。从 2009 年秋提供这一项目以来,看到参与者担负起了涉及各主题的教学研讨班的教学责任,他们对之也准备得越来越充分,这让人很欣慰(Meizlish & Kaplan, 2010)。

中心的服务或项目对参与者的态度或行为的长期影响是什么?

长期的转变,或让教师记住并把讨论过的想法应用于教师发展项目中,这是教师发展中心的另一项需要优先考虑的事(Way, Carlson, & Piliero,

2002）。中心测量长期影响所采用的方法的三个例子是对为中心工作的研究生进行调查、采访参加密歇根—中国大学校长论坛的人以及听取基金项目获得者的陈述。

中心每年差不多雇用 24 名研究生。他们接受培训,担任研究生同行咨询顾问,参加为期一年的循环式教学训练以促进他们的职业发展。为了更好地理解这一经历对同行咨询顾问项目的影响,一个长期研究从项目一开始就调查了所有的同行咨询顾问(Meizlish & Wright,2009;Pinder-Grover,Root,& Cagin,2008,第五章也有所涉及)。我们通过调查,就会发现同行咨询顾问的经历对他们后来从事教师和高等教育管理工作产生了重大影响,也能看到他们对这一影响的认识。

中心也评价密歇根—中国大学校长论坛参与者的长期影响状况。论坛倡议把中国大学校长带到密大校园以学习如何领导研究型大学。在参加者访问密大一年多之后,中心的员工去中国采访了第一批参加者。1 小时的采访谈到了有用的论坛主题,以及校长如何利用学到的东西改变他们自己的大学。这些发现不仅有利于组织将来的论坛,而且能更多地了解中国高等教育不断发展的现状。

最后,对于一些时间更长、以同类群体为对象的项目,我们让参加者对他们的工作和所学的认识进行陈述和展示。例如,教学辅助技术研究中心(当教师开展教育技术项目时这个机构会提供支持)的参与者在中心结束对其直接支持后的几个月内要对他们的工作进行陈述。他们被要求谈及什么支持对他们是有价值的,还有什么困难,这些评述对中心的员工来说是非常有用的评价工具。其他项目也要进行类似的陈述,比如历时一年之久、由蒂格尔基金会提供资金支持的多元文化教学与学习科学讨论会。

密大需要什么样的新项目与新服务?

文献最为丰富的一个领域集中在需求评估,或者数据收集活动以帮助教学中心有策略地设计计划,这样的话计划就能很好地满足大学教师的需求。例如,有学者(Sorcinelli,2002)描述了马萨诸塞大学阿默斯特校区的教学中心采用的一种广泛需求评价的方式,这一方式采用了采访、问卷调查和专门小组等形式与新教师、中年教师、老教师和退休教师,以及院长和系主任进行沟通,以广泛了解需求。她写道,这一过程会造成多种多样的关键结果,包括教师发展计划需要的信息,还有支持中心工作的未来同盟的发展。教师发展需求评估模式其他学者也多有涉及(Travis,Hursh,

Lankewicz and Tang, 1996；Milloy and Brooke, 2004；Sorenson and Bothell, 2004）。很多例子都建议把多种方法结合起来,深度(如专门小组)和广度(如调查)相结合。

虽然中心运作了接近 50 年,我们仍然觉得继续对新的服务和项目作需求评估是很有益处的,并经常对特定项目进行评估。例如,教务长让中心设计一个新的行政管理领导的项目,我们的评估会集中于:(1)同行机构的基准研究;(2)采访成功的系主任;(3)对新主任、经验丰富的主任、教师和院长们做一个采访,让他们对项目的主题进行排序(Wright, Cook & O'Neal, 2009)。中心在第一次修改国家未来教师培养项目(PFF)计划,使得其满足密大的需求时,就对所有研究生作了一个调查,询问此项项目安排在什么时间比较合适、它的结构和内容应该如何安排等。最后产生的未来教师培训研讨会精简高效,让研究生不再担心这种项目会拖延其获得学位。类似地,为了举办对教育技术领域研究生有用的研讨会,中心调查了 1700 多名助教的培训需求(Groscurth, Hershock, & Zhu, 2009)。最后,我们还对参加者举行了一个即时民意测评,看是否需要新的计划。例如,我们把监督本系助教发展状况的教师聚在一起时,会问他们以后想参加中心什么样活动,以及他们系最迫切的问题是什么。

评价数据的内部使用和外部交流

上述的所有数据,中心员工都可以使用,以提高项目和计划的质量。数据还被用来与他人进行交流以证明我们的有效性。有些情况下,教学咨询顾问可能看了这些结果并和同事进行讨论,如我们的研讨会系列。但是,更多的是,我们作为员工集体讨论这些结果并对大学的其他人报告这些结果。

内部讨论

对于较大的事件,我们经常是既听取评价数据也听取员工的观察报告。讨论过程经常是负责事件的员工首先陈述关键内容(如参与的人数和关于有用性的即时调查结果),之后参加报告会的其他员工进行一轮评述,指出项目的优点并提出建议。这些看法会记下来并一直保存着,以后有类似的项目时就可以采用。

此外,为了加强评价活动,我们采取小组的形式规划项目或详细讨论结果。这些更为冗长的讨论一般在半年一次的反思会中进行。这时,我们会讨论是否有必要加强评价活动,制订计划和对正在进行的研究给出反馈,并思考评价结果的意义。

外部交流

像所有的教学中心一样,中心必须向管理者和教师推销它的服务。我们的评价数据这时就有用武之地了。数据显示了我们的服务和客户范围,以及在质量和数量方面取得的成就。当另一个单位对一个计划提供经济支持时,我们能给该单位的主任提供项目评价报告,这有助于我们获得持续的资金支持。此外,我们也会发表一些评价研究成果,我们也会在市场推广的材料中运用一些评价数据作为有力的证据。

但是和管理人员讨论时,我们的《年度报告》(Annual Report)可能是记录活动及其影响的至关重要的工具。如前所述,我们编制了一部范围广泛的《年度报告》,里边包括了我们服务的客户数和我们给密大各院系提供的服务类型的数据。

我们把《报告》给教务长看,还经常在其他高层管理人员一起开会或会面时出示给他们看。例如,当音乐、戏剧和舞蹈学院以及艺术与设计学院的院长们问我们中心在艺术方面的工作时,我们能很方便地拿出几年的数据回答他们。此外,当我们对新来的院长谈到过去对他们院所做的工作时,我们能提供好几年的数据,这些数据一般能证明教学实践得到了改善、学生学习能力得到提高或者教师对我们的项目很满意。靠着评价数据详细地表明了我们所做的贡献,这些交流对于证明中心对大学的作用很有价值。

结 论

虽然记录教学中心的影响是很重要的,但这些文献几乎没有为教师发展职业人员提供全面的评价模式。这可能有三个原因:专业知识与技能、时间限制以及方法方面的困难。我们需要专业技能来确定指标体系,从而选取与中心核心目标和项目有关的信息,这种选择过程是很费脑筋的。完成评价所需的时间也是一个不利因素,尤其是大多数教师发展专业人员身兼多职。最后,方法方面的困难也不应低估,因为很难收集到能说服利益相关者的有力证据,尤其是当所处环境很难或不适于采用对照或实验设计(Ferren & Mussell, 1987)时更是如此,因为在这种环境下,其变化是复杂而且是渐进的(Kucsera & Svinicki, 2010),"这时学生学习——这一领域的中心目标——可能是间接的后果"（Plank & Kalish，2010，p. 136）。在一些大学,制订计划要深思熟虑,以符合学校审查委员会和人体试验审查委员会的要求和程序。

上述矩阵模型以及所述过程帮助中心克服了这三个困难。在时间和专业技能方面,我们发现了评价中的一些重叠部分,因此在问到各个项目中的类似问题时,我们可以共用一些工具（如调查项）,并勾画出以后需大力投入的地方。我们努力地使评价过程变得相对容易,让所有教学咨询顾问都能使用。我们还会战略性使用经过精挑细选、时间更为密集的项目作为这一普遍性"评价文化"的案例说明。在方法的准确性方面,我们通常发现简单的就是最好的,虽然有些项目采用实验或随机等复杂方法,但我们的大多数评价过程采用的都是相对简单的方法。这不仅仅更容易进行数据采集,而且有助于向重要相关人员传达发现的结果,他们并不是都熟悉复杂的定量或定性方法。

为了协助其他教学中心完成重要的评价任务,本章提供了一个基于上述矩阵模型的流程,它指导中心完成各项任务。教学中心研究人员若对使用这一模型方法进行评价感兴趣,可把此四阶段的模型运用到工作中：（1）找到能挖掘出中心所需信息的核心问题和评价文献中的核心主题；（2）确定有助于回答这些问题的指标体系并收集相关数据；（3）对收集到的数据进行思考以改善实践效果；（4）向校内外相关人士和广大教师发展团体的相关人员宣传项目的效果。

虽然我们提出的问题是针对本中心的项目和服务,但这些问题——以及它们采用的指标体系——也适用于其他教师发展项目。例如,小型教学中心最为关注的可能是如何测算参与者数量,调查项目的有用性,以便在与教师和管理人员开会时报告这些成果并找到教学中心服务于院系的新方式。但是,在任何情况下,"记录教学中心的影响都比以往更加重要"（Plank，Kalish，Rohdieck，& Harper，2005，p. 173）。教学中心在大学起到了关键作用,评价数据是证明他们所做贡献最有效的方式。

第三章

与教师和学术管理人员建立关系

康斯坦斯·库克(Constance E. Cook)

德博拉·梅兹立什(Deborah S. Meizlish)

高等教育专业和组织发展网络(POD)是在教学中心工作的专业人员的全国性组织,它长期以来注意到提高教学水平的工作应延伸到教师发展、教学发展和组织发展三个方面。下面是该组织对这些术语的定义:

> 教师发展一般指集中于单个教师发展的项目。这种项目的重点普遍都集中在作为教学者的教师……(它认为)教师是推动院校发展的驱动力,因此,帮助他们尽可能多地作出成就,将会使院校整体也取得更多的成就。
>
> 教学发展是指采取一种不同的方式来改进院校系科教学。这些项目集中于课堂、课程和学生学习。
>
> 组织发展提供了使院校效能最大化的第三种视角。这些项目集中在院校组织机构及其下属机构。其理念就是如果组织结构在支持教师和学生方面卓有成效,那么教学/学习过程自然也会效果颇丰。
>
> (http://www.podnetwork.org/faculty_development/definitions.htm)

在像密大这样规模庞大、权力分散的研究型大学,我们在密歇根大学学习与教学研究中心(CRLT)尽力同时关注这三种方式。如果我们的工作仅限于单个教师或一门课程,就会限制发挥我们的潜力。从这一领域诸多领导者那里我们知道教学中心必须关注广泛的组织问题和学校文化的影响因素(Baron 2006;Blumberg,2010;Neal & Peed-Neal,2010;Sorcinelli,Austin,Eddy,& Beach,2006;Chism,1998)。有学者(Gillespie,2010)指出这意味着要高度重视建立关系并充分地意识到这些关系形成的具体背景。巴伦注意到"教师发展取得成效……很大程度上取决于它影响其工作范围之外的组织发展的能力和参与到其中的能力"(Baron，2006)。中心认同这种理念，因此，我们也投入教学和组织发展以作为教师个体发展工作的有益补充。

戴蒙德(Diamond，2005)认为教学中心是"院校变革的推动部门"，中心为了实现这一目标，在密大担任起了学者(Perlman，Gueths，and Weber，1988)所称的"内部创业者"(intrapreneurial)的领导角色。他们写道：

> 内部创业者精神意味着有好的想法并付诸实践。这种精神有两个关键点：第一个是好的想法，第二个是有使之实现的能力和兴趣。(p. 17)

中心有很多关于教学和学习的好的想法。但是，只有当我们进行以下三种基本的活动时，我们才有可能实现这些计划。这三种活动是：使大学的各个部门和群体都知道我们教学中心；给这些部门和群体提供一些条件和机会，让他们有意愿接受中心的服务；然后是满足他们的需求。正如这一章节所讲的，这三个操作原则贯穿于中心工作的方方面面，包括教师、教学和组织发展。

下面我们讨论中心与大学各部门和群体(教师、学术领导人和大学其他办公部门)合作的几种策略。虽然我们提供的项目(像培训和咨询服务)与其他教学中心提供的类似(Dotson ＆ Bernstein，2010；Frantz，Beebe，Horvath，Canales，＆ Swee，2005；Gillespie ＆ Robertson，2010；Kuhlenschmidt，Weaver，＆ Morgan，2010；Pchenitchnaia ＆ Cole，2009；Sorcinelli，Austin，Eddy ＆ Beach，2006；Wright，2000)，但是我们在整个大学成功开展这些项目所采用的方法有时可能有所不同。

教 师

研究型大学领导人在推动教师使用教学中心方面能发挥很大作用，如支持中心的领导地位，并保证足够的资源以便中心能对教师的需求随时做出反应，还有设计一个既关注教学也关注研究的奖励体系，以及不断推动教师使用中心。但这些还都不够，教学中心也应主动地在教师中提高它的知名度，寻求向教师提供服务的机会并对他们的需求做出回应。在中心我们以在研究型大学中行之有效的方式来进行工作，这种融合有助于支持一种教学文化。

2009—2010 学年期间,在中心这是很典型的一年,我们为密大 1468 位教师提供了服务,他们接受的咨询服务、参加的项目和获得的项目经费对改善教育过程起到了关键的作用。

在教师中建立知名度

在大多数大学教学中心是一个较新的机构,教师可能不知道这是什么单位,不知道它是干什么的。所以经常要花时间进行宣传并使中心成为大学社区不可或缺的一部分。在研究型大学,教师无论是在校内还是校外各自的研究方向不尽相同,但对大多数人来说,首要任务是研究而不是教学。他们几乎没有或根本没有可自由支配的时间(Wright,2010),因此引起大家的关注是第一步。

教学中心应尽可能地提升知名度、展示教学的重要性并让大学同事们熟悉中心提供的活动。管理层提供资金支持中心这一事实,向教师证明了学校是重视教学的。研究表明教师会响应院校的优先事项(Blackburn & Lawrence,1995)。教师可能更关注自己的教学因为他们经常能在校园里听到与教学相关的项目和支持性服务,虽然他们从未参加过这些项目或使用过这些服务。

密大有很多宣传的渠道和机会,但没有放之四海而皆准的办法。我们根据活动或服务制定宣传方法(如简短的现场陈述、群发邮件、单独发信或邮件、小册子、海报)。我们尽力与大学新闻与通讯人员保持紧密联系,使用可利用的渠道,如每日的电子邮件更新和大学周报。我们给所有密大教师送中心办的《论文汇编》,并维护一个网站,它提供各种优秀教学的信息,例如理论讨论、建议、我们大学和其他大学范例和大学重要资源的网络链接。

教学中心提升知名度的另一途径是寻求机会来组织研究型为主的单位针对教师的活动。这些活动是很好的契机,能利用它去说服教师,让他们认识到好的教学具有重要意义;这些活动也让教学中心能传达信息、强调自身的价值并把自身与对教师而言很重要的因素联系在了一起。中心组织新教师培训就是我们把这种建议付诸实践的一个很好的例子。

中心数十年来一直都在组织大学的新教师培训。从仅仅是 2 小时的单一活动发展到 5 个小时的一个项目,并让大学大部分人都参与进来。随着时间的推移,我们渐渐了解了作为一名在一所复杂分权的大学开始工作的新教师,他们想知道哪些信息。为了满足他们的需求,我们提供的信息无所不包,从负责研究的副校长到福利办公室、停车服务。我们还把大多数大学的学术领导者请来参与活动,以便新教师能见到他们。

我们举办培训有很多好处。作为组织者,我们能突出教学与学习,把它作为工作日程中重要的组成部分。我们在培训中上几次教学法的课,这让我们能向教师介绍中心的员工并让他们了解我们在教学与学习方面的专业水准。教务长和校长在向新教师讲话时提到中心的作用并强调大学致力于追求卓越的教学。密大领导人向教师们普及了教师应该使用中心服务的观念——当他们开始在大学工作时这是一个很重要的信息。我们会利用这个机会解释学生期中反馈(见第四章)已成为密歇根大学教师社会化过程的重要部分。

培训也服务于另一目的。它能让我们与 50 多个大学重要的办公部门定期接触。所有这些部门都参加了我们为新教师组织的活动。我们因负责组织这一盛会而受到夸赞,这有助于我们提高在其他大学办公室中的知名度,这样他们才会把我们当成大学中的一个重量级成员。

给教师提供条件和机会

我们采用两种方法刺激教师。一种就是常规的项目经费形式的经济刺激,第二种涉及在大学的名望,即中心试图重视并提高优秀教师的地位。

项目经费是中心吸引并服务密大教师的一种重要方式。在研究型大学,写申请是学术文化不可或缺的一部分。我们的教师对申请项目得心应手并且迫不及待。我们目前有 8 个竞争性教改基金项目,其目的都是提高教学和学生学习质量(见表 3-1)。中心每年提供资金支持接近 100 名密大教师参与到提高教学质量的项目中来。

表 3-1　中心竞争性教改基金项目

项目名称	经费数额	关注重点
教师发展基金(FDF)	小型项目经费为 $6 000,针对系、专业和教师团队的大型项目经费达 $10 000	课程和专业的发展或改进
吉尔伯特·惠特克教学改进基金	$10 000(第一阶段) $15 000　(第二阶段)	大规模课程和评估项目(第二阶段的项目会从第一阶段的项目中筛选)
教学发展基金(IDF)	$500	小项目;随时申请

续表

项目名称	经费数额	关注重点
学生学习调查基金 (ISL)	$3 000（个人） $4 000（教师/研究生/博士后团队）	课程或专业层次的教学和学习的学术研究（SoTL）项目；教师个人教学咨询服务
讲师专业发展基金 (LPDG)	$2 000	促进教学、研究、学术的职业发展或致力创新
多媒体教学基金	$1 500	把多媒体材料融入大额班（75人以上）本科课程中；随时申请
教学辅助技术改进基金	$2 500	教育技术和教学融为一体；教师个人咨询中心和其他信息技术部门

这些基金实现了几个战略性目标：让我们与大学和院系的重要创新联系起来，使我们能参与这些重要创新的发展过程，这些项目还提供了一个切入点，让我们有机会向那些对教学和课程改革感兴趣的教师和管理者提供资源和帮助（这已超出了基金项目本身）。此外，这些项目还有助于让教师们参与到教学改进的决策过程中来，因为那8个竞争性基金项目，即使是数额最小的，都是经过教师们同行评议的。

教师重视对他们成就的宣传。当我们宣传优秀教师时，大家对优秀教学和良好学习效果的重视程度就会提高。中心一般通过教学奖项和其他宣传阵地展示优秀的创新型教师。我们与资深副教务长一起管理大学的主要教学奖项——瑟瑙教授奖（Thurnau Award），这是一个有奖金的终身荣誉称号，获此奖殊荣颇大。2008年我们与他人合作设立了教务长教学创新奖，每年度有5个名额，能为获奖者做宣传并提供资金支持。我们现在负责提名美国年度教授和密歇根杰出教授奖人选的事务。虽然我们没有选择权，但是我们管理报名过程并使得评价标准得以合理化（Chism，2005）。这样，我们尽力确保这些竞赛关注的核心是学生学习，并且教师也会把这些奖项跟中心联系到一起，因为他们要把提名申请寄到我们这儿。我们知道，在研究文献中提到，教学奖项并不一定会激励教师（Chism & Szabó，1997；Glenn，2010），但中心的工作是在大学创造一种教学文化，宣传优秀教师有助于我们完成任务。

其他宣传重心就是确保大学把教学当做公共形象的一部分，认识并强调创新型教师在大学中所起的作用。在密大，我们游说学校在主页加上"教学"内容并提供详细的信息。中心还运用几种策略强调优秀教师的重要性。我们一般把写有教学创新任务的"故事概要"送到大学宣传机构。我们放映自己制作的系列录像,以强调获得大学优秀教学奖的教师其教学实践的重要性。我们还通过让教师演讲、参加座谈小组、主持讨论并召开研讨会(我们把这些研讨会纳入到我们组织的各类活动中,让它成为其中的一部分)从而突出优秀教师的重要性,并且我们还发给教师我们称为《论文汇编》的文件。这份汇编主要是教师的观点、方法以及他们取得的成就。我们还在中心网站展示优秀教师的工作,如 50 名被选为教育技术创新应用模范的教师(http://www.crlt.umich.edu/inst/techexamples.php)。

对教师需求做出回应

密大教师知道研究是他们的首要任务。因此,在新教师培训会和其他地方,我们都要强调研究和教学的互补性(Cook & Marincovich,2010)。我们对教师说,中心并不如他们所想的那样,我们并不要他们对教学投入过多的时间。我们说有效教学就是高效授课(Boice,1991a,1991b;Boice,2000;Wankat,2002),这一观点对教师很有吸引力,因为他们需要一定学术成就才能拿到终身教职。我们也解释了教学和学习学术研究(SoTL),这个是中心极力支持并大力推动的(Cook,2004 和见第七章)。那些专注于教学(如获国家科学基金会的基金 NSF 的支持)但也想在研究性机构中享有地位的教师在教学与学习的学术研究中可以拥有一席之地,同时这些学术活动也鼓励以研究为基础的教学实践。

中心对教师的教学强调的是创新而不是矫枉纠正。我们的教师是世界一流的教师,他们应该受到他们应得的尊敬。我们对新教师说,好教师不是天生的,是后天造就的,我们能教给他们创新的教学方法。这样,他们从教学中获取的满足感和成就感就不亚于从事研究。教师能来中心寻求帮助是很重要的。总体而言,密大教师,就像其他学校的教师一样(Blackburn & Lawrence,1995;Bok,2006),并不认为他们自己是平庸的教师,学生也不这么认为:在密大,课程评价的平均分是 4.0,最高能拿达到的是 5.0(Kulik,2009)。因此,我们的教师更喜欢听一些前沿的创新技术和新出现的问题(如课堂的可持续性或者教学职业伦理)而不是让中心只关注教学技巧。

中心的另一个关注点就是多元化,这是密大价值体系中不可或缺的一部分。教师热衷于保持学生多元化并帮助他们发挥潜力。为了支持教师在这方面所做的努力,中心的项目、咨询服务和戏剧作品都重点关注学生之间的差异，为不同文化背景学生的成功营造良好的学习与教学环境（更多描述见第八章）。我们关注学生多元化这一观念，并鼓励教师对他们实践产生的影响进行思考，培养教师运用包容式教学方式和包容式课程的能力。

中心项目的一个特点就是让教师能互相联合起来，而且教师见到同行也很高兴。在密大这种规模的大学，建立一种集体感是很难的，但我们认为如果教师在这种环境中感到舒适并且其他教师可以分享他的想法和关心的事，他的教学水平会大大提高。我们甚至开展了一些纯社交的项目，如新教师招待会，或为国家级优秀教师称号获得者举办的宴会。在中心我们力图通过围绕教学和学习建立一种强烈的集体感，提高人文科学在大规模大学中的重要性。大学教师能跨学科聚在一起并讨论共同感兴趣的问题，这种活动很少，而中心的项目就在其中。

中心服务教师需求的另一种方法就是制定符合需求的项目。研究型大学教师的需求多种多样，从基本教学技巧的发展和提高到对教育技术创新应用的支持，从教授一年级学生的研讨班到指导研究生论文的写作。像其他中心一样，我们的定制项目可以满足教师事业发展的各个不同阶段（Austin，2010）。我们设计的项目不仅关心本学科的教学法（Shulman，1986），而且关心与教师身份和背景（如性别、种族、国际地位）相关的教学和职业发展问题（见第八章）。我们会进行多次需求评估以便让人们知道我们的项目决策（见第二章）。

我们还通过让教师意见领袖们加入计划和实施过程，让人们知道我们的项目（Cook & Sorcinelli，2005；Eble & McKeachie，1985；Sorcinelli，2002；Sorcinelli，Austin，Eddy，& Beach，2006）。像很多教学中心一样（Frantz，Beebe，Horvath，Canales，& Swee，2005），中心有一个教师咨询委员会指导我们的政策与项目决策（http://www.crlt.umich.edu/aboutcrlt/facadvis.php）。委员会有助于我们强调教师教学改进的自主性。事实上，我们让委员会全权负责中心基金项目的评选，这样他们才会感到他们是有自主性的。

中心每年招募 12 名教师组成咨询委员会（有时参考了高级副教务长或院长们的建议）。来自两个最大的本科生院，文理学院和工程学院的委员更多些，但也有几个专业学院的代表，还有医学院。我们选的委员会成员是他们单位的意见领袖，来自各个学科。我们尽力把一些教学奖项获奖人包括进来。我们也"不避嫌"邀请了研究和教学都一样有名的教师。委员会成员服务 2 年，每年改选半数委员。我们把委员的招募作为扩大熟悉我们中心的教师人数的一种方法,这些教师能把中心和大学社区的其他部分联系起来。担任中心教师咨询委员会委员的教师都是大学中的优秀人物,他们通常还都担任着系主任、副院长或副教务长。中心拥有这些身居高位的新朋友是很重要的——他们对我们已极为了解并重视我们的工作。

但咨询委员会并不是我们与教师开展合作的唯一地方。我们一般会为我们开展的每个主要项目设立一个临时计划或咨询委员会——不管是半年一次的教务长教学研讨会(为期半天的一个教师思考教学与学习主题的聚会,教务长认为教学与学习应置于首位)或者提出一个新计划。这样,我们能利用在大学各院系部门的意见领袖,利用他们的参与吸引其他教师把宝贵的时间花在这儿,并从这一个英明决定中受益,制定出符合教师需求的项目。

学术领导人:教务长、院长、其他办公室主任

我们现在转到与学术领导人有关的工作,这些工作一般都融合了组织和教学发展,这两者经常是紧密相关的。对于教学中心而言,要想有效,关键是要清楚地认识到中心管理层、院系领导和大学其他部门主任的首要任务。在大而分散的大学这不是一件容易的事。此外,巴伦(Baron,2006)注意到,随时了解与教学中心的价值观念和首要任务互相交叉的国家和大学的"热点问题"(如认证或学生流失)是很重要的。就像教师发展一样,教学中心要对管理人员起作用就要在以下三个重点领域积极主动:提高知名度、给管理人员提供条件和机会,然后证明它对这些大学领导的需求做出了回应。

在管理人员中提高知名度

新的学术管理人员可能对教学中心不熟悉,或担心寻求帮助可能会被看做有问题。我们无论何时遇到新任院长或系主任或大学其他部门的主任,都拿着当年的《中心年度报告》,里面列出了我们上一年为学术单位提供的服务(http://www.crlt.umich.edu/aboutcrlt/AnnualReport10.pdf)。虽然每年都会有所变化,因为单位的要求和需求也在变化,但这个报告涵盖范围很广,从而可以给新任的管理人员留下如下印象:我们在其他单位很受欢迎,并鼓励他们也利用中心。中心的年度回顾既证明了我们的成功,又对双方将来在教学与学习方面的合作起到了重要作用。

我们在中心并不依赖对活动进行的口头宣传。相反,我们竭尽全力让管理者熟悉我们的工作。我们一般为管理者,尤其是教务长创造机会,让他们在中心的主要项目上讲话,这样他们能直接注意到我们采用的策略和我们拥有多少观众。公务缠身的管理者不可能清清楚楚地记得他们从未体验过的项目信息。另外,我们认认真真对中心提供的每个项目和服务进行评价,并向大学各个部门和群体写出全面的报告,记录下我们的成功(见第二章)。前边已描述了新教师培训中资源聚合的做法,这至少让 50 个大学办公室熟悉了中心的工作。大学的其他部门也会举办一些活动,我们一般接受所有能展示中心工作的活动邀请,如院系开学典礼、关于充满趣味的教师项目的海报展览以及在密大举办的会议等。

中心长期以来一直在寻找接近系主任的机会,因此我们很乐于帮助前任教务长为系主任和副院长规划实施了教务长大学领导力项目(http://www.provost.umich.edu/programs/faculty_development.html)。教师以自己学科为立身之本,因此经常是他们的系主任引导着他们的注意力(Hativa & Marincovich, 1995)。在研究型大学,系主任一般被提升该系国家排名的愿望所驱使,而排名取决于研究而不是教学。因此,系主任是教学中心在管理层中最难打通的一层。我们认为定期把系级领导聚到一起将会使我们实现文化转变的努力取得一定成果(Gillespie, 2010)。

我们开展教务长大学领导力项目时仔细研究确定了标准,并对在职领导们做了一次需求评估(Wright, Cook, & O'Neal, 2010)。基于收集的这些数据,我们与教务长一起设立了这个项目,每年初秋为新任系主任和学术领导人提供一天的培训,之后每月为新老领导举行圆桌会议。尽管这些会议很少直接谈到教学和学习问题(在密大,系主任们认为这并不是一个很大的难题),但领导力项目使得这些重量级管理人员觉得中心是一个参与者,他们更可能把我们的工作当做一种重要资源。一位系主任说道:"由于中心组织这些活动(领导人项目)的成绩引人注目,需要评价颇有争议的一系列较新的核心课程时,我就向中心求助(D. Allan, 私人谈话,2010-01-13)。"

虽然我们竭尽全力在密大校园提高知名度,但我们并不会把学术单位做出的成绩据为己有。我们发现让负有最大责任的那些人接受赞美是明智的选择。例如,当数学系实行微积分课程改革,开始实施一个多年计划时,一位中心的员工在其中发挥了很大作用,但中心并没有对此吹嘘自己的功劳,因为数学系取得荣誉是实至名归。我们帮助涉及文理学院的教学研讨班时,很谨慎地把荣誉归功于系主任,因为是他萌发了这个想法(那些成就出现在《中心年度报告》里，但我们没有做其他宣传）。我们确信那些赢得功劳的人知道我们做出的贡献，就像以上的两个例子，中心如果不喧宾夺主，把功劳归于负有最大责任的人（即他们是成功与否的重要因素），那么他就能做得更好。我们清楚如果学术领导人理解我们不会夺走他的功劳，那他更乐于依靠中心。

为管理者提供条件和机会

中心为学术单位还有教务长提供的服务之一就是有针对性的研究，以帮助他们收集处理某一问题所需的数据。第一章已经提到，我们经常提建议并进行研究，从而向学术领导人提供与他们职责和事务相关的数据。例如，当文理学院系主任关注科学专业学生的退学状况时，中心设计了一个项目，研究助教在科学和数学入门等学生可能会退课的专业课中的作用（见第十章）。一位工程学院的副系主任问到哪种咨询服务能最有效地提高他单位的教学水平，我们就设计了一个研究以便回答他的问题（见第四章）。通过这些应用研究项目，我们得到了大学学术领导人的尊敬，帮助解决了教学问题，同时在帮助实施经研究表明有效的想法时，也为自己找到了额外的任务。

中心给学术领导人提供的另一个好处是能帮助他们做重复性的工作。例如，我们一直以来致力于助教培训（见第五章和第六章），这意味着任何新管理者面对这一问题时我们很容易就能提供模式和例子让他们取得最好的效果。这同样适用于其他棘手但会重复出现的问题，如同行教学评议。

中心提供专业技能和设施，这能帮助教务长、院长和系主任处理他们的首要任务。中心还有灵活的人员配备，需要的时候可以随时派遣。新院长们上任，我们一般会与他们见面，了解他们的优先事务是什么，让他们熟悉中心的服务范围。在密大，院长比其他大学有更多自主权，但是各院的组织结构则变化极大。有些学院员工规模庞大，而且各自工作领域界限清晰，从而能担负起制度维护的职责。对于这些院长，中心的价值在于能通过致力于探讨他们的新想法，或进行支持其改革的针对性研究，帮助他们规划教学和学习的新方向。其他院长可能没有那么多员工，对于这些院长，我们帮助他们确定改革的优先事项，并且帮助他们进行项目设计、研究和提供设施。其中很多工作是关于课程改革和评估，我们会在第七章详细讨论。

除了主题精确和良好的客户管理之外，我们的工作还有几个鲜明的特征。首先，我们提供项目的背景知识。当院长们想知道与大学其他单位和全国类似机构的创新相比，他们的工作质量如何时，中心就会进行研究以回答这些问题。其次，合适的时候，我们会向他们提出建议，并解释这些创新工作会如何满足他们的需求。由于能否让单位接受创新性的工作很重要，所以我们在说服大家同意选择创新时能发挥重要作用。第三，我们有助于项目实施。我们不会守株待兔。相反，我们确保我们在院长那里占有重要地位，我们主动要求推动某些任务的完成（如起草备忘录或提议）以帮助院长推动项目实施。第四，我们还发挥着决策咨询的作用。管理人员的很多工作是跟着战略需求走的，因此有机会和一个见多识广的外行人一起仔细琢磨这些战略会是一笔宝贵的财富。

满足管理人员的需求

• 教务长

尽管大多数教学中心像我们一样都直属于教务长，但令人惊讶的是，研究表明许多中心的工作安排与教务长的工作安排并不一致（Sorcinelli et al.，2006）。我们中心却不是这样。如果我们与教务长的工作安排不一致，我们不会取得这么好的效果。在过去的 20 年里，密大教务长的平均任期是 3 年。教务长换了，那大学发展的侧重点也会变。但是，他们都想提高教学和学习水平，并对如何推进这一事业有具体的想法。一位教务长要推动跨学科教学的发展，另一位则强调学生学习评估，第三位则试图改善教育技术。每一任教务长的任职期间，教学中心都能促进教学发展，如研究大学现有的服务、组建专责小组进行工作、为能体现教务长工作侧重点的某个教师项目提供资金支持、创立项目以展示在那一领域中的创新性教学方式、发展网络资源为大学社区提供信息等。我们把每位教务长的优先发展事项都当成是一次机遇。在每一次机遇中，中心都派出有专业技能的员工致力于新的优先发展事项，并建立相关设施使得项目合作成为可能。中心通过与学术领导人的优先事务保持一致，从而得到了他们的信任，相信我们有能力做好工作。

• 院长

密大有 19 个学院，19 个有自主权的院长。在这个规模庞大的大学，有超过 200 个系或系级部门。中心一半的工作是我们称之为针对具体专业的，即为具体专业设计教学发展计划。我们认为，就像这一领域越来越多的人所做的一样（Pchenitchnaia & Cole，2009），只有在这些单个部门得到强有力的支持，才能出现真正的变革。

我们不会给院系提供现成的项目。相反,我们会进行系统的需求评估,之后与该单位的教师指导委员会一起制定一个项目,它用到该学科的例子并强调该单位教师的作用。例如,社会学系要求我们在一个大型讲座里设计一个关于有效教学策略的研讨会,我们与他们一起合作确定一组教师——从各级教师中选——准备在研讨会上重点推出。之后我们就开研讨会与这些选出来的教师进行交流。交流中这些教师与我们讨论了大型讲座课程的目标和实践。通过把他们树立为典型,我们突出了已经在系里进行的卓有成效的教学实践,他们同事遇到类似问题时就可以向他们咨询。

与其他办公部门的合作

我们试图与大学各个部门进行合作,不仅和每个院系合作,而且要和处理学术问题的各个校级办公室合作。这么做的时候,我们与那些办公室一起分担了一些工作任务和花费,这样既满足了他们的需要也满足了我们的需要。我们发现较小的办公部门如教学研究中心通过与其他部门的经常性合作能产生很大的影响(Albright,1988;Sorcinelli,2002)。因此,我们一般每年约与 30 个其他办公部门进行合作(http://www.crlt.umich.edu/aboutcrlt/AnnualReport10.pdf)。例如,我们和学生事务办公室在一些问题上,如学习服务方面进行合作;和新生项目在学术诚信宣传方面进行合作;与公共生活系的伦理学专业教师进行课程方面的合作;与国际项目办公室在学生国外学习情况方面进行合作;与本科生研究机会项目在记录学生学习情况方面进行合作;与大学多元化国家中心在开展多元文化教学与学习方面进行合作;与斯威特兰德写作中心在协助教师完成写作任务方面进行合作;与数码媒体图书馆和共享库在教育技术方面进行合作。无论何时,有可能的话,我们会让在大学委员会和专责小组中任职的中心员工确保学生学习能够有自己的声音(Sorcinelli,2002)。(一般在一年里我们的员工担任约 45 个常务委员会或临时委员会的成员。)(http://www.crlt.umich.edu/aboutcrlt/AnnualReport10.pdf)。我们进行的合作、参与的项目越多,也就更容易理解大学如何运作并为教学创新找到机会(Chism,1998)。由于在一个规模庞大、多元化的大学里信息很难流通,中心经常充当一个交换场所,把共同关注某一主题的关键人物联合在一起,并把那些对与中心相关的议题有着重要影响力的人物也聚合在一起。

把本章所描述的这些策略综合起来,就能使我们既能够实现校级层面文化的变革,也能带来教师个体层面的教学变革。我们同意赫钦斯的观点

(Pat Hutchings,2006),对学术机构进行改变类似于开动战船,这得很多人齐心协力推着战船在相当长的时间内朝着同一个方向移动。但是,一旦战船开始开动起来,它就势头强劲,不断前行。有时候听到有人说"哪儿都有中心",我们就很高兴。这正是我们想让他们达到的认识。我们提高了中心的知名度,我们也就让更多人注意到了教学文化。我们通过运用内部事业家的领导艺术开动了战船。

第四章

教学咨询:利用学生反馈提高教学水平

辛西亚·费尼利(Cynthia J. Finelli)

特莎·品德·格里沃(Tershia Pinder-Grover)

玛丽·怀特(Mary C. Wright)

引 言

数十年以来,很多教学中心采用形成性学生反馈来提高学生学习能力和教学实践水平的方法(如 Redmond & Clark,1982;Wulff & Nyquist,1986)。研究表明形成性学生反馈能有效提高学生学习能力和教学实践水平,尤其是同时还提供咨询服务,效果更好(Abbott,Wulff,Nyquist,Ropp,& Hess,1990;Cohen,1980;Diamond,2004;Hunt,2003;Overall & Marsh,1979;Penny & Coe,2004;Snooks,Neeley,& Revere,2007)。小组教学诊断、学生期中反馈(MSFs)和课程快速诊断都是一些经常使用的形成性反馈系统,各个反馈系统一般开始都是一小组学生对他们的学习或者课堂满意度等问题进行反思,接着是一大组学生进行讨论(Black,1998;Millis,2004;Redmond & Clark,1982)。

这一章我们讲述了密歇根大学学习与教学研究中心(CRLT)经常使用的学生形成性反馈系统,即学生期中反馈(MSF.)。经过一年的时间,中心咨询人员为密大教师和助教进行了 350 多次学生期中反馈,这使得 15 000 多名学生对他们的教师提出了建设性的反馈意见。我们描述了这一过程,总结了学生期中反馈最大优势,并展现了学生提出的一些意见。我们还研究不同种类的数据对咨询过程的影响并描述了其他学生形成性反馈模式采用的方法,如有针对性的学生调查,这些可以作为学生期中反馈的有效代替方案。

学生期中反馈的操作过程

以下简要描述了中心咨询人员进行学生期中反馈时的操作过程。由于这个包含有五个步骤的体系其他学者也有描写(Black, 1998),我们这儿只做简要概括。

1. 咨询人员和教师召开预备会议讨论教学目标,了解课堂教学内容和学科知识背景并确定逻辑顺序。

2. 咨询人员对该教师的课堂进行观察,记录下观察到的数据(如参与模式)。这些数据可以通过详细的笔记、教师活动图、详细的时间安排或者录像进行记录。

3. 咨询员召开学生反馈会议,这经常在进行观察的同一天进行。上完课时,教师把课堂交给咨询人员,他会自我介绍,说明这一反馈过程的重要性,之后把同学分成 4~8 个小组。每个小组收到有下面两个问题的材料:

(1)请列出这堂课的主要优点。什么有助于你学习这门课?请简单解释或举出每个优点的例子。

(2)请列出这堂课哪方面需要改进以帮助你学习。请解释如何实现你的建议。

5~7 分钟后,小组自由发言,由咨询人员将这些发言列在黑板上,或者投影仪、投影机上。学生们如果同意问题的答案,也可鼓励他们进行评论,咨询人员会要求学生把问题讲清楚或提供更多的具体信息。

4. 咨询员使用观察笔记和学生反馈表格为教师写一个报告。

5. 反馈会议一结束,咨询员就和教师开一个总结会议。会上,咨询员与教师分享他的报告,呈现反馈结果,讨论下一步做的事以及采用何种策略向同学们反馈将会采取的改革措施(或不做改变的原因)。

普遍的问题

在中心,我们的专业咨询员一般为 180 名教师做学生期中反馈,研究生同行教学咨询员为助教们作同样数目的学生反馈(同行教学咨询员项目详细情况见第五章)。我们在 2010 年与咨询员小组组成了专门小组进行讨论,以便确定他们对学生反馈会议中出现的最普遍的主题的认识。表 4-1

和表 4-2 列出了咨询员对其优点的认识和学生提到最多的建议。虽然仅仅是由密大咨询员得出的,但这些主题可能表明了研究型大学学生认为有效的(或无效的)的教学方法有哪些。

表 4-1　提到最多的课程或教师的优点

教　师	助　教
教师知识渊博。	助教知识渊博。
教师平易近人/与学生关系和谐。	助教平易近人/与学生关系和谐。
教师随时提供帮助(如愿意与学生见面)。	助教随时提供帮助(如愿意与学生见面)。
教师想让学生学习/理解。	助教看起来关心教学和学生。*
教师充满热情。	助教充满热情。**
教师熟练使用视觉辅助工具(如幻灯片、视频短片)和黑板。	助教能很好地回答问题。**
教师课前概括和上课过程中回顾做的很好。*	助教解释清楚,是很好的材料"翻译者"。
教师举了足够多的真实/实际的例子。*	助教能有效促进讨论。**
教师准备充分。	助教建立了一种良好的课堂氛围。**
教师很好地促进了讨论,特别是提供了主线的结构和总结。*	

注:优点没有按一定顺序排列。* 是对教授工程、数学或科学课程的教师经常提到的优点。** 是对教授人文或社科类课程的教师经常提到的优点。

表 4-2　对课程或教师提到最多的建议

教　师	助　教
教师应对任务或考试给出更清晰的解释。	助教应对考试或其他重要评价作更充分的准备,包括阐明对结果的预期。
教师应提高阅读材料利用率(如最好包括在课堂之内、减少阅读数量、确定阅读的相关性)**	助教应把课程板块更好地融合在一起(如讲座和课程部分或阅读和课程部分)**
教师应提供"大图景"信息以便阐明概念、课程或知识单位是如何在整个课程或学科中发生的。	助教在讨论中应该选择更有意义的内容和活动(如更强调应用和现实世界的例子)。
教师课前应在黑板上写下每天的内容概要或目标。	助教应对学生作业做出反馈并很快交回。

续表

教　　师	助　　教
教师应提供更为具体的例子、实践性的活动或实践中遇到的问题。	助教应更为有效地管理课堂的动态进程(如管理那些主导了讨论的学生、检查学生的理解情况以及问题。)
教师课前应公布幻灯片。	助教应提高陈述技巧(如,声音尖锐、对着黑板说话以及在教室内要多走动。*
教师应提高幻灯片的展示技巧(如少用文本多用图片、消除打印错误、减少文字密集型幻灯片的数量)。*	

注:建议没有按一定顺序排列。* 是对教授工程、数学或科学课程的教师经常提到的建议。* * 是对教授人文或社科类课程的教师经常提到的建议。

讨论显示出了教师和助教共有的一些优点,其中很多(如充满热情、互动、关系和谐和清楚明白)与高年级学生的评价相关(Murray,1985)。有些主题随着教师类型不同而变化。咨询人员提到的教师的优点和助教的也极为不同。其他主题根据学科不同而有所变化(如咨询人员提到教授工程、科学课程的教师的优点不同于教授人文社科类课程的教师)。在建议方面,对教师和助教的要求几乎没有共同点,只有两个建议(授课清晰和改善课程各部分的融合状况)是重合的。而关于优点,学生经常提到的一些教师的优点也与助教的优点不一样。但无论是教师还是助教,对他们的建议都会因为学科不同而有很大的差别。

教师对学生期中反馈的反馈

为了评估学生反馈过程的有效性,中心在学期末对参与过学生反馈的教师进行了调查,收集他们对咨询员、学生反馈和受学生反馈影响做出改变的反馈(见附录)。2009 年对教师做了 145 次调查,78 位教师作出了回应(54％的返回率)。所有回应者都认为中心咨询员有效地完成了这一过程并对反馈进行了讨论。此外,99％的回应者认为这一服务很有价值。要求回应者从一个选项列表中选择他们认为服务有价值的所有原因。提到最多的原因如下:

- 使我能与咨询员对教学进行讨论(82％);
- 让我对教学/学生有了新的认识(77％);
- 学生很支持这一过程(62％);

- 坚定了我对教学/学生的想法(60％)；
- 让我对教学更自信(50％)；
- 提供了改善教学/课程质量的具体策略(46％)；
- 服务使得班级气氛得到改善(26％)；
- 让我了解了与教学相关的资源和项目(24％)。

在作出回应的人中,99％表示学生反馈让他们对课程做出了改变或正计划进行改变。那些描述了改变的教师(76％的回应者)提到最多的改进策略是积极或互动的学习策略(40％),如在讲座中给学生提问留下更多时间、在课堂上引进更多小组工作或改变推动讨论的方式。第二个最常提到的调整涉及评估过程,如阐明对评价结果的预期、快速作出反馈并帮助学生理解作业目的(25％)。最后,19％写到应增加或调整教学工具以促进学生对课程的理解(如预先提供内容提要或让学生在黑板上练习书写)。问到未来计划要作出什么样的改变时,60％的教师作出了回答,最普遍的回答是(44％):"我会从一开始就施行这学期作出的(同样的)改变。"

研究数据用于指导咨询

在学生期中反馈项目中形成的学生反馈数据可以用来指导咨询,但其他类型的数据也经常用于这一目的,如学生评价和课堂录像。我们在密大工程学院进行了一项研究以确定哪种数据对提高教学水平最有效。这一研究的完整描述发表在其他刊物上(Finelli, Ott, Gottfried, Hershock, O'Neal, & Kaplan, 2008),因此我们在这儿只强调重要的方面。

这个项目持续了两个学期,49位工程学教师参与其中。那些同意参与进来的人被随机分成各干预组,中心的咨询人员用这些组的学生评价数据、学生期中反馈中得到的学生反馈意见或者课堂录像作为咨询的基础。我们采用了三种不同的方式来评估咨询的影响。首先,我们分析了教学调查中学生的17项评价。这些评价指标来自于一个专业设计的指标库,这些指标构成了密大的学生评价系统,它们既集中于基于研究的有效教学特征(《本科教育优秀教学实践的七个原则》Chickering & Gamson, 1987; Sorcinelli, 1991),也涉及与学院教学有效性相关的课堂行为(Murray, 1985)。学生调查是在期中的时候进行的($N = 2\ 579$),期末也会进行一次($N = 2\ 296$)。对于这17项中的每一项,我们都会为每个干预组算出平均得分(Hake, 1998)。我们还会用课程结束之后完成的开放式调查中教师报告的教学变化作为衡量咨询影响的第二种方法。第三,我们评价教师对咨询和咨询员的认识。

学生评价得分

每个干预组在 17 个指标中的某些指标上能得正分。仅通过学生教学评价或课堂录像进行咨询的那些小组在两三个指标上各自都得了很高的正分数($p<0.05$)。但是,由学生期中反馈数据指导咨询的小组在五个指标上得到了改善。很明显的是,参与基于学生期中反馈项目指导咨询的教师在"充满热情"、"教学方法满足学生需要"、"培养课堂参与积极性的技巧使用"、"课堂时间的利用"和"为学生设定高标准"等指标上学生评价比其他所有干预组的教师得分都要高出很多。

教学实践的改变

项目结束之际,49 位教师中的 27 位报告了他们做出的改变。最多提到的改变(按递减频率排列)是:
- 在课程中引入更积极的学习方法(37%);
- 更清楚地解释概念(19%);
- 灵活地管理课堂时间(11%);
- 更迅速地给学生反馈(7%);
- 提问时说出学生的名字(7%);
- 改变课程进度(7%)。

报告做出改变的教师在接受了基于学生期中反馈数据指导咨询的小组中占的比例最大。

教师的看法

所有干预组的教师都对咨询和咨询人员有很积极的认识。他们一致认为咨询有益于提高教学水平。他们还报告说,咨询使得他们很容易能找将研究、设计与教学结合起来的领域。教师同意咨询员提供了充分的教学建议,鼓励他们对教学进行思考。最后,所有小组的教师都认为,花时间完成咨询是值得的,他们会把这一过程介绍给系里的同事。

问到这一过程最有用的是哪一方面时,参与学生期中反馈项目的教师最为一致的观点是,教学咨询员出现在课堂上有助于解释学生的评论和反馈。相似地,很多看了课堂录像的教师也注意到了咨询的优点。其他受到高度评价的方面还包括咨询本身和教学咨询人员给出的建议。

问到咨询中最无用的方面时,仅有一半教师回答了。他们的回答通常涉及学习设计问题(如学生评价表格列出的条目),而不是对咨询的评论或它的效率。然而,出现了两个主要问题:(1)一些教师评价说,咨询和学期结束之间间隔较短,使得他们不能及时修改教学方法或评估作出改变的效果;(2)一些教师提到他们不喜欢"基于学习者"的以录像为基础的咨询模式,其中首要使用的技巧应该是教师的自我反思而不是来自学生或教学咨询人员的反馈(见 Lewis & Povlacs,2001)。这种分歧可能是因为教师的个人喜好而不是咨询人员的风格问题。

小　结

我们的研究表明咨询中使用的这种数据对其作用产生巨大的影响。通常,接受基于学生中期反馈咨询的教师在学生评价方面得分更高,在教学方面提到的变化更详细,其他大多数方面的得分与比较组教师一样高。另一方面,在分析总体得分时,接受基于录像咨询的教师在学生评价方面得分并不一致,他们在报告教学变化或评价经验时也不一致。仅凭学生评价数据作的咨询使得改善也有限。

重要的是,我们的研究表明教学咨询人员在帮助教师解释数据并识别提高教学水平的策略方面起到了关键作用。教学咨询人员利用他们的经验和专业判断,能很快把教师的注意力引到具体的教学实践上去,避免教师被过多的信息弄得茫然无措。通过对比的方式发现,接受反馈数据而没有进行咨询的对照组教师未能从经过培训、保持中立的第三方获得受益,这些教师在教学方面显示出的进步比干预组的教师更少。

其他使用学生反馈的方法

尽管学生期中反馈有很高的价值,教师有时犹豫不决,是否要占用课堂时间来进行这一过程(Black,1998;Hunt,2003)。同时,他们需要定制反馈过程,这要比从一般学生教学评价表格中得到的更多。在此我们描述了在中心应对这一窘境的两种具体方法:(1)使用一种基于调查的替代方案;(2)与教师围绕学生评价进行讨论。

二次调查方式

我们发展并评估了一种称之为二次调查方式(Two Survey Method, TSM)来作为学生期中反馈方式的替代方案,以便使用较少的课堂时间收集有用的学生反馈信息。二次调查方式像学生期中反馈一样允许学生向教师提供详尽的反馈,并把回应的内容表述出来形成班级共识。学生期中反馈需要 20～30 分钟而二次调查方式仅需要至多 10 分钟的课堂时间。此外,此方式能让那些模棱两可或者存有分歧的学生评价变得清晰起来,尤其是在调查返回率很低的时候。

二次调查方式来源于德尔菲法,这种方法使用多次调查以便从同一批专家中获得共识(Dalkey & Helmer,1963)。学生开始在课堂外接受调查,这些信息和咨询员的观察结合起来形成第二次调查。新的调查给教师提供了更集中的反馈,允许学生对第一次调查中所选的条目进行确认或反驳。对于教学改进来说,学生调查的反馈会确定所提建议的优先顺序,教师可以利用它来提高课堂教学质量。

有学者(Finelli,Wright,& Pinder-Grover,2010)详细描述了二次调查方式,简而言之,其 8 个步骤如下:

1. 咨询人员和教师召开预备会议,讨论教学目标,了解课堂教学内容和学科知识背景并确定逻辑顺序。(这也可以在第二步之后进行)

2. 进行调查一(在课堂外)。第一次调查可以以网上调查或对上学期同一课程的期末调查形式来进行。教师和咨询人员一起分享结果。

3. 咨询人员进行课堂观察,记录观察数据(如参与者模式)。对教师的行为或课堂动态进行观察有助于解释调查数据。

4. 咨询人员把调查一和观察记录结合起来形成调查二。咨询人员从调查一中辨识出学生认为是优点的两组指标并为调查二设计指标,要求学生对这些声明表示同意或不同意并解释原因。然后,咨询员识别出"挑战"区(评价很低的指标)并提出各种各样的策略。教师可以运用这些策略克服难题。例如,当在课堂上学生不同意教师运用技巧促进学生积极参与时,咨询员可以建议使用如下策略:

　• 让学生以小组形式对教学中所举的例子进行讨论(让他们知道教师会随机点名,要求其对全班讲述小组讨论结果)。

　• 让学生在上课期间与邻座同学讨论将课堂材料与现实联系起来的方式(让学生知道,教师会随机点名,要求其报告他们的观点)。

• 让学生合作，在课堂上表述课程作业中的某个基本问题（例如，如何确定研究问题、需要做什么假设以及原因等）。

调查二要求学生按重要顺序排列建议。最终，调查包括一些开放式问题，允许学生写下其他优点或教师应该知道的建议。

5.修订调查二。咨询人员和教师一起审查并修订调查二。例如，教师可能想从调查一中选择不同的优点指标或挑战领域，并围绕这些指标和领域设计调查二，或者调整策略，使其能符合自身的教学风格以及课堂环境。这一过程很关键，因为它使得教师认同这一过程，并且确保教师在学生提出建议时，愿意听取并进行改变。

6.咨询人员在教师不在场的情况下在班级中进行调查二。这一般需要7~10分钟，由咨询人员介绍这一过程并由学生来完成调查。

7.咨询人员使用调查二的量化数据为教师写报告（如62％的学生把"让学生按小组对一些课堂例子进行讨论"排为提高课堂参与积极性最重要的方法），并以定性描述作为量化数据的补充。

8.通常在反馈结束之后不久咨询人员和教师开一个总结会。会上，咨询人员呈现反馈结果，与教师讨论下一步工作，以及采用何种策略向同学们报告将会采取的改革措施（或不做改变的原因）。

我们在密大工程学院对二次调查方式进行了测试。我们与承担本科生教学任务的教师进行了合作，他们所教的班级规模不一（从13名至137名学生），教学内容也各异。合作教师报告说"非常满意"，他们注意到二次调查方式的有效性，并且集中了学生反馈的信息，这使得该方法成为学生期中反馈的成功替代方案（Finelli，Wright，& Pinder-Grover，2010）。他们还报告说学生希望他们的声音能让人听到。所有接受调查的教师表示二次调查方式使得他们对教学实践做出了（或计划作出）改变。

由于设计调查二是为了使具体的策略（教师同意的）成为学生反馈中不可或缺一部分，教师能够根据这些策略行动，并且了解学生重视的是什么。此外，以前参与过学生期中反馈的学生也表示二次调查方法能更好地利用课堂时间，因为它富有效率（Finelli，Wright，& Pinder-Grover，2010）。

学生评价

如果教师不能让咨询员在课堂时间收集反馈，期中或期末获取的学生评价也能对有效教学提供重要的认识和建议。在密大，学生评价的主要方式是评价报告,这些报告主要关注课程、教师和学生学习(如"总体而言,教师很优秀","教师尊重学生","培养了我解决这一领域难题的能力")。学生通过利开特式量表评估这些陈述(1=非常不同意;5=非常同意)。学生也可以选择提供开放式的评述。教师会收到这些数字资料的总体报告,包括与整个大学和院系平均值的对比,还有学生评述的概要。

咨询人员帮助教师解释这些数字资料、阐明开放式的评述并针对未来如何以最好的方式回应学生反馈提出建议。例如咨询人员可能让教师思考数据中的模式并识别出与这些分数和开放式评述相关的教学实践。咨询人员还可以通过识别出评价很高或很低的条目并注意到学生回应中明显的分布状况,提供他/她对评价的观察结果(如,双峰分布或特定类别中的主要意见)。咨询员帮助教师关注学生评价中有高度影响力的内容,如教师授课内容的明晰性、课堂成绩的给定和教学改进意见的提出(也见 Murray,1985)。

结　论

提高教学水平的讨论能以各式各样的数据为基础。我们发现来自学生期中反馈的学生反馈信息对教师教学实践产生了很大的影响,作为替代方案的学生教学评价和基于调查的方法所收集的数据也有重要的价值。其他并非基于学生的数据类型——包括课堂观察、课堂材料如教学大纲或与教师的谈话——也能有效应用于指导咨询,但这些超出了这儿的研究范围。

在咨询所使用的数据之外,我们发现了取得成功的几条原则。首先,灵活性很重要,因为一种方法不是"放之四海而皆准"的。收集学生反馈的方法应该根据教师的需求、目标和便利性来制定。其次,教学咨询员在这一过程中很重要,他作为一个支持者帮助教师解释学生反馈并找到改善的策略。尽管中心有 10 多名专业咨询人员,但拥有规模较小、资源较少的教学中心也能找到方法培训其他教师进行咨询服务(如《实话实说》(*Practically Speaking*,Brinko & Menges,1997)和《面对面》(*Face to Face*,Lewis & Povlacs,2001))。第三,基于研究的方法在说服教师参与、说服管理人员支持咨询的过程中起到了关键作用。如前所述,有意识地将学生反馈和教学咨询整合起来有助于提升大学教学改进的潜力。

附录:学生期中反馈教师调查表

亲爱的[客户名]:

这学期刚开始,中心的一位咨询人员[名字]在您的课上进行了一次学生期中反馈。请您完成下面关于这次反馈的简短调查表。中心有兴趣继续改善我们的服务,并试图让服务对教学和学习的产生影响。欢迎您做出评价并提出意见!您提供的信息将会与来过您班级的咨询人员一起分享。如果你更喜欢通过校园邮件回答,只需要打印出调查表、填好你的答案寄到[中心的地址]。

1. 中心的咨询人员在施行并讨论反馈的过程中是否高效?

____是 ____否

评述/建议:

2. 总体来说,你觉得服务有价值吗?

____是 ____否

没有价值的话,请写出原因:

3. 如果你觉得服务有价值,是什么让你这么认为的(检查所有选项)?

—它让我能与咨询人员讨论教学。   ____是 ____否

—它加深了我对教学/学生的想法。   ____是 ____否

—它让我对教学/学生有了新的认识。   ____是 ____否

—它给我提供了改善教学/课程的具体策略。   ____是 ____否

—服务使得班里的气氛得到了改善。   ____是 ____否

—它让我对教学更自信了。   ____是 ____否

—它让我知道了与教学相关的资源和项目。   ____是 ____否

—学生支持这个过程。   ____是 ____否

—其他原因:

4.服务有没有让你在这学期的课程/教学中作出改变?

　　____是　____否

　　请解释:

5.服务有没有让你计划在未来的学期作出改变?

　　____是　____否

　　请解释:

6.你会向系里同事推荐使用这一服务吗?

　　____是　____否

　　会或不会的原因:

非常感谢您的反馈。

第五章

高水平的研究生助教：拓宽中心领域

特莎·品德·格里沃(Tershia Pinder-Grover)

玛丽·怀特(Mary C. Wright)

德博拉·梅兹立什(Deborah Meizlish)

在密歇根大学学习与教学研究中心(CRLT)，我们培训了一批研究生，通常称为同行教学咨询员[①](Peer Teaching Consultants，PTCs)，在助教的专业发展中增强中心满足研究生群体教学需求的能力。我们通过三个项目达成这一目标：从大学范围内雇用同行教学咨询员(PTCs)的一个校级项目；由中心监管但致力于针对特定单位助教发展以满足特定学院需求的项目；支持助教进行教育技术改进的全新校级项目。这一章我们把同行教学咨询员项目置于全国范围内的类似项目环境之中，讨论能促进这些项目发展的院校层面的因素，提供这些项目如何运行的一个概述，并展示这些项目对助教和同行教学咨询员产生影响的评价数据。这章以我们从经验中得出的教训结束，这可能对其他钟情于混合方法的人很有价值。

同行教学咨询员项目及其背景

很多研究型大学的教学中心都开展了同行教学咨询员(PTC)项目以应对大学里研究生和专业学院学生的教学需求(Border & von Hoene, 2010; Huntzinger, McPherron & Rajagopal, 2011; Volpe Horii, 2010)。斯坦福大学于 1979 年首先开展了助教咨询员项目(Marincovich & Gordon, 1991; Marincovich, 1997)，从那以后发展势头迅猛。最近对主要助教/导师项目进行的一项分类调查发现在美国有 62 个这样的创新项目(Kalish, et al., 2009)。最为普遍的同行教学咨询员结构是基于系的项目。在这种

---

① 即研究生助教(译者注)

结构中教学中心支持某一学科领域内主要的助教项目,如佐治亚大学未来教师项目(Future Faculty Program)、俄亥俄州立大学研究生教学人员项目(Graduate Teaching Fellows Program)以及科罗拉多大学波德校区的优秀研究生教师网络(Lead Graduate Teacher Network)。而在校级项目中,他们一般组建研究生学习社区,集中于教学研讨会和职业发展,但不涉及外部咨询工作,如犹他大学助教学者项目(TA Scholars Program)和康奈尔大学硕士助教项目(Master Teaching Assistant Program)。我们发现有 5 个校级的同行咨询项目,这些项目当研究生对教师们的课堂教学提出意见反馈时,对其进行培训并支持,经常的方式是跨学科观察和小组教学诊断(SGID)。例如,宾夕法尼亚州立大学史瑞教学研究中心的研究生助教奖学金(Graduate Assistantships)和布朗大学教学咨询员项目(Teaching Consultant Program)。虽然教学中心的专业人员为组织这些活动付出了很多,但一些项目如加州大学戴维斯分校助教咨询员项目是由优秀研究生管理的(Huntzinger, McPherron & Rajagopal, 2011)。

既提供校级项目,又有针对特定单位的项目,使得教学中心能随时应对研究生和专业学院学生各种与教学相关的职业发展需求。虽然这个综合模式很难建立,但它却是一种能有效促进教学发展的方法,既考虑到了校级协调又考虑到了针对个别学科的计划(Lewis, 2010)。

同行教学咨询员项目的产生

中心的首个同行教学咨询员项目创办于 1997 年,名为研究生教学咨询员(Graduate Teaching Consultant, GTC)项目,以便更好地满足研究生对咨询和学生期中反馈服务(MSFs,我们称为 SGIDs)日益增长的需求。对服务日益增长的需求反映了大学的变化,包括对文理学院(LSA)的助教培训项目的重组,该学院是密大最大的学术单位,密大大部分助教是这个学院雇用的。1996 年,文理学院开展了基于系的助教培训项目。为了支持他们的工作,院里与中心签订合约支持并协助每个系的主管教师和研究生助管人员管理和进行助教培训工作。研究生教学咨询员(GTC)项目成为中心支持文理学院助教培训的重要特色。中心通过雇用跨学科的博士研究生作为同行教学咨询员(PTCs),他们的职责是要给多个助教提供可靠的咨询,这些助教被要求或被鼓励寻求咨询和学生期中反馈服务(MSFs),以此作为培训的一部分(详情见第四章)。中心还通过为文理学院各系里的助教培训人员开设研讨会,改进为研究生教学咨询员(GTCs)开设的技能培训课程(Pinder-Grover, Milkova & Hershock,付印中)。这样,中心帮助培养了主管教师和在院系进行助教培训的研究生的能力,同时也让他们知道了我们的资源能对他们的工作起到辅助作用。几年来,研究生教学咨询员(GTC)项目得到扩展,将大学其他单位的咨询员也纳入了进来。

工程学院(CoE)的同行教学咨询员(PTC)项目于1999年建立,也反映了中心为支持并培养教学文化付出的努力。由工程学院提供资金支持、中心协调并监管的"工程专业研究生教学咨询员(Engineering Graduate Student Mentor, EGSM)"项目挑选并培训高年级工程专业研究生以支持新的工程专业助教以及所有助教的教学发展(O'Neal & Karlin, 2004)。在工程学院创办基于单位的同行教学咨询员项目有如下几个原因:首先,工程学院管理者在1999年开始想建立一个专门针对新来的工程专业研究生助教的强制性助教培训项目。要达成这一目的需要增加能对新助教进行培训并提供支持的员工,而同行教学咨询员项目被认为是满足这一需要的最完美办法。其次,新的工程教学课程的不断发展(Montgomery, 1999),还有美国工程教育协会(American Society for Engineering Education)下属一个学生分会强调培养大学生对教学的兴趣和参与教学的积极性。很多对工程教学感兴趣的学生就成为同行教学咨询员的招聘对象。这两个因素促使学院内形成了一种气氛,那就是更为关注卓越的教学表现、更乐于支持并参与到有关教学的对话中来。最后,因为中心为工程学院提供助教培训与支持已有很长时间,我们能够充分利用这种气氛与院里合作,以建立同行教学咨询员项目。

2009年中心设立了第三个同行教学咨询员项目,着眼于助教的教育技术需要,称为教育技术研究生教学咨询员(Instructional Technology GTCs, IT-GTCs)。设立这一项目的动机来源于中心进行的一个助教需求评估调查。该调查发现助教们对教育技术的需求没有得到满足和支持。助教报告了使用教育技术的6个障碍,包括缺少时间、渠道、培训、认识、自主以及教育技术在学科环境中的适用性(Zhu, Groscurth, Bergom, & Hershock, 2010)。为了应对这些问题,这一项目的新同行教学咨询员们开展了教育技术研讨会并对有具体教育技术需求的助教和教师进行咨询(详情见第四章)。

今天研究生教学咨询员项目从密大13个不同的系雇用了14名研究生咨询员,还加上工程专业研究生教学咨询员(EGSM)项目从工程学院的12

个系里所雇用的 10 位咨询员。此外，教育技术研究生教学咨询员（IT-GTC）计划还包括了 3 名来自不同院系的研究生。我们强调用综合方法将下列三个项目融合起来达到支持助教发展的目的：一是建立一个基于单位的满足特定学科文化需求的项目；二是一个给大学提供一般教学支持的校级项目；三是一个对特定教学需求提供特别支持的校级项目。

同行教学咨询员项目详述

虽然这些项目服务于不同的学生和教学文化，每个项目研究生的责任和专业发展却很类似。同行教学咨询员观察课堂、收集学生反馈、对各种各样的教学主题进行咨询并根据重大需求开展与教学相关的研讨会。新的同行教学咨询员需要参与几个助教发展研讨会，包括开展实践教学会议、研究生教学人员咨询、观察课堂，并进行学生期中反馈服务（MSFs）和写作教学理念陈述（见附录 A；其他大学培训项目讨论见 Marincovich，1997；Marincovich，Clerici-Arias，Denman，& Wright Dunbar，2007；Volpe Horii，2010）。新同行教学咨询员也由经验丰富、在项目中任过职的同行教学咨询员进行指导。此外，所有的同行教学咨询员还定期接受中心专业人员举办的循环式教学培训，以促进专业发展。附录 B 包括 2009—2010年的研究生教学咨询员项目大纲，并强调了各式各样的主题和资源。研究生教学咨询员把这些看做是职业不断发展的一部分（详情见 Meizlish，Pinder-Grover，& Wright，付印中）。在讨论期间，同行教学咨询员接受了关于研究生和专业学院学生发展的某些重要主题的培训（Border & von Hoene，2010），如教学法、咨询、数据收集和教育技术。最后，同行教学咨询员向中心介绍了他们系的教学文化。

同行教学咨询员的遴选根据的是他们以前的教学经验、对教学的全面思考和与同行有效协商的潜力。项目协调员审查申请材料，这些材料随项目不同也有变化，但是可能包括的东西如下：求职信和简历、自己对学生评价的思考或他们对这一职位的兴趣和资历，以及教师推荐信（见附录 C）。中心的专业人员会对符合条件的申请人员进行面试，以了解他们的背景和对该项目的全部兴趣，并在咨询角色扮演中观察申请人（见第十一章）。这能发现他们是否有潜力做一名同行咨询员（遴选过程详情见 Meizlish，Pinder-Grover，& Wright，付印中）。

每个同行教学咨询员项目协调员通过以下几种方式对项目实行监管，

一是充当同行教学咨询员与客户之间的联系人;二是学期中与同行教学咨询员见面检查他们参与项目的情况;三是利用特定项目的网页或维基软件(wiki,一种多人协作的写作工具)提供教学和咨询资源,并收集同行教学咨询员的表现评价信息。在校级项目中,客户通过邮件联系协调员要求提供特定服务。协调员很大程度上是依据方便适宜的原则为客户搭配特定的研究生教学咨询员或教育技术研究生教学咨询员的。在基于院系单位的项目中,协调员把工程学院所有的助教分配给一个工程专业研究生教学咨询员(EGSM)。客户与工程专业研究生教学咨询员定期联系,这使得工程专业研究生教学咨询员能在客户有需要的时候做出回应,提供特定的咨询。项目协调员还利用课堂观察和学生期中反馈对服务作一个后续评估(见第四章附录)。此外,项目协调员寻求同行教学咨询员的反馈以继续改善职业发展培训会议并丰富所有教学顾问的经验。

评　价

研究生教学咨询员(GTCs)和工程专业研究生教学咨询员(EGSMs)取得了大量成果。例如,2009—2010 学年一年间,研究生教学咨询员(GTCs)和工程专业研究生教学咨询员(EGSMs)进行了 186 次学生期中反馈(调查学生数为 6766 名),39 次课堂观察或课堂录像咨询,76 次主要针对研究生和博士后进行的关于教学法、课程设计、学生评价或教学理念的咨询。为了正确理解这些数据,同一时期,中心的全职员工进行了 202 次学生期中反馈(调查学生数为 8544 名)、15 次课堂观察或课堂录像咨询、1456 次主要对教师的咨询。这些数据表明研究生教学咨询员(GTCs)和工程专业研究生教学咨询员(EGSMs)使得中心能极大地扩展范围,但并没有显示出项目对助教和研究生教学咨询员(GTCs)和工程专业研究生教学咨询员(EGSMs)个人的影响。下面两部分展示了来自客户的数据和对这两个项目长期广泛的评价结果。因为教育技术研究生教学咨询员(IT-GTC)项目刚刚成立,所以没有长期的评价数据。

客户反馈

所有接受中心开展的学生期中反馈(MSF)的研究生就下列内容接受了调查:包括对这一过程的满意度、反馈使他们作出的改变、他们是否会把学生期中反馈推荐给其他人(见第四章,附录的反馈表,这是通过邮件分发的)等。几乎毫无例外地,所有客户都报告对这一过程很满意,表示他们做出了教学改变,并说他们会把这一过程推荐给其他人。例如,在 2009—2010 学年,对工程专业研究生教学咨询员项目的调查做出回答的 48 名助教中,100％的人感到服务很有价值,超过 80％的人做出了(或计划做出)改变,98％的人会把学生期中反馈推荐给同事。特别是,助教认为学生期中反馈的过程之所以有价值,最常提到的原因罗列如下：

- 使我能与咨询员讨论我的教学方式(85％)；
- 让我对教学有了新的认识(79％)；
- 给我提供了改善教学的具体策略(79％)；
- 让我对教学更自信(71％)；
- 加深了我对教学的看法(58％)；
- 学生支持这一过程(31％)；
- 服务使得班级气氛得到了改善(27％)；
- 让我了解了与教学相关的资源和项目(23％)。

我们看到助教对他们与咨询员相互作用的认识的典型评论包括：

> 很专业、很有用处的服务。所有的老师都应该参加,我会在教课的每学期继续进行评价！很感谢提供这些服务！

> 非常感谢你们的服务。你们让我对教师这个角色有更多的思考。一开始,我很担心,知道有人在看我并对我上课给出反馈,特别是这是我第一次上课,但这对我来说是经历过最好的事之一。

> 我认为我学过的所有东西都能在我迈向彻底成为一个更有效的教师之路的下一步中用到。我还会使用评价,因为我认为学生真的受益颇多。

这些话表明中心同行教学咨询员对研究生教学、课堂气氛和职业发展都产生了积极深刻的影响。

项目对 GTCs 和 EGSMs 的影响

中心还评估了参与研究生教学咨询员(GTCs)和工程专业研究生教学咨询员(EGSMs)项目对同行教学咨询员自身的深远影响。评价的主要问题是：

(1)咨询员们从项目的培训和工作中获得了什么益处,这些益处如何影响了他们的项目工作以及其他工作？

(2)项目如何影响咨询员的教学实践和指导工作？

一份网上调查会被发送给咨询员，会问到他们目前的身份、他们认为项目对他们的事业和教学实践有何影响以及他们所形成的与教学和职业发展有关的社会网络。(完整的研究生教学咨询员调查见 Meizlish & Wright，2009；工程专业研究生教学咨询员调查见 Pinder-Grover，Root，& Cagin，2008.)调查从 1997 年研究生教学咨询员项目一开始就一直在进行($N=$48)，另外所有在 2001 到 2007 年间参加项目的工程专业研究生教学咨询员也接受了调查（$N=52$）。共有 72 名前咨询员回应了调查，回馈率为 72%。

虽然前咨询员们报告了参与进来的诸多好处，我们在这儿主要述及两种重要影响。首先，参与者报告说项目对他们的教学实践起到了重大作用。几乎所有的(95%)同行教学咨询员表示他们通过在教学或职业发展方面向同事提出建议，从而担当起了指导者的角色。此外，大多数顾问(69%)报告说他们能就教学问题一起分享资源。作出回应的前研究生教学咨询员中的11 位表示他们大学有教学中心，7 位说他们尽力与教学中心合作，4 位特别表示他们要为中心开展研讨会。这些发现表明项目有助于同行教学咨询员未来进行同行间的互相合作，并对全国的大学教学产生了更为广泛的影响。

其次，调查结果表明参与项目对咨询员的教学实践产生了重要的影响。尽管同行教学咨询员研究生毕业后选择了彼此各异的职业道路（从工业界到教师的各行各业），他们都把自己的经验应用到与目前职位有关的教学环境中来。例如，工业行业的一位回答者概括了工程专业研究生教学咨询员培训和经历对他的影响："我把我从各方面学到的东西应用到了目前的工作中……我能更有力地领导一个团队，知道如何开展并教授一门课程。"除了教学技能，其他人还提到了项目有助于转变态度，如一名前研究生教学咨询员写道："教学中心开阔了我的眼界，改变了我的生活。我是曾和其他研究生助教一样的研究生，对学生满腹怨言，但其实是因为自己的课程有缺陷……我开始明白除了'抱怨学生'还有其他选择，特别是……通过'有意义的学习经历'这一途径。"

总而言之，来自客户调查的结果和对研究生教学咨询员（GTCs）和工程专业研究生教学咨询员（EGSMs）项目的长期评价表明两者都对研究生助教在密大和毕业后的发展产生了深刻的影响。项目有助于助教收集并解释学生反馈，也有利于研究生教学咨询员（GTCs）和工程专业研究生教学咨询员（EGSMs）自身的职业发展。

启　示

　　对研究生进行助教发展方面的培训有助于中心完成在整个大学"促进卓越教学、推动教学创新"的使命。不管这些研究生是与本学科的助教一起合作还是从不同的学科出发支持助教，这些项目对助教和同行教学咨询员都有好处。更有甚者，同行教学咨询员能在研究生团体中充当中心的"耳目"，告诉我们助教们的重要需求和发展方向。最后，是因为有必要"有意识地吸收一批新鲜血液到这一领域"（McDonald，2010，p. 38）。值得注意的是，五名前同行教学咨询员目前都在中心或其他地方担任教师专业发展顾问。

　　对于想要充分利用这些好处并建立一个同行教学咨询员项目的中心来说，我们的经验能提供四个重要的教训。首先，以多种模式围绕助教培训与管理层建立合作伙伴关系是极为重要的。我们的混合模式使得我们能灵活而又积极主动地满足各单位的助教培训需求。随着领导和优先任务的改变，系里的资源也会有所增减。一个单位重视录像咨询，其他单位强调学生反馈。我们的同行教学咨询员两者都能做到，使得我们能帮助每个系达成他们的特定目标。我们基于院系单位的工程专业模式使得我们与密大规模最大的学院负责助教培训的管理人员建立了紧密持久的联系。其次，有必要进行评估以发现是否有同行教学咨询员能解决的、但还未满足的需求（如教育技术研究生教学咨询员项目）。第三，就如以上提到的，必须设立一个严格的雇用和循环培训项目保证工作质量并帮助同行教学咨询员发展成为合格的咨询员。最后，通过多元指标体系评价项目是很关键的，既是为了证明它继续存在的合理性，也是为了能做一些必要的改进。总而言之，研究生同行教学咨询员专门服务于助教并提高了教学中心在全校推进教学和学习的能力。

附录 A 同行教学咨询员(研究生助教)项目强制培训研讨会系列*

研讨会名称	目　标	活　动
开展实践教学会议	关心新教师,通过考察过去的经历和授课对之进行重点培训; 提供并寻求建设性反馈; 在限定时间内举行对教学的反思性谈话。	在小组内对首次教学经历进行思考; 通过较大的组谈话认识建设性反馈的特征和质量; 展示实践教学课程的录像并大组讨论促进过程; 实践教学会议的发展和发言; 促进实践教学课程并伴有对这一过程的讨论。
与助教协商	讨论咨询中会产生的问题; 运用咨询策略并对之进行思考; 发展有各种各样咨询方法的"工具箱"; 在咨询中获得自信。	讨论咨询过程,包括建立密切关系、识别问题、形成应对客户的策略、提供资源并作好客户的后续工作; 解释学生量化评价的陈述; 就角色扮演对学生评价影响进行咨询; 讨论并就咨询模式进行角色扮演如"产品"、"规定性的"、"合作的"等(Brinko, 1997)。
视察课堂并进行学生期中反馈(MSFs)	识别并解释明显的数据; 练习做视察笔记; 练习与客户分享视察笔记和学生数据; 从学生的角度体验学生期中反馈(MSF)。	参观课堂前讨论咨询员与客户的见面方法; 讨论可观察到的和客观的数据类型; 运用录像和后续咨询收集观察数据; 陈述并参与学生期中反馈过程。
写教学理念陈述	讨论写教学理念的好处; 检查理念样本; 思考参与者能在理念陈述中呈现教学经历的方法。	教学理念的背景陈诉(写陈述的原因、招聘委员会的诉求等等); 讨论教学理念的题目 (O'Neal, Meizlish & Kaplan, 2007); 对教学理念样本陈述进行小组单独批判; 单独思考开始教学理念陈述的方式。

*详情见 Pinder-Grover, Milkova, & Hershock (付印中)。

附录 B　2009 年秋—2010 年冬研究生教学咨询员（GTC）大纲

中心的玛丽·怀特（Mary Wright）和

斯提力阿娜·米勒科娃（Stiliana Milkova）编写

　　秋季学期的会议首先集中于职业发展以完成研究生教学咨询员的工作、收集学生反馈、向客户传达反馈、审查教学理念并开展研讨会。主题年年不变。相反，冬季学期的会议主题每年都有变化并由研究生教学咨询员发起，话题集中在作为咨询员、教师如何取得更大发展，以及将教师专业发展作为自己以后工作的一个选择。（下面是 2009—2010 年顾问小组选择的主题。）

会议主题 （时间）	结构和资源
介绍 90 分钟会议	会议通过互动陈述和活跃气氛的茶歇活动（icebreaker）使研究生教学咨询员们相互之间以及与中心之间互相认识，并把研究生教学咨询员介绍给研究生教学咨询员项目团队。 　　资源： • 高等教育专业和组织发展网络（POD），"教师发展是什么？"可查：http://www.podnetwork.org/faculty_development/definitions.htm • POD，"关于 POD 网络"，可查：http://www.podnetwork.org/about.htm • POD，"POD Listserv" 可查：http://www.podnetwork.org/listserve.htm • Stanley, C. A. (2001). The faculty development portfolio: A framework for documenting the professional development of faculty developers. *Innovative Higher Education*, 26(1), 23—35. • Tiberius, R., Tipping, J., Smith, R. (1997). Developmental stages of an educational consultant: Theoretical perspective. In K. T. Brinko & R. J. Menges (Eds.) *Practically speaking: A sourcebook for instructional consultants in higher education* (pp. 217—221). Stillwater, OK: New Forums Press. [①] • 中心资源（出版文章和中心网站，http://www.crlt.umich.edu）。 • 还可见：GTC CTools 地址. 可查：CTools. umich. edu （GTC 项目表），中心 GSI 指南（可查：http://www.crlt.umich.edu/gsis/gsi_guide.php）

---

　　①　对于本章附录中的文献和资源参照参考文献的翻译处理原则，不再译出，方便感兴趣的读者检索参考。

续表

会议主题 （时间）	结构和资源
征求 GSIs 的意见：早期反馈和学生评价（仅由新研究生教学咨询员参与） 2 小时会议	新的研究生教学咨询员参与协商研究生助教（GSI）研讨会（详情见表 5-1）
视察班级并进行学生期中反馈（仅由新研究生教学咨询员参与） 3 小时会议	新的研究生教学咨询员参与研讨会（详情见附录 A）。会后，新的研究生教学咨询员搭配有经验的研究生教学咨询员做一次学生期中反馈。
录像咨询、学生期中反馈后续调查和拥有国外教育背景助教的个案研究 90 分钟会议	此会议使得新研究生教学咨询员能继续对咨询和学生期中反馈存有的问题提问，经验丰富的研究生教学咨询员会给予回答。我们然后达成进行录像咨询的协议，通过一位有国外教育背景的客户的讨论录像进行角色扮演，与一位国际助教讨论具体的问题。 资源： Finelli, et al. (2008)："Working with GSIs from Diverse Educational and Linguistic Backgrounds" from *Departmental GSI development：A handbook for faculty and GSMs who work with GSIs.* 可查：http://www.crlt.umich.edu/gsis/deptgsidevelopment.php.
讨论教学理念（仅由新研究生教学咨询员参与） 70 分钟会议	新研究生教学咨询员参加研讨会（详情见附录 A）。 大会网址可用资源：http://www.crlt.umich.edu/gsis/onedayPFF.php
关于中心资格证项目教学理念咨询的更多信息（小组调整） 90 分钟会议	研究生教学咨询员用一个标准检查教学理念，我们一起讨论对这些资料的评价以及如何有效地向作者提供反馈。 资源：O'Neal, C., Meizlish, D., & Kaplan, M. (2007). *Writing a statement of teaching philosophy for the academic job search.* Crlt Occasional Paper No. 23. Ann Arbor, MI：Center for Research on Learning and Teaching, University of Michigan. 可查：http://www.crlt.umich.edu/publinks/occasional.php
关于咨询圆桌会议的主题，POD 与 ISSOTL 大会听取报告会，设计研讨会 90 分钟会议	会上，我们开始一年一度的特色会议——圆桌会议，在该会上研究生教学咨询员有机会与同事讨论遇到的挑战。圆桌会议之后，参加高等教育专业和组织发展网络与大会的研究生教学咨询员谈论他们的经验并与其他研究生教学咨询员共享资源。最后，有过开展研讨会经验的一位研究生教学咨询员谈论其过程并给出建议，中心关于有效设计研讨会的资源也会分发下去并对之进行讨论。时间允许的话，研究生教学咨询员设计一个关于分成小组积极学习的小型研讨会。

续表

会议主题 （时间）	结构和资源
秋季中旬举行的每个人 30 分钟会议	单独会面，集中于客户反馈、工作量、职位的优点和挑战以及研究生教学咨询员想在冬学期应对的主题。
冬学期规划 90 分钟会议	圆桌会议之后，GTCs 和中心员工一起构建冬学期要应对的主题。
视察报告、咨询角色扮演、积极学习和课堂评估技巧（CATs） 90 分钟会议	开过圆桌会议、分发了关于积极学习和课堂评估技巧的资源后，会议集中探讨把观察到的数据有效传达给客户的不同方法。研究生教学咨询员互相分享彼此的课堂视察报告并讨论各种陈述策略的利弊得失。之后我们就基于所选的报告和听取报告的策略扮演角色以与"有抗拒心理的"的客户进行合作（所有的报告都匿名以保护客户身份）。 资源： • Barkley, E. F., Cross, K. P., & Major, C. H. (2005). *Collaborative learning techniques：A handbook for college faculty.* San Francisco, CA：Jossey-Bass. • Bean, J. C. (2001). *Engaging ideas：The professor's guide to integrating writing, critical thinking, and active learning in the classroom.* San Francisco：Jossey-Bass. • O'Neal, C. & Pinder-Grover, T. *How can you incorporate active learning into your classroom?* Center for Research on Learning and Teaching (CRLT), University of Michigan. • Angelo, T. A. & Cross, P. K. (1993). *Classroom assessment techniques：A handbook for college teachers*(2nd ed.). San Francisco, CA：Jossey-Bass.
助教和咨询顾问身份的个案研究 90 分钟会议	研究生教学咨询员分成小组讨论 3 个案例，研究学生、助教和研究生教学咨询员的身份如何形成咨询的动态过程。就身份问题提供咨询服务的有效策略是由研究生教学咨询员想出来的。
千禧年学习者 90 分钟会议	中心的员工出席了千禧年学习者会议。研究生教学咨询员分成小组讨论了如何把教授千禧年学生的一般方针（原则）应用到课堂中的具体活动中来。 资源：Pinder-Grover, T. & Groscurth, C. (2009). CRLT Occasional Paper No. 26, *Principles for Teaching the Millennial Generation：Innovative Practices of UM Faculty.* Ann Arbor, MI：Center for Research on Learning and Teaching, University of Michigan. 可查：http://www.crlt.umich.edu/publinks/occasional.php

续表

会议主题 （时间）	结构和资源
学习方法 90 分钟会议	圆桌会议之后，中心的员工展示他们对学生学习的研究成果，研究生教学咨询员探讨把这些成果应用到他们工作中去。对咨询有用的研究学生学习的例子会发布出来。 　　资源： • Brookfield, S. D. (1996). Through the lens of learning: How experiencing difficult learning challenges and changes assumptions about teaching. In, L. Richlin & D. Dezure (Eds.), *To Improve the Academy: Resources for Faculty, Instructional, and Organizational. Development*, Vol. 15 (pp. 3－15). Stillwater, OK: New Forums Press. • deWinstanley, P. A. & Bjork, R. A. (2002, Spring). Successful lecturing: Presenting information in ways that engage effective processing. In D. F. Halpern & M. D. Hakel (Eds.) *Applying the science of learning to university teaching and beyond* (pp. 19－31). New Directions for Teaching and Learning, No. 89. San Francisco, CA: Jossey-Bass. • Dweck, C. S. (2002). Messages that motivate: How praise molds students' beliefs, motivation and performance (in surprising ways). In J. Aronson (Ed.) *Improving academic achievement: Impact of psychological factors on education* (pp. 37－60). Joshua Aronson, Ed. New York, NY: Academic Press. • King, P. M. & Kitchener, K. S. (1994). *Developing reflective judgment: Understanding and promoting intellectual growth and critical thinking in adolescents and adults*. San Francisco: Jossey-Bass. • Brandsford, J., Brown, A., & Cocking, R. (Eds.). (2000). *How people learn*. Chapter 2, How experts differ from novices. Washington, DC: National Academy Press. • Svinicki, M. D. (1999, Winter). New directions in learning and motivation. In M. D. Svinicki (Ed.), *Teaching and learningon the edge of the millennium: Building on what we have learned* (pp. 5－27). New Directions for Teaching and Learning, No. 80. San Francisco, CA: Jossey-Bass.

续表

会议主题 （时间）	结构和资源
课程评估和评价 90分钟会议	圆桌会议之后，中心员工明确评价和评估、讨论中心在这一领域的工作并强调了密大评估工程的几个例子。研究生教学咨询员被要求组成小组为研究生教学咨询员项目发展一个评价计划。 　　资源： • Angelo，T. A.（1995）. Reassessing（and defining）assessment. *AAHE Bulletin*，48(3)，7－9. • Levin-Rozales，M.（2003）. Evaluation and research：Differences and similarities. *The Canadian Journal of Teaching Evaluation*，18(2)，1－31. • Selections from Patton，M. Q.（2002）. *Qualitative research and evaluation methods*（3rd ed.）. Thousand Oaks，CA：Sage，p. 10. • Rhodes，T.（2002）. Could it be that it does make sense? A program review process for integrating activities. *To Improve the Academy：Resources for Faculty，Instructional，and Organizational Development*，*Vol.* 20(pp. 49－61). Bolton，MA：Anker. • Smith，C.（2008）. Building effectiveness in teaching through targeted evaluation and response：Connecting evaluation to teaching improvement in higher education. *Assessment & Evaluation in Higher Education*，33(5)，517－533.
跨学科课程设计；年终总结 90分钟会议	中心的员工讨论了跨学科课程设计的原则并推动研究生教学咨询员搭配组合为跨学科课程的发展课程主题和学习目标的活动。研究生教学咨询员重视的研究生教学咨询员项目（运用前边会议和调查中产生的想法）。研究生教学咨询员完成了与小组的活动后，通过圆桌模式继续移到下一个位置。 　　资源： • Newell，W. H.（1994，Summer）Designing interdisciplinary courses. In J. T. Klein & W. G. Doty（Eds.）. *Interdisciplinary studies today*（pp. 35－51）. New Directions for Teaching and Learning，No. 58. San Francisco，CA：Jossey-Bass，and on Wiggins，G. & McTighe，J.（1998）. *Understanding by design*. Alexandria，Va.：Association for Supervision and Curriculum Development. • 咨询中经常用到的中心的文章（文章在中心前台可查到） • Weimer，M.（2002）. Reading Lists. In *Learner-centered teaching：Five key changes to practice*. San Francisco，CA：Jossey-Bass. • 新教师岗前培训用到的附注的中心文献资料（这些书在中心图书馆可查到）

附录 C 欢迎申请工程专业研究生教学咨询员(EGSM)项目

欢迎申请工程专业研究生教学咨询员项目(2009 年秋)

工程学院和北校区教学中心的工程专业研究生教学咨询员(EGSM)项目职位有空缺,欢迎申请。工程专业研究生教学咨询员(EGSMs)通过协助研究生助教(GSIs)完成其教学任务体现出了它的价值。以下是对该职位包括薪水在内的详细描述。

申请截止日期是 2009 年 4 月 10 日,星期五。

这些活动如同工程专业研究生助教涵括的那些一样,但并不仅限于此,如下所列:

- 观察研究生助教(GSIs)并给他们提供反馈。
- 从研究生助教(GSIs)的学生那里收集反馈。
- 对研究生助教(GSIs)进行一对一咨询。
- 领导研讨会并参与到高级教学讨论会中。

工程专业研究生教学咨询员(EGSMs)接受培训以便支持这些角色,并能积极参与工程专业研究生助教培训。申请职位的研究生最好在密大工程学院担任过至少一个学期的研究生助教,但仅限于工程学院。工程专业研究生教学咨询员可能会分配给来自其他院系的研究生助教。

工程学院的工程专业研究生教学咨询员职位会付给薪资,申请者要求作为研究生助教(GSI)或研究生助研(GSRA)至少有 25% 的其他资金支持或必须有奖学金。首次任职者必须提供相关证件证明符合雇用要求。工程专业研究生教学咨询员的职位不享有任何学费减免或收益。

申请者应提交:

1. 一份简短的个人陈诉,说出想要成为研究生教学咨询员的理由。
2. 列出一份教过课程的清单,并写出在课程中担负的责任。
3. 申请表。

更多关于项目的信息,请访问下列网址:http://www.engin.umich.edu/teaching/crltnorth/

第二部分　教学研究中心独特的着重点

Section Ⅱ : Special Emphases at CRLT

第六章

为未来教师进行教学准备的探讨

查德·赫少克(Chad Hershock)

克里斯托弗·格劳斯科斯(Christopher R. Groscurth)

斯提力阿娜·米勒科娃(Stiliana Milkova)

在为研究生和博士后准备未来教师生涯的培训中,教学中心起到了重大的作用。美国高等教育未来教师培养(PFF)计划已实施 20 多年了(了解其历史见美国学院与大学联合会(AAC&U),2010)。这个计划的拥护者意识到仅仅是学术研究的训练不足以使研究生成为大学教师,他们要让研究生了解各种环境中教师角色和责任的所有知识(即教学、研究和服务),特别是在不以研究为导向的大学中,就他们的职业发展提供指导、反思和反馈的机会。就全国范围而言,各个未来教师培养(PFF)项目在设计、内容、范围和科目方面大不相同,但在目标实现方面并未存在差异性(Austin, Connolly, & Colbeck, 2008; Cook, Kaplan, Nidiffer, & Wright, 2001; Marincovich, Prostko, & Stout, 1998; Smith, 2003)。在本中心,我们认识到每个人会以不同的速度成长为教师,犹如他们获得学位的时间不同一样,我们为此在一个更为广阔的发展框架中思考未来教师的培养(例子见 Nyquist & Sprague, 1998)。由此,我们提供一系列初级和高级的职业发展规划项目,以促进研究生和博士后做好准备,去赢得第一份教师工作(http://www.crlt.umich.edu/gsis/pff.php)。

这章主要介绍几种密歇根大学学习与教学研究中心(CRLT)为培养未来教师实施的卓有成效的转换模式,是基于课堂、课程和院校层面的教学模式。这些项目包括有关教学的入职培训、10 次培养未来教师的会议、大量的研讨班、为期 1 天的培养未来教师大会、高校教学多校联合指导项目、高校科学和工程博士后短期课程以及证明参加者职业发展的高校教师资格证项目。这些未来教师培养项目通过提供跨学科学习的机会,弥补了研究生和博士后教学培训方面的不足:(1)了解、实践并思考有效的、以研究为基础的教学方法;(2)了解美国高等教育和教师的职业生活状态,这对海外留学生具有特殊意义;(3)为进入学术就业市场准备教学方面的材料,并听取相关意见和反馈。

这章主要分析每个项目的优缺点,包括为跨学科的多元化顾客群体进行项目设计的挑战。我们为教师培训人员和致力于提高未来教师培养项目质量的管理人员提供克服这些挑战的策略。最后我们重点分析这些项目对于推动卓越教学文化的影响。

教学入职培训

很多拥有博士学位授予权大学的教学中心都提供教学方面的入职培训,并将其作为研究生发展项目的关键部分。事实上,论述教学中心在助教(TA)发展中的重要作用文献可谓汗牛充栋,包括各种助教项目的入职培训模式(如 Armstrong, Felten, Johnston, & Pingree, 2006; Frantz, Beebe, Horvath, Canales, & Swee, 2005; Smith, 2003; Bellows & Weissinger, 2005)。由于助教培训安排在研究生就读阶段,因此有些人并不把它当成未来教师培训项目。而在中心,我们的助教入职培训会促使我们的研究生熟悉密大的教学,从而有第一次教师培训的经历,会为后续培训项目奠定基础。助教培训也给实践经验丰富的研究生和博士后教师提供参与到丰富多彩教学活动中的机会。例如,中心把高年级研究生和博士后教师培训成导师和新教师的教学咨询顾问(见第五章和 Pinder-Grover, Milkova, & Hershock,出版中)。教学培训使得这些不断进步的、有经验的助教有机会在教学中心员工的指导下,设计并完善教学研讨会和小型教学会议。通过经验丰富的教师对他们的教学实践、教学理念、作为教师取得的进步和职业发展经历进行指导和促进反思。对他们而言,参与到与新教师有关的教与学的对话中来,是一次非常重要的未来教师培训经历。

由于中心每年举行多个助教培训服务,这给他们积攒未来教师培训经历提供了很多机会,这些培训包括:(1)在全校范围开展为期两天的培训,每年培训大约 400～500 名研究生(http://www.crlt.umich.edu/gsis/gsio.php);(2)为所有工程学院助教开展的强制性培训活动(http://www.crlt.umich.edu/gsis/egsio.php);(3)在本科阶段为非英语教学的国际助教(国际学生)开设为期 3 周和 10 周的课程(http://www.crlt.umich.edu/gsis/igsicomm.php);(4)为个别系特制的助教培训班;(5)秋冬学期开展的系列

教学方法研讨会(http://www.crlt.umich.edu/gsis/gsi_seminars.php);
(6)有关课堂教学和学生匿名评估的个别咨询和服务(如学生期中考试反馈
服务)。

　　我们的培训活动都有一套共同的培训模式。首先,我们会让参加者知
晓这种以研究为基础的本科教学原则,通过边教和他们的边学过程中架构
我们的最佳模式;然后,促使参加者积极融入到讨论中,并把这些原则积极
应用到他们的教学实践中,并获得反馈。例如,我们首先使用互动讲座和戏
剧小品(见第十一章)的形式去认识所面临的挑战,并讨论促进学生学习的
各种策略。话题包括,教师的权威性和可信度、学生的多元化、课堂气氛、有
效的课堂交际、科学学习和以学生为中心的有效教学法。当然讨论话题并
不局限上述这些。参加者对这些问题和应对策略进行思考后,他们会被要
求参加小型教学会议。这些参加者通常会被分成若干组,每个小组有5~7
个成员,给每位助教提供5~10分钟的上课实践机会(有时要求把积极学习
囊括在内)、而后由经验丰富的教师和给予极大支持的中心教学咨询员点评
他们的教学效果,以促进他们对各种问题的解决(例子见Pinder-Grover等
中的附录A,付印中)。随后,参加者从很多同时举办的关于教学方法的研
讨会中作出选择。这些研讨会的内容非常细致,与他们作为助教的教学角
色非常匹配,如给学生写作评分、定量课程评分、组织讨论、领导小组工作、
在工作室课程中进行一对一教学、外语教学以及教育技术的有效利用等。
所有这些举办的研讨会都与开展的活动紧密契合,这些专门设计的活动能
够有效激励助教把具体的教学法应用到具体的教学环境中去。

　　中心与密歇根大学英语语言学院合作开展国际留学生助教培训,开展
很多关于教学法的会议以及课堂英语教学技巧,还有多种微型教学会议,以
及通过实践并接受对这两套技能组合的反馈内容而形成的更为充实、范围
更广泛的培训项目(Wright & Bogart, 2006; Wright & Kaplan, 2007;
Wright, Purkiss, O'Neal, & Cook, 2008)。此外,经由中心培训的本科
生,通过这种微格教学获得反馈性建议,可以让他们对助教的教学水平的认
识增添一层真实性、增加另外一种视角,这同时也为本科生和国际留学生助
教提供了一种跨文化学习的经历(Wright & Bogart, 2006)。

　　让经验丰富的助教和博士后参与助教培训,除了给他们提供一种绝佳
的未来教师培训经历外,还存在其他利弊。利表现在:(1)通过为数百位新
助教的培训中获得实践、思考和教学反馈的机会;(2)提供满足不同学科或
助教职责的各种会议;(3)运用他们相关的教学经验,确保培训人员理解会

议话题的含义和面临的挑战。主要的弊端则在于需要经常这样招聘和雇用培训者。为 300～400 个新助教提供一系列微格教学至少需要 40～50 这类培训人员。此外,当他们毕业或者转换到其他部门后需要移交上述工作。因此,研究中心又必须开始招募新的培训者,并就每学期的具体情况对他们进行培训。在每项培训计划开始前的 9 个月,教学研究中心的工作人员就需要为此做出认真、仔细的规划。

培养未来教师(PFF)的研讨会

中心和研究生院开展未来教师培训研讨会,是为那些将选择教师为第一份工作的优秀研究生准备的。研讨会在 5 月和 6 月连续举行 5 周,每周开 2 天的会议,每天会议为 4 小时。由于研讨会具有非常高强度的互动和实践体验,每年仅从密歇根大学 19 个院系中上报的申请者中选取 51 名研究生参加此类研讨会(一般是 70％～80％的申请接受率)。

为了协助参加者为本科教学作好充分准备并为成为一个优秀的教师而做准备,研讨会设置了三个目标:首先,协助参加者了解和未来教师职业生涯有密切关联的高等教育方面的知识,如学术自由、学生多元化、终身教职和评估。为了让参加者对多元化的机构有更多的了解,中心与密歇根大学的院系单位建立了战略性合作伙伴关系,这使参加者有机会和来自各个院系单位的教师沟通和交流。参加者拜访并与其中一个学院的教师和管理者见面,他们互相沟通情况,通过这种通畅的信息渠道,促进他们选择和他们职业目标最匹配的教学和研究环境。此外,参加者还可以获悉一组社区大学教师的信息,听取他们和密歇根大学之间的互动话题。参加者定期同这些来自不同部门的教师和管理人员沟通,一对一小组面谈和小组会议对他们大有裨益,可以有效提升他们的求职能力。

其次,参加者还会参加有关教与学方面的研究工作(例如多元化教学、教育技术、积极学习),要求他们将教学的原理和原则应用到计划讲授的课程中去。此外,中心采用基于研究的模型以激励学生学习、掌握教学策略。这种方法也可以帮助培训员解释他们的教学方法,并可分享如何克服以学生为中心的教学困境的策略。

研讨会的第三个目标就是为参加者求职做准备。我们会让参加者为大学里准备开设的一门新课撰写教学大纲和教学理念。他们可以从本学科同事和中心咨询顾问中获得对这些教学准备材料的反馈信息。依据中心开发的基于研究之上的评估标准来评估其教学理念(O'Neal,Meizlish,& Kaplan,2007;Meizlish & Kaplan,2008),通过使用有效课程设计的原则评估教学大纲,诸如强调教学目标、考试测评和教学方法的一致和吻合(Diamond,1998;Whetten,2007)。为了促进参加者对面试做好准备,我们还为其准备模拟面试,通过对很多大学面试时会提及的有关教学类型的问题进行提问,以促进其对此类问题做充分的准备。

设计培养未来教师研讨会项目面临的挑战是,需要满足具有不同学科背景和教学经历的培训者的需求。然而,从某种程度而言,社会的多元化对学生学习而言,也是一笔宝贵的财富(Nagda,Gurin,Sorensen,& Zuniga,2009),我们的跨学科研讨会正是因为培训参与人员的多元化而受益。例如,没有或很少有教学经历的学员在与那些有经验的学员的谈话中会受益匪浅,他们经常会对经验丰富的学员习以为常的有关教学和学习的观点和偏见提出质疑。类似地,跨学科的讨论在让学员了解到教学和学习的方法和视角后,可以进一步促进对教学实践进行重要的反思。正因为这些相互交流非常重要,我们会在招收人数较少、遴选过程竞争激烈的项目中促使参加培训的人员的教学经历和学科背景差异最大化。为了适应这种学科背景的多元化,我们的员工也来自各个不同学科,这就使得参加培训的人员可以从这里接收到和他们学科相匹配的教师提供的相关信息。

培养未来教师研讨会有几个限制因素值得探讨。首先,项目具有高度选拔性,每年只有少数的密歇根大学研究生受益。其次,求职信和各学科的研究报告的写法各有其章法可循,但培养未来教师研讨会并没有针对这些话题提供指导。相反,我们鼓励学生利用密大的就业辅导中心并向咨询委员会寻求意见。最后,虽然研讨会仅持续一个月,但它却需要参加人员投入大量的时间。研讨会期间,很多参加者还会为了忙于写论文收集数据、或为秋季学期开始的求职作准备。由此协调研讨会就需要中心的员工付出更多的努力。

培养未来教师(PPF)的大会

为了克服培养未来教师研讨会的一些限制条件,中心与研究生院、职业指导中心建立了伙伴关系以提供简练的培养未来教师研讨会体验,即为期半天的"为就业做好充分准备"的大会。大会首要目标就是给参观者提供一个寻求教师工作的概要以及在不同类型大学的不同阶段的教师工作特点,还会提供获得每阶段成功的具体策略和资源。大会还致力于满足人文社科和理工科(科学、技术、工程、数学)领域研究生和博士后学者关于具体学科的需求。这样大会给参加者提供了从事教学事业并取得成功的必备技能和知识概要。这一周到的方法满足了那些正在求职人员的需求,也为即将求职的人员勾绘了职业蓝图。虽然这仅仅是个独立事件,但在大会上也会向大家介绍中心关于未来教师培训研讨会的更多周密和详细的计划和服务。

"为就业做好准备"大会通常在初秋举行,首先会举行全体讨论会,"博士毕业后的生活:适应一种新的制度环境",来自不同机构和学科的教师和博士后学者会讲述他们所在学院或大学的教学、研究和制度文化。这些专家也会在那天参加其他会议,从制度、学科和个人视角就上述问题继续探讨。

全体会议之后是 3 场同时举办的 75 分钟会议,尤为突出的是会有 4 或 5 个互动研讨会和座谈讨论,这些同时举办的会议暗含着两种信息:(1)成功获得教师岗位的过程;(2)理解不同学科和不同机构教师的工作和生活。提供第一种信息的主题包括发展教学理念、撰写高效求职信、提高简历质量并参加研究院面试。提供第二种信息的策略包括涉及伴侣双职工的管理、教师工作生活的平衡、取得终身教职的过程和作为一个新教师如何取得成功。为了满足参加培训人员不同学科背景的需求,我们提供以学科为单位的分组讨论从而使得具体学科更具有针对性。大会还提供专门会议,为那些想在美国成为教师的国际研究生而举办。为了让更多的人了解这些信息,大会材料在会后第二天就挂到网络上,可以在网络上看到精选的座谈陈述。

自 2003 年举行此类大会以来,每年平均有 240 个学员参加了培训大会。这种大会模式的最大缺陷在于参加培训人员没有机会就教学问题进行深入对话并反思和发展他们的教学方法。但是,对大会的反馈信息表明,通过这种形式他们也实现了自己的目标:这是一个了解教师职业生活和了解不同机构终身教职的机会,他们获得了有用的建议、实践的工具以及开拓职业生涯的资源。

多校联合指导项目

和导师或教学顾问建立富有成效的关系是研究生社会化进入教师职业生涯的关键。(Austin, 2002; Gardner, 2007; Lovitts, 2008)。更为重要的是,建立网络化的导师结构可以促使研究生在筹备未来教与学过程中实现可利用资源数量和价值的最大化(Johnson & Huwe,2003;Sorcinelli & Yun,2007)。培养未来教师研讨会和"为就业做好准备"大会都无法保证与其他机构教师长久的互动联系,这就是中心与研究生院建立合作伙伴关系发展"跨学校指导员项目(IMP)"的原因,这为密歇根大学研究生和博士后创建了一个指导网络结构,通过该项目,促进研究生与学校、学院的教师建立沟通和指导关系,这样研究生就能深刻了解到不同研究机构的工作生活情况。

该项目提供两种活动——召开1~3次会议或进行1~3次校园参观的短期指导和3~7次校园考察的长期指导,从而可以获得更深入、更多获得教学经验的机会。该项目具有非常弹性的指导关系结构,可以依据指导性质来由合作双方决定是采纳短期和长期项目,这样考虑可以充分体现合作双方的意图。同时,鼓励参加培训人员考虑些实质性的活动,如视察课堂、在课堂上做客座讲座、撰写教学大纲、设计作业或教育材料、为他们研究生院所在领域的本科生作指导和进行课题讨论。

项目依托网站进行管理,网站上公布了所有参与指导的教师名单(http://sitemaker. umich. edu/rackham-crlt/gsi_introduction)。需要参加短期项目的人在浏览教师名单后,可以直接联系他们所选择的教师指导员。第一次见面就会讨论可能的指导计划。如果他们的这个项目立项,我们会提供给受指导者往返的交通费和食宿费以及一小部分补贴。博士研究生和博士后学者都可以参加短期项目。但是,长期项目则规定仅是研究生可以参加。对此项目感兴趣的学生在网上递交申请,他们需要注明需要找哪个指导员,说明他们对指导的目标和计划,并简要列出预算。长期受指导人会报销往返的交通费用,指导员会收到适当的补贴。后续我们会从网络上给指导员和受指导的人发送调查问卷,以获悉和评估参与者参加项目的感受。

中心为了落实这个项目,已经建立并继续完善各个学科和机构的自愿教师指导员网络。招收新的教师指导员是项目成功的关键,但是它也是后勤难题之一。中心与网络中已有的教师合作,通过同行宣传的形式以吸纳新的教师指导员。在有些部门,我们会向所有的教师群发邮件以告知这个项目信息。而在一些我们尚未吸纳的机构,我们会浏览该机构的网页以便发现潜在的教师指导员,然后我们会立即和这些教师取得联系。我们招收教师指导员的另一种方法是在学校层面进行考察。例如,学校考察期间(作为上面提到的培养未来教师研讨会的一部分),中心的员工为跨学校指导员项目给该大学的联络教师分发海报和小册子,这些教师随后会宣传我们的项目。他们可能会成为我们的指导员,协调员会把他们的教学和研究简介添加到跨学校指导员项目的指导员网上数据库里。

通过这一未来教师培训模式,参加者可以根据他们的需求、兴趣和便利性设计弹性的指导方案。但项目的过于弹性也可能是一种缺点,这可能会导致指导的范围过于宽泛。然而,通过对多校联合指导项目的反馈信息可知,参与者认为这对于他们理解不同类型研究机构、培养求职技能和了解不同学科教与学的特点具有非常大的帮助,而与年轻学者和未来同行之间这种灵活的沟通关系也让教师指导员受益匪浅。他们给教师指导员的教学或研究提供了一种新的视角,这同样也有利于教师指导员。

关于科学和工程专业教学的博士后短期课程

密大约有 1200 名博士后,其大多数属于科学、技术、工程和数学等学科(STEM,以下简称理工科)。在他们进入教师就业市场时,大多数理工科博士后教学经历不足 2 年,很多则全无经验。他们缺少教学经历的部分原因是由于科学和工程专业的研究生经常可以获得奖学金和助研奖学金资助,而不是助教奖学金;部分原因则在于传统的博士后指导集中于科学研究,而没有机会进行课堂教学或教学培训,只有少数几个系在博士后进站要求中考虑了教学。此外,很多博士后在海外接受教育,对美国的高等教育体系、教学文化以及美国学生的特性和期望都不太熟悉。为了让这些优秀高等学府的博士后将来寻求教师岗位时能有效教学并在求职中更有竞争力,中心和研究生院一起合作创建关于科学和工程专业教学的博士后短期课程(PSC)。这个遴选过程显然更为竞争和激烈(不到 50% 的申请接受率)。短期课程是为了给来自不同学科的博士后提供以下机会:(1)形成遵循科学证据的教学模式(evidence-based teaching methods,或简称循证教学模式)的系列方法;(2)把教学和学习的研究应用到未来课程的设计中去;(3)实践并接受对他们教学的反馈;(4)对他们的教学实践和理念进行思考并做出解释。

我们推广此项目时遇到的主要难题就是和这些要求全职从事科学研究的博士后在时间方面产生了冲突。为了克服这一难题,我们设计一种"混合"型课程模式,将博士后自定进度的网上学习和 3 小时面对面研讨会结合起来。我们每周讨论一次,连续举行 7 周,每周我们都遵循相似的格式,需要做好充分的事先准备以利于在讨论期间能够达到主动学习和积极思考。讨论的话题包括课程设计、有效的演讲、主动学习方法、学生学习评估、理工科和数学（STEM）学科的学生的教学与保留以及教育技术。

　　我们会在网上公布每次会议话题的视频、基于研究的简短的阅读材料、相关视频和下次面对面会议中所需要准备事项。视频包括中心项目的录像剪辑、定制的截屏视频、中心报告和研讨会的录像记录。由于参加者第一次是通过网络接触这些基本的概念，在面对面会议中，我们会在"亲自实践"活动和一些讨论上就这些概念问题进行讨论。通过这些讨论使得参与者理解网上介绍的材料，并综合应用于自己的教学和课程设计中。

　　相互交融的 7 次会议，可以促使参与者体验 4 种绝佳的经历：（1）一场 5 分钟阐释本学科基本概念的教学实践会议；（2）一场 15 分钟的涵盖主动式学习的教学实践会议；（3）制作后续可能是他们成为教师后需要教授课程的教学大纲；（4）完成一次实验课程活动要求的探究式课程计划。在教学实践会议期间，博士后被分成若干小组。每个陈述者会受到同事（他们会扮演学生的角色）和中心一位经验丰富的咨询顾问的反馈。由于 50％的参与者都是国际博士后，来自英语语言中心的咨询顾问会给那些需要的人员提供针对课堂英语技能的反馈。参与者也能收到同事、还有中心员工对他们教学大纲和对他们网络上所提问题的答复。顺利完成所有课程学习的参与者会得到一个结业证书。

　　几乎所有参与者都认为这种短期混合模式是让他们成为一名合格教师而进行的博士后指导中很重要的一部分，它使得他们具备了完善教学实践的技能和知识。此外，他们还反馈说混合课程结构有效节约了他们的时间，比参加单独的讲座要收效更多。

　　这种方法需要我们投入大量时间以增加视频、预备任务和会议活动的课程计划，还要提供针对预备任务和信息的反馈。然而，一旦创建了网络，这些资源可以在以后的短期课程重新开设或在其他项目中重复使用。另外一个潜在的限制在于可以提供的博士后服务数量较少（每门课程仅提供 32 人），如果将个人反馈信息与顶级任务密切联系，就会使得随着参与者的增加，课程组的工作量将大幅度地增加。当然，如果在资金和人员充沛的情况下，这种未来教师培训尚具有进一步拓展的可能性，从而能够吸纳更多的参与者。

密大研究生教师资格证项目

未来教师培养(PFF)资格项目提供学校承认的教学经历和院级教学的职业发展情况,这一情况在全国越来越普遍(von Hoene, et al., 2006)。关于其他的未来教师培养模式,根据具体的职业发展要求和各种关于教学能力和发展教学能力方法的理念不同,资格要求和活动也会各不相同。

在密大,很多教学职业发展机会对于学校的研究生来说,都是可以利用的,包括关于教学的学科课程、系和院级的教学培训、系同事教学指导和本章讲到的很多中心为促进助教发展设置的项目和服务,但也不局限于上述内容。然而,很多研究生并没有意识到这些机会从而去涉及,或者逐个去体验。因此,中心为学校研究生设计了一个和教学和职业发展机会紧密结合的未来教师培训的项目——教师资格项目。通过此项目,要求参与者在寻求教师岗位时发展并提高教学技能、思考并获取教学反馈并写下和接受针对教学理念的书面反馈。

此项目涵盖5部分职业发展活动(参见附录):(1)院级教学和学习培训;(2)通过研讨会和课程了解新的教学策略;(3)体验助教生活,包括充当课堂教学顾问;(4)教师对其进行教学指导;(5)准备教学理念陈述。参加者可以在该项目报名时递交相关材料,也可以在报名后的5年内按照要求完成计划。但是,我们鼓励参与者最后完成教学理念陈述以作为一种反思性的经历。受过培训的中心咨询顾问审查所有的教学陈述、提供反馈并以基于研究的标准来提供咨询服务(O'Neal, et al., 2007)。必要的话,参与者可以修改并重新提交陈述以达到项目的要求。

达到所有要求的研究生可以获得密大研究生教师资格证。因为这个项目是免费的,不需要学费,所以其成绩在密大官方的成绩单上是不会出现的,但是可以在申请工作的简历和求职信中进行强调。证书获得者也会获得一封获奖证明以及一份官方的项目描述,可以提供给求职面试官和教师招募委员会。

此项目完全属于网络化管理(http://sitemaker.umich.edu/um.gtc)。通过项目的互动网站,参加者可以查询要求、资格标准和截止日期,报名参加项目、利用资源和支持条件以达成要求、查询常见问题的答案并提交和追踪职业发展活动文献记载的状况。

施行项目的前两年,来自密大19个院系中的18个院系的386名研究生报名参加了资格证项目。来自 13 个院系中 43 个研究生项目的 98 名研究生达到了要求。总而言之,证书获得者认为完成这些要求既提高了教学技能、增长了教学知识,对教学能力更充满信心,并且会在当前或之后的实践中积极应用。此外,大多数证书获得者认为,这样的项目可以促使他们在求职面试时能充满信心地谈论教学,并可以在教学方面有更大的发展。

涉及范围太大是成功推广教师资格证项目的主要障碍。在密大各院系内和各院系之间,助教培训项目、教学奖学金、教学指导和教学课程的可用性、性质和程度都大有不同。因此,我们与研究生院,即我们的资助人,共同合作,并把每种需求设计得尽可能灵活,从而提供满足多种选择的资格证标准(例子参见附录)。此外我们会允许学生根据他自己的需求适当改变项目计划。例如,由于中心很难对学校所有课程实行监管,学生可以请求补充一份课程的教学大纲。与此类似,在有些部门,两学期的教学体验是个不能完成的要求,这会让所有的研究生都望之却步。研究生项目中的学生,如果教学机会少的话,能请求通过多完成另一个要求中的条目来代替一学期的教学课(如第二教学法课程或教学指导)。跨学科教员顾问委员会对所有的请求进行审查。这些要求和行政程序具备如此大的灵活性可以获得全校教师、管理者和学生的参与和支持。

对教师发展人员和管理人员的建议

前一部分,我们提供了克服每个培养未来教师模式中出现的具体难题的策略。这里,我们为那些努力适应上述的培养未来教师模式的人提供一般的建议,以在大学范围内开展项目。不管培养未来教师模式功用如何,这些方法在设定项目的战略性位置以满足大学多元化客户的需求以及为教员教学做好充分准备方面是不可或缺的。

提高教学中心的专业水准

教学研究中心的未来教师培养项目在教学、学习和学术生涯的平衡方面能发挥最大效用。例如,我们的教师、博士后和研究生客户群一直都热衷于了解教学和学习并应用于实践。然而,他们通常对本学科的教学和学习文献不熟悉或是没有时间进行细致研究。未来教师培养项目提供了一个机会,使他们能对这些文献进行浓缩和总结。因此,我们把基于研究的证明作为未来教师培养项目的基础。例如,在名为"脚踏实地做好学术工作"的培养未来教师研讨会和大会的分会上,参与者讨论了管理时间和基于 Boice (1991)的研究以平衡教学和研究责任的策略。在培养未来教师研讨会中, 基于国家研究发展教学理念,由遴选出的委员会委员评价教学效果(Mei-zlish & Kaplan,2008)。与此类似,在博士后短期课程中,集中的大型讲座上主动学习的会议是由刊发在《科学》杂志上的同事教学研究提供支持的(Smith, et al.,2009),而在教学策略会议上,也是在基于文献研究的基础上提出科学和工程专业学生的保留对策。(Kendall Brown,Hershock, Finelli,& O'Neal,2009)。

识别需求、资产和障碍

在类似像密大这样大规模、分散的研究机构中,各个院系单位很容易"做重复工作"或为了实现相同的目标而创立相同的项目。因此,我们建议在实行项目之前需要做需求和资产评估。在学校里还有其他未来教师培养项目吗?谁在运行并经营?他们集中于什么方面?为了实现培养未来教师目标可以利用哪些机构资源、合作和机会?学生和教师参与进来并提供支持会遭遇怎样的障碍?掌握了这些信息,教学中心能与学校的利益相关者一起合作创办未来教师培养项目,与已有的系级或院级项目在内容和时间上形成互补而非互相竞争的关系。

探索合作机会

在未来教师培养项目发展的早期阶段,我们建议教学中心与各学院单位积极合作,并从学校利益相关者那里寻求反馈。例如,中心与研究生院在每个未来教师培养项目中都是合作伙伴。除了提高项目的知名度并给我们提出有用的建议外,这种伙伴关系对于为项目发展、施行和继续获得制度和资金支持来说是不可或缺的。要创建包容广泛、具有广泛吸引力的未来教师培养项目,同时尚需要根据需求制定以满足职业发展需要的项目,中心还与不同院系负责监督研究生教育和博士后培训的管理人员密切合作。例如,当设计密大研究生资格项目时,我们成立了一个顾问委员会,由学校 4 个院系的副主任和研究生组成。这个委员会提供的反馈信息对克服施行项目的障碍非常关键,特别是在发展灵活多变、有包容性的项目要求时,这些要求不会排除那些来自教学机会有限的系的研究生需求。这种委员会还能帮助教学中心破解大学复杂的政治和官僚关系,并促进各个院系单位对未来教师培训服务的"购买"。委员会不仅有助于项目在初始阶段获得成功,而且还会每年通过数据评估以及学生和教师提出的意见进行项目的修改。

在项目推广阶段,我们从学校其他机构中获得反馈意见,如研究生院学生会、研究生院有色人种学生、研究生员工工会(这个组织代表全校助教)和博士后协会。这些反馈信息可以有效地促进项目的推广和完善,同时也可促进基层目标群体的积极参加。主动积极获得这些利益相关人士的反馈,将有助于教学中心创办能够填补研究生和博士后培训之间空缺的项目。

小范围试点并评价新的项目

项目评价对培养未来教师计划是很关键的。无论选择何种模式,我们建议教学中心在开始的时候有必要对小规模的项目进行试点实验并做出评价。我们的未来教师培养项目的特点就是给同一批参与者举办很多会议。我们也经常会安排一个中期评价。这不仅是一种对教学最佳实践的模仿,也是促使项目协调员能够顺利收集项目进展信息并据此立即做出反应和调整。所有项目结束时都包括一个书面评价。我们也会定期对这些参加过培训项目的教师或校友进行调查,以便重新评估项目中最有价值的部分和有欠缺的部分。我们采用定性和定量评价数据来修改并实施较大范围的项目,也会宣传项目、树立中心的优秀声誉并继续游说各个院系单位支持继续开展或拓宽项目。

结论:推动优秀教学文化的意义

培养未来教师教学计划能对校园文化产生巨大的影响,增加教学职业发展的焦点和价值。本章最后,我们探讨了这种文化转变是如何通过影响学生、博士后、教师和管理人员渗透到大学里的。我们还讨论了对教学中心服务的需求增加对它的意义。

除了让参加者为求职做好准备,评估数据表明未来教师培养项目可能在几个方面影响院校文化:首先,参与者一直报告他们对教学的态度发生了积极的变化,经常提到对他们的教学技能或教学实践增强了信心。这些教学实践反映了基于研究的实践。其次,从 2008 年开始,162 名参与者中完成密大研究生教师资格证和博士后短期课程的大多数人员均表示更加希望"为了以后从事教学工作,多找一些教学发展机会"(如平均得分在 4~5 之间,1 分=非常不同意和 5 分=非常同意),表明他们的行为和价值观将来可能会影响所在机构的文化标准,使得教学变得更重要。

　　培养未来教师参与者通过与同事谈话积极推动培养未来教师的教学价值观,也可能影响当前他们所在院系的文化。尽管中心在学校强力宣传其项目,最有效的宣传方式可能是口头宣传。例如,2008 年招收了第一个来自音乐学专业的培养未来教师研讨会参加者。2009 年我们有四个申请者来自那个较小的研究生项目,他们每个人基于培养未来教师结业生的推荐进行申请。基于同事推荐相应增加的申请也在其他包括从哲学、护理到微生物学的系都有类似的效果。教师从参加培养未来教师的研究生那里听说这个项目之后,也会向我们咨询并把我们的项目推荐给研究生和博士后。我们也会在各个院系研究生聚集的时候,被邀请做各种项目的陈述。在一个系里,我们参加年度研究生招聘周,在此期间,未来教师培养项目作为一种有助于吸引学生参加的资源和资产得到广泛重视。对于博士后短期课程,我们要求每个申请者需要递交导师推荐信。这些信一般都会热情洋溢地描述未来教师培养项目是如何弥补博士后研究训练和指导的不足。尽管这里有些例子发生的年代已久远,但随着时间的流逝,人们已经越来越认识到未来教师培训项目在教学方面的价值。

　　我们同时观察到研究生和博士后对教学中心培养未来教师的教学服务需求也增加了。由于开展了密大研究生教师资格证项目,为研究生和博士后举办的中心研讨会系列会议的出席率平均提高了 42%,每次会议由 31位参加者增加到了 44 位。2009—2010 学年,22% 的参加了 29 个研讨会的人,即平均每场会议的 10 个参加者,满足了资格证的要求。需要对课堂教学和教学理念进行咨询的人数同样平均增加了 15 人,每学期各方面都进行25 次咨询。项目评价数据证实达到资格证要求的研究生使得需求量发生了增长。培养未来教师研讨会和大会每年还会制定 30～40 个对研究生和博士后的教学理念陈述和课堂教学的咨询请求,这些人中的一部分后来报名参加了密大研究生教师资格证、多校联合指导项目和此外的中心教学研讨会。

　　未来教师培养项目使教师可以几种方式参加进来。包括教师讨论组、圆桌讨论或客座陈述的项目给那些部门领导者和具有教学创新精神的教师提供了各种展示的机会。例如,中心的几个项目包含了关于教育技术的会议,并突出了在各种教学环境中教师使用学生回答体系("遥控器")做的客座陈述和互动展示、播放视频和网上论坛促使学生积极参与进来并对学生学习情况进行评估。为了对他们的教学给予认可和赞赏,我们给教师参加者、院系领导都寄送了感谢信。信中详细介绍了教师对项目的贡献,包括可圈可点的项目评估数据，并强调可以让其他教师将他们的教学方法作为一种模式予以推广和应用。参加的教师也在未来教师培养项目的网站上展示其佳绩。此外，中心多校联合指导项目和密大研究生教师资格证为教师创造机会指导研究生和博士后教学。这些活动促使我们原来更集中于研究技能的研究生和博士后实现了指导文化和实践方面的转变。

　　由于中心的未来教师培训项目是和研究生院一起合作进行推广、营销和资助的，他们也同时证明了管理层对教学提高的承诺。未来教师培养项目促使教师和管理人员对研究生和博士后培训项目需求的回应。最近，联邦拨款经费（如国家自然基金会）也发生了变化，通过向博士后资助研究奖励以推行强制型导师计划。未来教师培训教学项目突出教学中心的优势，利用其良好的服务机会满足了这一需求。

　　未来教师培养项目的细致要求会在系的层面带来一些制度上的变化。密大研究生教师资格证的要求包括至少参加 8 小时的院级教学和学习培训。基于系里的教学培训必须既包括课堂气氛，又包括教学实践会议（例子见 Pinder，2007；Wright & Kaplan，2007）。如果一个系的助教培训不包括这些会议，这些要求可能会促使系里对把助教培训列为优先事项和实践进行审查和讨论，以确保研究生达到资格证的要求。此外，这种激励条件可能会给教学中心创造机会与单个院系就设计助教培训的会议进行协商。

　　总而言之，这章讲述了中心采用的开展培养未来教师的方法如何服务于密大校园各种利益相关人。因为单个研究生、博士后或系对培养未来教师需求"各不相同"，我们也试图证明提供很多未来教师培养项目的合理性。每个项目应该与其他项目的优点和限制互相补充。我们讨论这些项目隐含有一套价值观和观点，是关于良好的教学水平对研究生和博士后发展的作用的。我们相信让教师对以后的教学做好充分准备是大学致力于本科生和研究生教育和博士后培训的中心工作。通过对教学中心的培养未来教师专业技能进行投入并提高其水平，教师和管理人员推动了密大和其他学校形成卓越的教学文化并使之能积极地发展下去。

附录:密大研究生教师资格证要求

要　求	密大研究生教师资格证
A.学院教学和学生学习的标准	1.有至少受过 8 小时系级层面的研究生助教(GSI)培训记载,必须包括实践教学和课堂气氛会议(有时是作为 1 门一个学分的 993 课程);或者 2.成功完成英语学院 994 号课程(ELI 994)(也满足了要求 B);或者 3.参加一次完整的中心研究生助教(GSI)教学培训或工程专业研究生助教培训项目。
B.了解教学	顺利完成下列一门密大关于学院教学的课程①：ENGR 580, ROMLING 528, BA 830&831, PIBS 505, ED 720, ED 790, ED 737, ED 834, HIST 812, PSYCH 958, MUSICOL 509, AAPTIS 837, ELI 994 (ELI 994 也满足要求 A);或者 参加 5 个关于教学方法的中心、系或学科研讨会,其中至少一场是集中于多元文化、包容式教学实践或教育技术②;或者 完成如下之一的研究生院—中心项目:5 月份未来教师培训研讨会、推动多元文化课堂培训。
C.教学实践	在密大教学过两学期课③,由课程指导老师或研究生助教导师证实。教学应包括在课堂、工作室、实验室或同样的环境中与学生直接接触。仅仅评分和/或在办公时间工作的职位是不符合要求的。以及在密大作过下列之一的教学咨询:学生期中考试反馈、课堂教学考察、课堂录像或进行对学生评价的咨询④。

----

①　在课程考评中,修读成功的被标注为 B 级或良好或满意(S)。关于学分为 1 分的课程,如 993 课程,并不满足要求 B,但可能满足要求 A(参见附录中的标准)。中心知晓密大许多通识性课程(通过是 3 个学分,并持续 1 个学期),这些可以被添加到满足 B1 的清单中。密大研究生生教师资格证顾问委员会会在每年 11 月和 3 月审查提交的请求。提交请求信,请发送邮件或课程教学大纲到 UMGraduateTeacherCertificate @ umich. edu. 提交课程请求的指示见 http://sitemaker. umich. edu/um. gtc.顾问委员会建议课程应包括多元文化教学和学习和教育技术模块。

②　研讨会仅集中于硬件或软件的基本功能而不是教学和学习的应用性,这种会不符合教育技术的要求。中心的 10 月未来教员岗前培训大会的会议不满足要求 B2,因为他们没有明确地集中于教学技能的发展。

③　参加密大研究生教师资格证项目不能保证会得到研究生助教的职位。研究生没有完成作为研究生助教的第二个学期的教学,不管出于什么原因,可以向密大研究生教师资格证顾问委员会(UMGraduateTeacherCertificate@umich. edu)提出请求达到 B 要求 3 条中的两条而不用进行第二个学期的教学。

④　由中心培训的咨询员或教师或来自研究生助教指定学科的研究生生导师提供咨询服务。

续表

要　求	密大研究生生资格证
D. 指导或教学	与一位密大教师(通过 2～3 次会议)或一个其他机构的教师(如通过研究生院—中心项目)作为受指导人参与教师教学指导。指导必须远远超出为教研究生助教被指定的教学。例子包括,但不限于:(1)设计、陈述和接受客座讲座的反馈;(2)为以后的课程准备教学大纲、教学材料或任务;(3)进行一个关于教学和学习的研究项目。
E. 对教学实践的思考	完成 2 页的教学理念陈述①

① 中心培训的咨询顾问会分配去按照醒目详述的标准评价教学理念陈述。必要的话,参与者要重新修改教学理念以符合标准。

第七章

教学中心在课程改革和评价中扮演的角色

康斯坦斯·库克(Constance E. Cook)

德博拉·梅兹立什(Deborah S. Meizlish)

玛丽·怀特(Mary C. Wright)

引 言

一些教学中心在学校有评估办公室,并定期与他们合作。在密大,没有专门评估学生的学习效果的部门,但其学习与教学研究中心(CRLT)在课程改革和评估方面的工作却是历史悠久。我们强调这一工作是因为它能长期提高学生学习效果。此外,教学中心提供的参与机会能够激发教师在关注学科和才智的情境中提出关于教学法和教学内容等方面的问题。撰写此章节的时候,中心正全心致力于教务长办公室下属的 10 个全校性项目。此外,来自密大 14 个院系的系主任也充分利用中心员工的专业技能进行相应项目的评估工作,其他更有很多系主任也在这么做。随着对教学中心的需求日益增加,中心课程改革和评估项目的准确数目和性质每年都会发生改变,这也是密大盛传中心的价值所在。本章主要概述中心进行课程改革和评估采用的策略、促使改革和评估成功的评价方法、中心服务范围和中心对院系单位服务价值。

教学中心如何发挥作用

强调教学中心在课程改革和评估方面的工作的一个原因是已有的这两方面的文献中很大一部分忽略了教学中心的贡献,而只在极少的文献中有所提及(如 Diamond, 1989, 2005; Gaff, 1983; Hutchings, 2010; Gardiner, 1992)。例如在 Lattuca and Stark (2009)中偶然提及与"教学发展中心"一起合作是具有潜在价值的(291 页)。在他们的研究过程中,他们仍然(并未更新)采纳 20 年前收集的数据(Stark 及其他,1990),表明教师避免与这些课程问题方面的专家一起工作。同样的,享有盛誉的 Banta's (1996)评估案例研究集中也没有提及教学中心是进行评估的一种资源。Bok's (2006)颇有影响力的书《无所成就的大学》中仅在讨论积极学习实践的宣传时,提到教学中心在改善高校教育方面起到的作用。

与此相反,关于教学中心的研究文献则越来越强调与教师和管理人员在课程和评估方面建立伙伴关系的重要性(Frantz, et al., 2005;Sorcinelli, et al., 2006)。例如,Sorcinelli 和她的同事争论说参与到评估问题中对教师发展是很关键的。Diamond (2005)则特别强调教学中心是完美的"制度变化代理处"。然而,教师发展文献也表明了教学研究中心无法改善的方面。首先,如 Diamond (2005)所说,教学研究中心主任认为课程和评估活动非常重要,而教学中心在这些领域提供的服务数量有限,显然两者之间存在差异性;其次,教学研究中心提供服务的领域主要集中于课堂层面而非单位或研究所层面(Frantz, et al., 2005)。Wehlburg (2008)指出:"很多收集并报告评估数据的那些研究机构和那些集中于改善教学和学习的人之间仍很少互动"(第 10 页)。这很让人惊异,因为如第三章所说,教师发展的职业机构(高等教育专业和组织发展网络 POD)特别说明它的三重使命,包括教师发展、教学发展和组织发展,所有这些意味着课程改革和评估是不可或缺的(Diamond,1989,1998)。

尤为重要的是,教师和管理人员对教学有效性活动的支持研究表明,教学中心为什么能对这些活动做好充分准备,以促进这些努力的实现。Banta (1997)列出了许多影响参加率从而影响活动有效性的原因,如缺少教师支持和没有充分利用研究结果。事实上,对课程改革和评价的研究表明这些活动是需要得到支持的。管理人员必须相信是出自于他们内在驱使的需要(与外部压力相对)他们才能以个人名义参与到设计和实施过程中,并且才可能促使机构发生变革(Welsh & Metcalf,2003a)。对教师的类似研究表明强调评估数据的应用,或"从教学和努力改善中促进实际效果"(Welsh & Metcalf,2003b,p. 41),也是极为重要的实现途径。教学中心在促成这种动态过程中起着重要作用。教学中心的员工和院系单位管理人员和教师一起完成关键性的、与评估相关的任务,这些方面已经积累了非常丰富的经验,比如设定符合实际教学需求、协助教师合作完成工作、促进交谈和举办能促进提高课程水平的活动,以及提供资源支持后续活动和改革的推进。

接下来主要介绍几个我们应院系单位要求而开展的若干中心项目。通常情况下,院系单位领导会告知当前他们单位存在的问题,并期望依托中心在其内部推行一些变革。有些时候可能是一个不太明确的难题或是系列问题。这些难题通常会涉及课程的一些方面,但是当他们在开始阐述问题之时,他们并不认为要进行课程改革或评估。[①] 每一个项目的实施和完成都最终充分展示了 Welsh 和 Metcalf(2003a,2003b)描述的主题:从制度建设的立场出发,通过数据收集分析研究结果,促进教师和管理人员参与到项目的设计和实施中来,并且利用变革进行课程评估。

促进教师参与和提高行政投入

我们经常发现院系单位领导会小心谨慎地与中心就课程改革和评估进行沟通和交谈,这些往往是各个院系单位非常敏感的话题(Banta,2007;Fendrich,2007;Hersh,2007)。教师通常对他们所教授的课程有种所属感,他们可能认为没有必要进行课程改革,或是认为没有必要或不用如此费心地对学生的学习情况进行评估。他们对这样的评估心存疑虑。此外,课程改革和评估项目也会给教师增加更多的工作量。而对于院系领导而言,他们的成功与否往往与其是否有效地处理课程问题相关,但当和我们合作之后,如果因为我们的努力不够或做得不好,会在一定程度上影响到他们的声誉,对此,院系领导也会不放心将这类事务转交给我们。

因此,为了防止这些情况发生,我们首先会向他们展示我们为他们的同僚完成的一些项目,并向他们展示我们的丰富经验和在其他领域的丰硕成果记录,以此打消他们的疑虑。随着项目的推进,我们会邀请他们积极参加我们的每一个过程,我们还经常向他们提出一些让教师投入到这一过程的方法和建议。促进教师和这些管理者的投入对于项目的成功是必需的。

教师的参与对改革项目的成功是很关键的(Welsh & Metcalf,2003a)。但是,有时课程改革最难的部分却是教师的参与部分。由于我们在大学里举办过许多专门的关于教学和教学法的大型活动(如助教和新教师培训或教务长教学研讨会),在学校里已有一定声誉,且我们发展或调整

---

① 例如,中心正参与职业学院关于 2 年专业硕士学位计划。面临着以下困境:国内和校内存在众多竞争对手的跨学科课程、增加入学学生的异质性、相对较少的全职教师(与其他学校联合办学),这些情况都将给课程改革和评估带来更多的压力。

了几个对课程讨论有用的模式。因此,当院系领导向我们发出邀请,期望我们能够为他们规划或举办一场会议或休闲活动时,这并不足以为奇。

例如,学校最大学院之一的系主任希望开展课程回顾项目。系主任很清楚全面回顾课程的困难,需要涉及方方面面。他也知晓哈佛大学和麻省理工学院最近对他们的通识教育进行了回顾,尽管各种工作小组花了数年时间进行回顾,这两个大学都没有真正完成课程改革。他也清楚课程改革的风险不仅在于投入的时间、精力和金钱方面,而且有可能促使教师之间产生不愉快和形成党派、破坏团体感并使得开始这一过程的系主任把它当成全职工作来对待(Schneider, 1999),从而导致完成其他目标就很困难。

为了获悉教师对课程的看法(和全面回顾是否有必要),系主任要求中心组织三种活动,给教师提供可选的机会来谈论课程。

系主任的邀请函如下:

"我们现在是不是应该对课程进行持久的讨论,包括通识教育和分配要求?……我们的课程可能看上去确实很好,但过去我们15年才讨论一次,我认为讨论应该更加频繁。"

在2个月的时间内,约60名教师参加了中心组织的3个活动。这些参与的教师包括教学奖项获得者、执行委员会成员、系和项目主任以及几个重要的员工。系主任并没有将精力集中于错综复杂的课程本身,而是想让教师仔细思考他们对未来的展望并让这种展望指导课程变化或满足修订的需求(和程度)。为了达到这一目标,我们与系主任一起策划一套活动以促使这些展望实现。系主任首先建议对目前的课程做个简短概述,然后我们请参与者创设一门大学课程,并制定一个名称,他们可以选择10年内会在一种刊物如《高等教育纪事》中看到这个名称时的一些反应——换言之,当他们看到这个标题时,他们期望会发生什么和什么因素能够促使它引人注意呢?参与者首先会独自完成,而后通过小组再完成一次。

中心的员工收集每个小组最喜欢的新课程后,把他们贴在房间的墙上,参加者会被要求使用着色的点"投票"选取前三名新课程。投票后,每个得到最多票的新课程再分给每一组进行讨论。参与者根据每组需要讨论的新课程选择要进入的小组。小组和讨论的新课程一样多。所有的小组根据分配给他们的新课程考虑下面的问题:目前的课程如何促进或阻碍新课程的实施,和为了实现新课程内容还需要做什么?中心的员工在每个小组记录笔记,讨论结束时,系主任听取大型小组作的报告(活动概述见图7-1)。

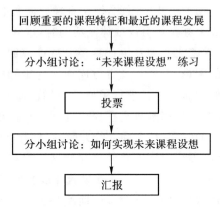

图 7-1　大型学院愿景讨论规程

　　通过这样的活动,系主任达到了他们的目的。首先系主任从这些讨论中了解到教师对全面回顾课程毫无兴趣;其次,对新课程有 3 个需要优先完成的任务——更多在国外的学习经历、更多人参与进来、更积极地学习——还有希望对学生学习情况进行更多的评估。为了更详细地探讨这 3 种优先任务,应系主任要求,中心组织为期半天的讨论活动。与此话题相关的教师和员工将受邀参加这些活动,分组讨论的过程与这三种原来的讨论相类似。通过讨论,系主任开始收获调研的丰硕果实。通过对官僚体制进行简单的改革就可以促进难题迎刃而解的观点获得趋同(Weick,1984)。于是系主任会建议教师依据计划和建议进行后续工作。当然,难题越错综复杂,就越需要更多的人力去完成任务,也需要更为详细的长期规划。

　　我们成功举办这些活动有助于为我们参加一些额外的项目夯实基础。首先,为了更深入探讨评估活动,系主任要求我们让骨干教师了解一些评估内容。系主任希望通过展示院系级相关活动(如学生退出调查、概念库、自我评估)并给教师提供机会思考,如何改善已有的为了实现评估进行的实践活动(如精品课程),减少评估遇到的障碍;其次,教师把评估学生学习作为必备项目应首先加以考虑,而系统主任则主要通过审查院系的教学分配计划来强化其对课程评估方面所做的努力。他尤其特别重视教师认为非常重要的那部分——有关通识教育的技能和知识分配问题。此时,系主任往往会寻求 CRLT 的协助(我们将在后面的章节中具体讨论此项目)。

　　中心在数年内组织并促进了很多上述所描述的教师活动。我们通过精心设计活动、之后汇总并分析数据,并支持后续活动,成功地完成了这些过程。通过这样的途径,我们不仅减轻了系主任和主席的负担,而且有效减少了教师投入并使关键的问题得到有效、妥善的解决。我们组织的活动是专门集中于积极方面并形成对问题的解决方案而不仅仅是空洞的言辞。

提供研究数据的收集和分析工作

重视展示学生是否学习、如何学习以及学的内容的后果或结果对教师支持机构改革的倡议很关键(Welsh & Metcalf,2003b)。我们发现课程改革经常苦苦挣扎,原因在于教师对当前课程的观点仅仅基于道听途说和假想猜测。没有科学数据,持相反意见的同行就能轻而易举地争辩说当前的课程就足够,或者那些热衷过于变革的人能毫不费力地坚持说变革是必不可少的。没有共同分享的评价数据也使得双方很难达成一致意见。教学咨询员通过为当前的课程提供评价和评估数据就可以为这种情况提出改善,这样可以利于教师的决定是基于实证基础的。

下面的例子中教师和管理人员意识到收集当前课程的数据是很重要的,之后才能对变革或改善活动迅速作出判断。在每种情况中,数据收集过程(调查、焦点小组和面试)使得利益相关人在决策过程中能发出自己的声音。数据使得心存疑虑的教师对此深信不疑,变革成为势在必行,它还为难题应该朝向哪个方向变革提供相应的信息。由"中立的"中心咨询员进行数据收集使得这一过程非常可信,并有助于说服教师相信证据的真实性。

评估通识教育要求

通过以上提到的课程讨论把评估作为一种优先考虑之事。系主任要求中心找到一种可行的策略以评估大学量化推理(QR)课程。我们一开始在同类研究中心寻找模式,发现威斯康星大学使用一种严格的方法来评估它自己的 QR 课程(Halaby,2005)。调查结果证实,量化的发现结果对教师教学 QR(如数学和统计学专业教师)很有吸引力。经过春夏的一个试点测验,我们对那些曾经或从未参加过 QR 课程的学生进行一次大规模的调查。我们继而分析参加 QR 课程的两组学生之间的差异、参加 QR 课程的不同学生之间的差异(如少数族裔学生、男生和女生),获悉学生对学习分析推理最有用的教学策略的认知。调研和分析之后,我们会将这些调研结果递交给系里,系里会将这些研究成果(一般是积极方面)予以展示,并将这些研究发现运用到更多教学实践中,通过这些实践促使研究发现更为广泛传播。关于这一研究过程和研究发现的更多细节请参见:http://www. crlt.

umich. edu/assessment/lsaqrassessment. php。

对课程进行回顾

一位刚上任的系主任制定了雄心勃勃的纲领，向我们发出邀请以支持他对主要课程进行回顾。该名系主任倾向于由数据驱动的过程。他请求我们在数据的设计、管理和收集方面给予支持。在后续的几个月的时间，我们组建了一个由教师和研究中心资深员工组成的小型指导委员会。这个指导委员会协助设计了关于教师、学生和校友调查问卷。这个调查的目的在于促使每个部分都能够意识到课程学习目标的重要性，这个目标的形成是经过教师多轮讨论的结果。除了意识到每个目标的重要性，学生和校友对于评价当前课程有效性方面的作用也逐渐体现（见表 7-1）。这些数据将有助于协助系主任集中于几个能深入讨论的关键领域。此外，系主任要求教学回顾工作组使用这套数据以证明我们提出建议的合理性，从而更可以从教师视角予以考虑。

表 7-1　学生课程调查样本

此次调查的目的在于：
- 给我们提供你上这门课程的反馈。
- 帮助我们列出一张可能的课程学习目标的先后次序（我们会让教师和研究生对之做出回应。这些排序会对帮助评价现有课程表有帮助。）
- 告诉我们你是否实现了这些学习目标——根据你的教育经历回答。

问 题	选 项
X 对课程有多重要？	非常重要，重要，次重要，不重要
请说明你在目前的课程中获得 X 到了什么程度。	全部，一点，完全没有
请说明你在课程中获得的学习目标。	必修课，选修课，实习，实习课程，没有实现

解决多元文化教学和学习

学生的关注也能促进课程的修订工作。有个学院的系主任由于有色人种学生对教学表现不满而向教学研究中心请求援助。如库克（Cook，2001）报道所说，工作小组发现了学生关注的几件事，包括课程中的多元文化内容表现不够充分、教师不知道如何处理课堂上的敏感话题以及学校社区活动受到一些限制。鉴于这些研究发现，中心受邀设计并促进多元文化的教学。这一研究成果后来由评审小组登记在案，并被评定为优秀成果，其关键在于在课堂教学中关注到多元文化并促进多元化问题在学院层面的关注。

评价新技术的贡献

全国所有的大学都面临着共同的问题，那就是如何最优分配稀缺资源以支持技术教学。在密大，教师发明一种新技术——课堂工具（http://www.lecturetools.org）[①]，这个工具类似遥控器，使得学生能用笔记本电脑作为反馈。当教师提出问题时，使用该工具可以即时展示学生的回答。该软件也可以让学生直接记录笔记并在教学幻灯片上画画，还能在课堂上通过聊天窗口向助教匿名提问题。学生向教授传递他们对每张幻灯片的理解，当幻灯片播放完毕之后，学生们还可以看到教学的视频播客。

中心还在评估其他教育技术创新方面获得成功（参见第九章）。学校教育技术领导要求中心协助完成在学生学习过程中软件包的价值评估。中心的员工做了一个类似实验的设计，招收来自很多学科的教师在一套课程中使用该讲座工具。中心对使用讲座工具的学生进行调查，咨询该工具对于他们的学习促进性、使用这些工具遇到的技术难题以及在课堂使用笔记本电脑是否会引起注意力分散以及分散程度。研究结果表明，无论是将讲座工具应用何种学科，学生都反映这是一个很好的学习辅助手段，非常有价值。最后，教务长办公室增加了对该软件的投入，使之在更大范围被使用，并提供更好的用户支持。

评估倡议新课程的影响

密大校长发起一个倡议，鼓励创建跨学科学位课程，并为一年级和二年级开设一些团队课程，通过项目资助和课程的形式促成一种校园模式的形成（http://www.provost.umich.edu/programs/MLTT/）。由于中心之前从事过跨学科的活动，我们的教学咨询顾问被委托于每个教师团队，和他们一起工作，策划单门课程的评估策略以及该评估活动的整体影响。咨询顾问协助完成几门课程的学生评价指标，我们也策划了一个让所有学生参加的调查，以了解他们是如何评价综合学习方法的。最终中心报告递交给签订保密协议的导师，因为学生对课程教学法的反馈是带有隐私性的，但最终的调研报告我们递交给了校长，以确定这一倡议的价值。

---

① 该工具系统由佩里·萨默森（Perry Samson）发明，他是大气、海洋和空间科学的教授。

使用项目经费激励支持体制改善

对于"认识到院校有效运作对提高教学水平和自我认识的重要性"(Welsh & Metcalf，2003a，463 页)的教师和管理人员来说，教学中心支持促进提高教学水平是很重要的。像研究型大学的一些其他教学中心一样(Wright，2000)，中心一直以来都通过直接的经费支持课程改革活动。

中心每年资助接近 100 名密大教师参与到提高教学水平的项目中来。他们中很多人关心课程改革和评估。例如，中心最近资助：
- 学校职业学院发展学生评价的电子档案系统。
- 写作中心关于学院层面高级写作要求评估。
- 工程专业教师关于如何在入门课程中将学生使用课程资源、资源使用和学生在课堂上的表现情况相结合的评估。
- 工程专业教师评估其课堂使用视屏的情况以及跨越不同工程学院进行课程设置和教学创新的可行性。

除了上述这些长期努力，我们最近新设立了一个针对每个教师的教学与学习学术研究(SoTL)项目。我们对这个被称为学生学习状况调查的教学与学习学术研究项目的结构引以为傲，原因在于采纳了多管齐下的策略以支持该项目。经费资助对象为每个教师或教师/ 研究生/博士后团队。我们支持后者是出于这样一种信念，我们的项目可以通过支持研究生或博士后研究人员获得支持和协作。申请此项目的资助是在中心和院校审查委员会(IRB)协商达成的一系列扶持项目中，这样可以有效避免每个教师在申请项目时需要面临 IRB 许可的一连串复杂过程。项目启动之时，我们会邀请获得资助的教师和中心咨询顾问举行为期 1 天的座谈会，以促进项目和计划的进一步完善。在随后的一学年内，教学咨询顾问随时协助教师处理项目中出现的任何问题。最后，在项目结题时，所有的项目都会在全校性活动的海报中给予展示，这让教师对他们的工作有了认识并看到了工作的成果(更多详情参见：http://www.crlt.umich.edu/grants/islgrant.php)。我们还给教师提供相关学科期刊和会议的信息，促使他们能够在这些活动中进一步宣传研究发现和研究成果。

建立评估和制度变化之间的联系

"促使沟通循环流畅"或通过评估努力使得教师培训和管理层支持制度变革，这是非常关键的一步（Welsh & Metcalf，2003a，2003b）。即使是有教师购买和数据被收集和报告，对那些院系教师而言，这种使用已知信息以促进课程变化也是一项具有挑战性的工作（Wehlberg，2008）。一旦教师拥有这些评估数据时，教师也可能因为时间有限或根本不知道该如何操作，而主动改进教学课程设计和教学水平。教学咨询顾问则可以通过咨询和研讨会促进教师完善课程建设教学实践。最为理想的情况是，如果这些服务能和所在院系单位正在举办的具体活动联系，那么就能非常顺利地促进教师与这些活动的直接联系，同时也增加了这种服务的购买力。

例如，我们学校的一所职业学院一直把专业写作课程作为他们学院的特色，并进行了广泛的课程审核和评估。但由于这个课程仅仅依赖于一小组教师提供这方面的指导，使得该课程的优势地位岌岌可危。当学院发现存在的问题之后，又无法提供具体的解决方法。这时，中心的咨询顾问和该院核心层共同开发一门新的可供选择的课程（高级写作要求），并让更多的老师参与此项活动。一旦此项建议被采纳，学院将召开研究会以促进教师对写作教学进行更多的创新，学院也将会配置更多的资源给写作中心，从而使得师生双方都得利。

其他院系单位也会向我们提出援助，因为他们的课程评价过程中同样没有涉及教师对学生表现反馈的一致性和有效性问题。当面临这些情况时，我们通常会创办研讨会——如在小组会议上我们提供一对一教学技能或提供对学生表现反馈时使用的评估准则——从而帮助教师解决上述问题。通过课程改革和课程评估以促进教学改革这是我们教学研究中心所作出的主要贡献。

教学研究中心面临的挑战和机遇

正如戴蒙德（Diamond，2005）指出，教学研究非常适合成为制度变革的推动者，尤其是在课程改革和课程评价方面。由于进行课程改革和课程评价会遭遇不计其数的障碍，教学中心的存在将为实现这种制度变革起到了至关重要的作用（Banta，1997；Welsh & Metcalf，2003a，2003b）。首先，教学研究中心鼓励教师购买这类服务并参与设计流程，使得管理人员能亲自参与到课程改革中来；其次，他们能协助进行设计并收集学生学习结果和过程的数据，这些能影响教学讨论；第三，各个院系受内部动机驱使或是需要提高项目水平，教学研究中心恰好提供了这样一个可供咨询和研讨的平台；最后，许多具有不同背景、不同经验水平的教师通过咨询、部门讨论和研讨可以有效实施改革。至于教学中心是如何提供课程改革和课程评价的，附录中详细地列出中心的相关服务内容可供参考。

如果说教学中心应参与教学改革和教学评估，这并不意味着教学研究中心能够轻而易举地完成这件事。教学中心（和教学咨询顾问）参与课程改革和课程评价也陷入了一种进退两难的境地。我们在这一章一开始就提到，为了能有效促进这些活动的开展，各院系管理人员首先需要完全信赖教学中心，而教学中心也必须用实际行动以证实。但是，正如第三章所说，当我们履行承诺最好地完成任务时，我们需要明确各个院系领导人对此活动的倡议而不是在整个过程中鼓吹所承担的角色。各个院系领导可能更不喜欢宣传教学中心在协助他们取得成功时起到的作用。但如果他们认为提高课程水平以及其他地方的改善都是他们自己的功劳，那么教师对这些进行改变的支持就会显得很有限，而且也将导致教师以后不愿意使用我们的服务。因此，教学中心需要通过这些努力去争取外部知名度，以获取足够的大学资源，并为服务开拓市场。

中心采取多种方法来处理这种进退维谷的状况。我们确保清晰明白地向教务长和其他在教务长办公室（我们也是它的一部分）的管理人员传递我们的活动理念。最终，教务长为我们进行了广泛宣传。我们也积极地通过一句话的传单或年度报告公告板开展宣传工作。中心的《年度报告》按名字列出了我们每年为学校各个部门所合作的项目清单，因此各院系领导可以看到为其他单位提供的一系列服务，从而对比自身单位实际状况，是已经有合作还是尚未进行合作（http://www. crlt. umich. edu/assessment/assessmentprojects. php）。如第三章所言，我们会定期安排与高层领导（尤其是新领导）的碰面会，并在年度报告中呈现我们的工作重点和战略规划（正在做的和将要做的事情）。我们需要传递这样一种信息，那就是我们可以和各个院系领导人建立伙伴关系以促成其目标的实现。最后，我们形成了一种吸引注意力的文化，将与教师和管理人员的联系拓展到其他领域，从而建立新的联系。

在 2010 年学校评估过程中，中心为这个规模庞大、分散的大学提供很多决策评估,功不可没。通过教学咨询和我们跨校园的专业机能服务,教学研究中心成为大学评估中心的地位已经牢牢树立。

　　正如本章所言,高等院校应该让教学中心参与到课程改革过程和对学生学习结果的评估活动中来。此外,为了符合当前发展环境,教学中心主任需要找到方法首先完成此项任务并为人熟知。人力资源充沛且专业技能齐全的研究中心均适合完成此项工作。教学中心咨询顾问在教学法的最佳实践、评价方法和设计并促进教师聚会方面具有专业水平。教师聚会是教师考虑课程改革和课程评价的必要条件。此外,教学中心管理的教学经费能用于进一步影响教学改革和评估活动。总之,这些资源有助于支持活动并克服在课程改革和课程评价过程中遭遇的障碍。

附　录

　　中心提供如下服务以支持学生学习评估情况:

咨询

- 讨论教学和学习奖学金
- 讨论教育项目的评估计划
- 与院系领导就课程评估进行协商

促进研讨会和反思会的举办

- 讨论目标和投入者的能力;
- 解读院系可用数据;
- 设计问卷并进一步收集数据;
- 讨论课程衔接性/差距。

协助收集数据

- 设计问卷和对学生和校友进行调查;
- 与学生、教师、员工群体(如收集基线数据、关于课程改变产生影响的信息、关于学习气氛的信息)进行小组讨论;
- 收集并分析学生作品;
- 讨论并修订以学生评价为目的数据评估手段。

经费提供

- 吉尔伯特·惠特克基金:资助院系评估项目;
- 学生学习调查:资助课程级别的教学和学习奖学金。

资源提供

- 公示具体学科评估方法的例子;
- 公示网站链接和公开评估文章。

宣传结果支持

- 宣传密大的学生数据(如国际生产工程学会(CIRP)和全国学生参与问卷调查(NSSE)的数据,和密大高级调查结果)并使密大教师在做研究和开展评估项目时能用到;

- 组织海报展、讨论和研讨会,组织教师讨论他们的评估工作、了解评估策略并讨论共同面临的挑战。

第八章

通过教师发展强化多元化

克里斯卡·拜尔沃特(Crisca Bierwert)

> 密歇根大学希望提供这样一种学术氛围,跨文化交流的方法能够在各个不同的校区得到发展,并发挥其特定作用,这种发展可以体现在社区伙伴、在教室或是科研实习之中……这样一来,教育变成了一种工具,它可以把存在多元化这个事实变为多元化所带来的令人兴奋且有创造力的各种行为,创造一种如此刺激和有吸引力的环境和气氛,以至于体验各种多元化可以成为优秀的源泉和获得成就的手段(密歇根大学,2007,p.1)。

上面这段话给我们以启示,那就是在教学中心如何加强多元化教学。当然,教学中心的研究范围并未涵盖一个大学所有的加强多元化措施,但却能提供大量与此相关的信息。通过知识丰富学术内容;通过各项实践增进同学们之间的相互交流。

在大学内,我们主要从两方面强化上述多元化。一方面是通过丰富校园社区的社会背景,促使人们在承认自己与别人之间的分歧中获取多元化的认同和巨大价值。这种分歧会持续扩大,扩充我们的知识量,让我们与他人有更多的合作,促使我们和陌生人交际式;另一方面,我们会尽力促进社会公平。比如说在高等教育入学门槛方面,我们提供机会,促使每个人都可能在高等教育上取得自己的成功。这种社会公平性不仅体现在大学本身,还可以体现在大学之外我们工作的某些团体中。

本章概述密歇根大学学习与教学研究中心(CRLT)是如何通过战略、政策和规划以促进多元化教学目的:在所有中心项目中添加多元文化主义的元素;促进师生的成功,留住教师和学生;扶持传授多元化教学内容;在学校里和其他机构紧密合作。本章的目的在于让我们从一个更广的视角去看待我们在多元化教学方面所做的贡献,可以为我们的教学设计提供理论分析框架,让我们知道要在哪些方面去努力,无论是在高等教育入学平等方面还是在社会公平方面。总体而言,本章关注教师发展的重要性,促进校园多元化的努力,进一步奠定了 Ouellett（2005）、Kaplan、Miller（2007）理论的基础。

覆盖人群最大化:在更广泛的项目中嵌入多元文化主义[①]

教学中心在教师培养项目中添加多元文化主义的元素,可以在最大范围内向教师和助教们传达有关"多元化"的信息。我们设立该项目时,就把跨文化教学作为首要任务,把那些能顾及到每个学生教学实践的课程设定为最佳课程。除此之外,在我们所有类型的出版物内(包括网页、年度报告、小册子等),都包含对跨文化教学实践以及项目的详细介绍。同时,我们在批准中心设立项目时,对那些注重学生多元化和多元化教学内容进行创新研究的教师给予项目批准优先权。这样做的目的不仅在于推进那些申请该项目的人能够把教学重点放在学生的多元化上,而且在于有效激励教师的教学创新。这不仅仅是我们这些项目的重点,更为重要的是需要将这些"多元化"的价值观念深入每个教师的思想,尤其是那些还没有意识到这和他们教学存在关联的教师们。因为上述材料涉及管理者和教师以及助教,我们需要通过讨论的方式来间接支持大学的这一"多元化"计划,从而直接服务大学一线教学和学习。

在我们的研究项目中,我们鼓励教师和助教定期参与我们的项目,通过讨论的形式探讨"多元化"教学以及对我们提供的教学方向的看法。我们也会通过全体会议的形式向学生提供"多元化"方面的相关信息,包括多元化教学、积极学习和小班授课的效果实例展示等。我们提供的数据主要来自于密歇根大学的学生调查数据,包括本科生的学术背景、兴趣和愿望,还有他们的经济情况、种族和民族背景等。与会人员拿这些数据和他们曾经就读和任教的大学进行比较。全体大会还包括互动式"戏剧表演",这是一种对"多元化"教学方法的速写,短时间内我们能看到"多元化"相关问题、教师和学生在这种项目下的期望和焦虑等等(第十一章有更多关于"戏剧表演"的内容)。

在一系列的全体会议基础上,我们会实行分组会议。在所有的分组会

---

① 见 Cook & Sorcinelli, 2005 for more on the strategy of embedding multculturalism in faculty development.

议中,至少会有一个分组会议是关于跨文化教学的,比如把学生多元化培养纳入教学的跨文化动态交际的教学中。教师可以运用遥控器来匿名抽取学生输入信息,这样可以帮助教师知晓学生在敏感话题上自己观点的分布情况,从而能够让教师更好掌握学习前后的影响和观点分布情况。在助教培养方向上,我们也召开系列分组会议,模拟小班教学,讨论教学中如何考虑学生多元化的价值,这样让所有的与会人员都能做好这方面的准备。针对社科和人文学科助教的培养,我们有一个名为"高端讨论"的分会,与会专家针对某个教学实例,深入讨论"多元化"教学中学生的参与性,以及如何把握课堂上动态跨文化交际等问题。与会者收获的不只是了解了更多的教学技能,更重要的是获悉一种对学生多元化"包容"的理念。

除此之外,我们全年都会举行各种研讨会,教师可以在研讨会上讨论教学策略和在具体环境中的教学方法。当然,跨文化教学是我们所有训练项目的核心,也是我们研讨会的方向,它指明了我们项目的原则。跨文化教学强调以实证为基础。因此,在这种研讨会上,我们鼓励教师能相互交流如何把所学知识应用到教学实践中去。但在研讨会和一对一磋商中,我们发现跨文化教学面临的一个难题是如何解决学生之间现存的差距。因此,在跨文化教学和推行"多元化"的过程中我们要学会慢慢弱化这种差距,而不是对学生带有偏见,因为一旦这种偏见渗入课堂,极有可能给少数学生造成一种压抑的气氛。

有人担心"多元化"教学可能会降低课程难度,为此我们在学习科学方面做进一步的研究。我们提倡教师讲课节奏适度,并留给学生一定时间做笔记,这样互动式教学才更能激发学生上课的积极性。另外,我们建议教师要密切关注初学者之间的学习过程的差异,鼓励他们在给学生布置作业时提供更多的支撑材料。我们在研讨会上,一对一地磋商这些研究,使得这些研究逐渐趋于我们的基本假设,并最终获得成功和认可。

留住学生,帮助他们成功

在大学范围内,我们主要通过对学生的测评和交流,对学生的成功产生直接的影响,这和各个院系的目的也是一致的。比如,我们文理学院合作开展一项调查研究,关于就读于理科的女性和少数族裔学生学习影响因素的研究。我们调查学生在接受入门课程期间是否会改变以理科为方向的意向,如果改变,那么改变的原因是什么。我们对学生的的学术背景、课程学习情况、是否来自少数族裔等多方面因素进行了调查。我们也和教授入门课程的教师进行沟通，建议教师在这段时期内给学生创造一段快乐的学习经历，从而可以协助学院或系把学生留在科学学科。

在其他个别课程的设置上，我们常常鼓励教师进行教师分析，分析教学创新是否兼顾到班级所有同学。对那些少数族裔和女性占很小比例学科的课程设置时，这点尤为重要，因为如果我们只从整体上来评价教学成果的话，他们的努力或是成绩就容易被忽视。比如说，材料学和工程学的一位教授获得教学中心的资助后，我们和他合作创建了一个博客。在后续的几个学期中，我们开展了积极合作研究，教授在博客上对一些入门课程进行了补充。我们的目的是观察教授和教授的学生是如何利用这一资源的。最终研究结果显示，无论是平常学习成绩较好的学生还是学习成绩较差的学生，哪怕是那些所学专业内容和 MSE 课程没有可比性的学生，他们对博客的利用率都很高。通过这项调查，我们发现，教师教学方法的创新也是学生学习的一项重要资源，这样可以有效地提高学生的学习表现。

留住教师，帮助教师成功

密歇根大学教学中心对少数特殊教师群体的支持主要是通过研讨会和一对一的磋商。他们之间的这种联系会产生长远的利益。开始时，根据教师的角色、各个系的领导方式以及课程改革的不同，我们会提供相应的专业教学技能、课程设置技巧等。当一些有可能被边缘化的教师开始关注我们在教学方面的信息的时候，我们是作为科系等级以外的一个可信资源。对他们来说，我们代表的是机构的支持。并不是所有未被充分代表的老师都把他们的这一地位看做障碍（比如说在系里是唯一一个来自特殊群体的、感到被边缘化、在那些还未设立完善的学科工作等）。也有些人感到庆幸，作为这样的少数群体，社会上认为他们的智商也会是与众不同的。然而，有时候事业上的成功也抵不住一些与他们社会背景有关的负面报道。在这种情况下，能有一所机构给他们提供帮助和指导，对他们的成功是很关键的。

通过和这些老师私下沟通，可以了解他们跨文化交际中的困难。我们会鼓励他们和同事形成联盟，并帮他们解决教学中的问题，包括他们自己的身份认同问题等。如果一名教师在课堂上因为种族或性别遇到教学困难，或受到攻击时，教学中心会和该老师有一个单独的面谈，帮助他找出应对策略。偶尔，也会就其他问题讨论，比如说和同事之间或是系领导之间的交际困难等。

我们也开展一些针对少数教师群体关于身份差异的系列研讨会。广为人知的问题是关于课堂中教师性别和权威性问题。对此,教学中心进行了相应的调查,并获得一些非常宝贵的资源。研究结果表明,学生对女教师的期望要高于男教师,女性教师需要面临如何克服学生的预期而树立她们威信的问题。研讨会的内容也包括一些有价值的策略,比如说如何树立教师形象,既符合教师个人的教学风格,又能满足学生的要求。

为了促进国际教师之间的相互交流,我们中心每年会举行活动。我们给那些曾经在国外留学现在密歇根大学任教的教师发送邮件,邀请他们来中心参加活动。教务长、副教务长、国际中心和英语中心的主任会致欢迎辞。正式发言简洁扼要,整个活动充满社会性。每年我们都会邀请这些人,还有那些他们自认为是国际化的教师来参加我们的活动。与会人员大约有100人左右。事实证明,这个活动是非常成功的,特别是促使那些教师可以结交很多来自于他们原籍国家的教师。

在院系层面,主要是通过和系主任和教务长的讨论以及每年对新任系主任和教务长的培训活动,提高和促进各个院系的教学能力和水平。AD-VANCE项目的目的就在于通过短剧的形式以培养实现各类优秀教师的招聘和后续培养问题。ADVANCE项目已经开发了3个短剧,主要体现在教师聘任中的性别取向、学生指导和决定任期影响因素方面。这些短剧往往会邀请学院层面的领导来主演,这样做的目的可以避免或减少决策层的习惯性思维(可能对女性和少数族裔教师边缘化)。比如每年我们会邀请文理学院的执行委员会成员共进晚餐并欣赏关于决定教师任期的短剧"界限"。在这个短剧中,很多交际问题都是由性别问题所引致的。当这些执行委员会委员观看短剧之后,会对此进行评论,并商议解决办法,而后在实践中努力去应用这些方法。通常情况下,教务长会进行总结,强调大学有责任提供一个公平、平等的选择过程,也鼓励教师更多地关注选拔过程,从而避免和预防偏见的发生。

跨文化教学的扶持

对跨文化教学(特别是教学内容)的支持是多方面的,从一对一磋商、定期举行研讨会(关于在课堂上提高学生参与度)到教师们深入讨论教学法的会议等。这种支持不仅有利于教师,在更大层面上更有利于整个大学的发展。对于那些精通多元文化主义的专家而言,我们的这些项目无疑扩大了他们的影响力,从而更加丰富了大学生活的多元化。

对于上述跨文化教学,我们通常采用的策略是,教师在课堂上首先给学生提出问题和讨论的方向,当讨论结束后,教师和学生一起回顾整个讨论过程,在此过程中邀请学生再进一步补充。我们负责给教师提供详细的应急指导(http://www. crlt. umich. edu/gsis/P4_1. php)。比如,2001 年 9 月 11 日下午,当学生就民族危机展开讨论时,我们给教师提供直接指导,包括教师如何应对学生自由评论的方法等。我们的目的在于协助教师明确一个基本概念,那就是当教师在组织讨论时,必须有一个明确的目的,并具有能够控制课堂情绪的能力以及对学生表达内容的包容能力(http://www. crlt. umich. edu/publinks/tragedydiscussion. php)。接下来的几年里,教师组织许多类似问题(最高法院决定支持平权法案、2004 年 12 月东南亚海啸、卡特里娜飓风)的讨论我们也提供了相似的指导,讨论期间一名学生的过激语言曾被广泛宣传,在校园里引起了很大争议,也受到网民的攻击。当然,后来的这几个例子仅适用于少数课堂教学,但却符合我们的研究目的:关注这些弱势群体(参见 http://www. crlt. umich. edu/publinks/discussionguidelines. php)。

和传授多文化内容的教师进行沟通,我们协助他们处理课堂上针对阅读材料或讨论话题的互动问题。比如协助他们发现课堂上产生紧张气氛的原因,从而较好地处理学生的抵触情绪、课堂冲突等问题。而另一方面,当遭遇上课没人发言的情况时,我们也会协助他们找到相应的策略,从而增强学生的课堂参与度。可以到我们的网站去查询这些策略或总结(http://www. crlt. umich. edu/tstrategies/tsmdt. php)。

在以教师培训为主体的研讨会上,我们的目的在于协助这些教师清楚认识到他们的教学目的和教学策略。这些与会教师不只是社会背景、学识情况和理论基础不同,而且他们对学生学习的期望也存在差异。在这样的研讨会上,跨学科交流作用显得非常强大,特别是在跨文化课程的设置上。这些课程共同的目标是培养学生沟通和对话技巧,培养学生思考自己和他人的观点,并能批判性地分析某些信息,提出问题并能给出解决方法。当然,与会的教师也提出,尽管这些课程目的设置无差异,但由于教师给学生提供的材料信息量和布置任务的不同,很有可能会导致学生激进主义思想。

我们也和博物馆和档案馆进行合作,并举行一系列研讨会。这个群体比较广泛,通常我们会以跨文化交际为主题,有明确的交流重点,但不太强调其理论性。在这些研讨会上,教师会就他们的教学策略、基本原理进行相互交流和讨论,并会针对学生学习成果做 10 分钟的成果现场展示。我们建议他们重点展示教师是如何在课堂上给学生布置教学任务这个环节。我们的研究实践证明这种实力展示是最为成功和有效的。还有一些研讨会鼓励教师用体验式学习(通过个人在活动中的充分参与获得个人体验,然后在教师们的共同交流和指导下,提高认识)和服务学习(一种将志愿服务整合到大学教育中的新模式),这样能提高学生对话题的参与度,让大家都参与进来。我们会和开设这些课程的学术单位和学校行政部门合作举办此类的研讨会,比如密歇根大学的金斯堡社区服务中心(http://ginsberg. umich. edu/)、市民的艺术(http://www. artsofcitizenship. umich. edu/)等。我们提供支持的范围也很广,从组织圆桌会议召开到提供测评方案(包括学生、团队和教师的技术培养程度测评等)。我们学校里的一些出版物也是很有价值的资源,包括《致力服务学习、多元化和学习型社区》的选集(*Engaging the Whole of Service Learning*, *Diversity*, *and Learning Communities*, Galura, Pasque, Schoem, & Howard, 2004)以及评论和框架汇编《服务学习课程设计工作簿》(*Service-Learning Course Design Workbook*, Howard, 2001)。

同时我们也长期向教师和助教提供研讨会。我们开展了连续六周每周三小时的题为"促进课堂中跨文化教学"的研讨会。我们这些研讨会的合作伙伴主要是国际关系项目中的教师,他们长期从事本科生讨论性课程的教学(http://www. igr. umich. edu)。我们和这些从事一线教学工作的教师进行合作,讨论包括跨文化教学的策略和方法问题,也能够促进一线教师正确理解他们的社会地位和权力地位。在这个项目中,讨论会主要围绕权力、特权和压制等概念进行展开。我们给每位与会人员分发附有教学方法指导的《为多元化和社会公平而教学》的书籍(*Teaching for Diversity and Social Justice*, Adams, 2007),也分发一些促进社会公平教学的册子。在 6 次研讨会中,有 2 次助教教学实习活动。在实习活动中,助教安排学生进行分组讨论。我们鼓励大家在练习中提出一些批评意见,通过这种提供大量策略和机会的案例,以激发大家发表一些评论和对其进行反思。

在获得蒂格尔基金会的资助后,我们为教师召开了一次专题座谈会。座谈会以科学学习为主题,探讨跨文化教学问题。针对该项目,我们邀请了许多教师,一部分来自数学和理工科(STEM),他们主要关注学科内少数族裔学生退课辍学问题,另一半是从事跨文化教学的教师。在座谈会上,我们先提供简短的材料供他们阅读,然后请一位密歇根大学学者讲述他自己关于学生学习方面的研究工作。比如,帕特里夏·金(Patricia King)教授的本科生认知培养方面研究表明:学生只有经历了二元对立思想、极端相对主义思想、和准反思思维这些认知之后才可能进行合理的推理。当座谈会与会人员听到这些研究发现之后,教师们能够意识到学生的某些反应,原本教师会认为学生的这些反应是意识层面的抵触,而事实上是学生对陌生思维方式出现了认知困难。通过这种类型的讨论会,不仅就所阅读的材料和所讨论的问题制定了新的教学策略,而且能够促使教师对课堂感受的新认知,增加教师对于以学生为中心教学方法的包容能力(http://www.teagle-foundation.org/learning/pdf/scienceoflearningAB.pdf)。

广泛合作

为了促使我们项目的校园影响的最大化,我们和各个院系主要领导人和密歇根大学的许多部门(主要致力于多元化研究)紧密合作。也正因为和这些院系领导的紧密合作,才使得我们的研究得以延续,比如在支持课程改革、进行与跨文化教学相关的测评方面等。我们也会应有关学校、院系领导的要求,专门组织相关的研讨会,鼓励教师参与讨论,以培养他们跨文化教学方面的专业技能。例如,我们正在规划和合作学校召开多元化峰会,帮助确定他们关注的领域,并设立相应的方案以便富有成效地解决问题。

密大本身也有从事"多元化"工作的机构,和他们的合作也同样重要。我们常常和其他从事跨文化交际工作的机构分享我们的项目规划。比如,我们和英语语言研究中心合作给曾留学国外的助教开设一门教育学课程(http://www.crlt.umich.edu/gsis/igsicomm.php),还和密大国家多元化研究生中心合作设立项目(http://ncid.umich.edu/),促进教学环境公平性研究。密歇根大学教学中心成员也常常和残疾学生服务中心(http://www.umich.edu/~sswd/)、院校公平办公室(http://www.hr.umich.edu/oie/)等机构合作设立新项目。

当然,我们和上述机构的合作,并不总是创建新项目,有的时候也只是对相关问题的磋商。比如我们和跨文化研究办公室、多民族学生事务中心等机构之间并没有正式的合作关系,但我们通常会就多元化培训问题进行实质性的磋商。通过这种方式,我们不仅可以通过他们获知学生的反馈信息,也可以让这些机构及时了解我们各种项目的详细情况,尤其是针对教师如何进行多元化教学的信息。我们也积极参与各种理事会,比如大学中负责跨文化交际事务的多元化理事会、学术服务理事会等,依托这样的平台,不仅可以提高我们的专业性,而且能够及时获悉一些有价值的信息,为我们进行项目的设置提供启示。

如果我们建立的这些合作关系没有和具体的项目和现有方案紧密联系,在考虑到工作任务的前提之下,这些合作会被视为不符合教师培训原则,也当然不具有吸引力。但是,对于教学研究中心而言,和多元化机构的合作不仅仅是建立一种有效沟通和联系,而且更为重要的是凸显教学研究中心的地位和重要性。即使是未立项的项目或者没有任何实质性结果的合作和沟通,教学中心的这种努力仍然可能通过分享教学研究成果来获得学校学者和领导的认可,这对于研究中心而言,也是一种激励机制,尤其是对那些有色人种或少数族裔的中心研究工作者而言,这也是他们建立社会关系的一种途径。

多元化工作概念的操作化 [①]

基于跨文化教师教学培养的具体目标和策略基础之上,我们接下来讨论一个更为广泛的话题:我们对大学多元化有什么影响(不只是在"教"和"学"上),这是一个和美国大学联合会(AAC&U)教育优秀人才培养方案相一致的话题。该方案的关键在于把多元化从一个小框架慢慢扩展到整个高等教育机构,最后实现学生学习和教育机构的双赢。有两个观点支撑这个方案:第一,多元化是可以衡量的,但总是在进行时;第二,机构等级制度的动态性能够减免社会的不公平现象。

表 8-1 展示了教师培训工作对学校多元化的影响效果。这个图表促使我们在上几个章节中提到的多元化工作更加可视化,我们同时也发现我们的项目和实践(针对学生和教师的成功案例)反过来也会影响其他的多元化目标。

该表显示了跨文化技能如何影响交流活动。这些研讨会都是基于多元

---

① Linda Marchesani, Leslie Ortquist-Ahrens, Matt Ouellett, Christine Stanley, Frank Tuitt 以及 Phyllis Worthy-Dawkins 于 2009 年 1 月为美国高校协会(AAC&U))和高等教育专业和组织发展网络(POD)组织举办了一次研讨会(见 Ouellet & Ortquist-Ahrens, 2009),本部分内容由此次多元文化组织发展(MCOD)研讨会上的观点整理而成。最有名的 MCOD 框架之一由 Bailey Jackson 和 Rita Hardiman 研发 (Jackson, 2005)。

化原则，重点突出跨文化技能培养的典型案例。通过这些研讨会，加强了教师之间、教师和学生之间、教师与其他工作人员之间的沟通和交流，不仅有效地改善学生课堂教学的参与度和课堂教学氛围，而且对大学未来的教学方式也会产生一定的影响。

表 8-1　多元文化对教师发展工作的影响

列出你的项目：	1.价值观、任务、和政策的陈述等等	2.社会多元化人口统计资料各个阶层的成功（包括成绩上存在的差距）		3.整体气氛 行为和态度的方式 多元化的学术生活		4.大学等级中整体气氛	5.外部参与
	用语言支持多元化和公平	包容式教学和主动学习策略	对少数特殊群体的支持	加强课堂互动（师生之间）	支持以社会公平为方向的教学	巩固机构的支持，建立合作关系，教学技能	支持群体性学习、服务性学习和专职研究员
中心剧场表演项目							
基金							
跨文化培训							
研究生教学证书							
课堂讨论计划							
合作伙伴							
学校内合作机构							
测评项目							

此外，在推行跨文化交流层面，我们往往会被视为学校层面的领导人，进入到他们的决策委员会和规划小组。我们共同探讨一些敏感话题，协助这些学校去制定一些关于多元化策略的方案，促使这些学校将"多元化"应用到具体实践中。这种直接加入他们决策委员会和规划小组的方式，可以促使我们对社会多元化问题的共识，减少陌生感和认识差异。

我们具有这样的影响关键在于大学本身就是个实践基地。如果能够在学术、政治和概念层面上有很好的交流的话，那么就可能有助于各种项目和方案的运作。学生、教师和其他工作人员对社会多元化的处理能力和跨文化交流能力也会影响大学整体发展。没有他们的这些能力，任何有关多元化的预案和想法都不可能获得成功。

有些教学中心和密歇根大学学习与教学研究中心一样，把跨文化交流项目放到首要位置（例如美国马萨诸塞大学阿姆赫斯特分校的教学中心），另外一些教学中心也提供这种带有包容性和针对性的活动（例如范德比尔特、华盛顿大学的教学研究中心以及 IUPUI）。作为教师培训机构，教学研究中心具有拓展跨文化交际工作的领导能力，我们不仅有跨文化交际方面的专业技能，而且我们还会通过研究和实践不断改善有关多元化的方案，比如，核心知识的丰富、文学的学习、最优教学方法的提供和课程设置等。我们对大学多元化所做的贡献是实质性的，也是多方面的。随着多元化时代的日益推进，学术活动的范围会更广泛和更具有包容性，这就使得多元化经历（多元化教学和学习）也将更加丰富。

第九章

促进教师有效利用教育技术

朱尔平(Erping Zhu)、马修·卡普兰(Matthew Kaplan)
查尔斯·德士内(Charles Dershimer)

　　五年来,在教与学中充分运用科学的教育技术,是高等教育信息技术化十大发展项目之一。随着教育技术在大学的广泛应用,教师面临如何充分运用这些先进技术的问题,这成为他们教学上面临的最大挑战之一。这就要求教学中心和技术部门协助教师学习和使用这些新技术。通常情况下,一些大学会举行专门的研讨会,请教育技术部门人员展示实践操作技能,帮助教师学习和掌握这些新技术。但是尽管教育技术部门的专家可以起到指导作用,但由于他们没有教学实践经验,也没有教学法方面的研究,如何将教育技术有效地运用到课堂上,还有赖于教学研究中心这个平台。

　　在教学创新(包括技术)方面教师们所持的态度存在一定的差异性。罗杰斯的"创新模型"把教师分为四类:"创新型教师"对新技术很感兴趣,自己能够独立完成新技术的学习;"尝鲜型教师"是第二批学习新技术的,他们要先观察这项新技术能提供什么,有没有什么缺点,然后再决定要不要学;"较晚学习型教师"则更多地对这种新技术是否能够帮助实现特定的教学或课程目标感兴趣;最后,"滞后型教师"则认为他们没有必要学习,因为他们的教学已经很成功或是忙于其他各种事务而无暇学习。教师对于新技术的学习往往会经历几个阶段:接受、学习、掌握和创新。对新技术所持观点的不同会导致其技术水平的差异。比如"创新型教师"能够充分运用新技术,并从根本上改变课堂教学的结构方式;第二类教师则把新技术看成一种教学工具;第三类教师把新技术看做是一种教学辅助工具,并未对教学产生实质性影响。

　　在这一章里,我们会重点介绍密歇根大学学习与教学研究中心(CRLT)是如何帮助教师有效利用教育技术,以及教学研究中心是如何通过技术推广、支持和评估的方式去影响学校的信息技术应用和发展的。教学研究中心的工作者给教师提供多个了解新技术的切入点，从而使得教师能够按照他们最舒适的方式去接触和学习新技术。我们会对每个环节的操作方法进行说明，并配合实例展示，最后进行整个过程的完整演示。

促进教育技术的有效应用

目前，大多数教师和助教正在使用一些新的教育技术，但却在使用新技术过程中减少了课堂互动；尽管他们也会运用比如网页去支持互动，但好像教师不太愿意或者根本没有计划去使用这样的新技术。产生这样的原因主要有两个：一是他们根本没有意识到教育技术的价值；二是他们不知道如何将技术应用到课堂上，促进学生的学习。为此，我们设计了一系列应对策略（参见图 9-1）。

图 9-1　有效参与的框架

举行研讨班和圆桌会议

定期召开教育技术应用和教学法方面的会议，能有效地促进教育技术的应用。目前这种方式已经在全美的教学研究中心得到广泛认可。密歇根大学学习与教学研究中心一般都会在学期前筹备这类会议,以"在线写作"、"加强反馈信息"等为主题。会议通常并不需要复杂的前期准备。在教学研究中心工作人员的协助下,向与会教师展示新技术在课堂上的运用方式和过程。例如,在一场有关如何创建博客和维基(软件名)会议上,一名教师展示他是如何把博客运用到教学和研究中。不过,此类会议并没有给每一个教师提供具体实践的机会,但他们可以在其他时间参加有关博客应用基础学习的研讨会,或是向大学和网络部门寻求帮助,创建一个博客或维基。

在网络圆桌会议和系列研讨会中,通过教师的实例展示,不仅可以促使教师了解新的教学工具,更为重要的是促使这些教育技术的进一步应用。比如,在一个题为"大课堂,小感觉:现代技术中的非'常'教学"会议中,有教师建议,可以鼓励学生充分利用现代化通讯工具(比如手机、笔记本电脑),提高他们的课堂参与度。只要运用合适的软件,这些常用的通讯工具也能让学生以不同的方式参与到课堂中来,从而提高课堂的互动性。当这个会议结束后的好几个月,仍然有需要教学研究中心提供更多这方面信息的请求。这些网络会议以教学法为中心,让教师们思考如何用一种全新的方式加强师生之间或是学生之间的沟通,可以让与会教师发现这种新的交流方式的价值,从而理性思考他们自己的教学实践和自己所扮演的角色。

教师展示技术使用过程

如果教学研究中心能够提供这样的机会,教师们是非常享受这个向同事学习的过程的。同事之间的相互帮助对教育技术的实际应用会产生直接的影响。对此,我们在网页上放置教师成功运用教育技术的实例,供所有教师参考。这些例子根据教学工具和课程环境的不同而分为不同板块,例如运用技术工具和教学策略来激发学生的主动学习性、借助在线工具提高学生对上课内容的参与和相互交流等。我们可以在很多研讨会中运用到这些实例,比如一对一的磋商、新的教师培训、学校召开的教育技术交流会等。我们也会选取实例刊登在教学研究中心的期刊上,分发到我们 19 个学院的所有教师手上。

教学中心刊物

教育技术研究和评估机构的研究成果可能会引起教师的注意,鼓励他们进一步思考如何把新的教育技术应用到教学中。然而,由于很多教师甚至都没有时间去读这些文章。我们会将当前教育技术应用趋势进行概括，并提出了一些好的教学实践，刊登在《不定期论文汇编》上。

基　金

密歇根大学教学研究中心提供多种教学基金以鼓励教师对教育技术的应用（http://www.crlt.umich.edu/grants/ttigrant.php）。教学基金能鼓励教师探索新的教学策略，以创新的方式将技术运用到教学中，重新进行课程设计等。比如，有些教师正在研究手动点击工具，以供学生使用，从而加强学生的主动性学习能力，针对此类情况，教学研究中心就会给他们提供所需资金。这也为后来学生点击设备（clickers）的广泛使用奠定了基础。

基金的设立也让那些尚未学习新教育技术的教师有机会在课堂上运用它们。如教授本科生公共课的教师也想在课堂上增加多媒体元素，想要将自己的教学材料数字化，但苦于没有时间或是不懂这方面的技能。这时候，教学中心的多媒体教学基金就可以用来雇用学生帮老师做这些事。教学研究中心的基金不仅可以促进教师学习和掌握新技术，而且还能促进其获得更多的科学研究基金。比如，一位技术上并不太专业的教职员工可以运用这些资金邀请客座教授；一位工程学的教师可以用这些资金购置设备和软件，依托这些设备和软件的支持，这个教师有可能成功地从国家科学基金会申请到基金。教学基金设立后，我们可以通过多种途径来促进教育技术的有效应用，比如鼓励教师尝试新想法、完善课程改革项目，这样可以减少他们尝试新方法、新项目甚至是最终效果不确定项目的风险。

提供教学法和技术支持

通过以上的讨论和我们的相关研究发现，当教师把新的技术工具应用到教学中时，需要教学方法的支持。这时候，教学中心的作用是无可替代的，因为它能把教学法和技术应用很好地结合起来。教学中心采取了很多种方法来做这方面的工作，从短期的一对一磋商到长期的教师培训项目，等等。

一对一磋商

这种一对一的教学磋商对各个阶层的优秀教师都具有吸引力，因为他们能够得到个性化的学习，这在新技术学习的任何阶段都很重要。即使是

"创新型"教师也很愿意和咨询人员分享他们技术学习应用方面的技巧,而不会有给其他同事施加压力的感觉。他们希望能有专家分享他们的教学热情,提供一定的教学资源,这样可以促使他们在教学上的进一步创新。

另一方面,"较晚学习型教师"通常会等教育技术稳定后再学习其应用,这时候他们可能也想和咨询人员讨论一下如何在课堂上使用这一特定的工具。在一对一的讨论中,他们能提出自己的问题和担忧的地方。咨询员则可以让教师明确新技术在课堂中的价值,特别是在解决已存在的教学问题上的价值。但他们也会向教师呈现,显示这种价值尚需要一定的时间投入。因为这类教师注重的往往是这种技术的时效性,而不是潜在的价值。

和这两类教师的交谈,我们都是以技术方面的讨论为平台,而后将其建立在教学实践的应用中。例如,教学中心接受了一名教师的咨询,他想要在他的PPT课件中加入多媒体元素和动画,因为这样的PPT会更有意思。我们的咨询员先让他明白,他所谓的"有意思"意味着什么,鼓励他重新思考他做这个PPT的最初目的是什么,同时还讨论了多媒体可以应用到哪些学习活动中,而这些活动会对学生学习有怎样的影响。这个教师最初只是想学怎么在PPT中加入动画,却意外地知晓原来教学策略在引导学生主动学习方面还有重要作用。

教育技术研究生教学咨询员(IT-GTCs)

教育技术研究生教学咨询员是我们第五章提到的研究生教学咨询员(GPTC)下属的一个群体,他们都有从事助教的经验,教过独立的课程,或是曾与教授合作过。他们会在教育技术研讨会上做相关报告,教授那些尚未掌握技术的或是新任职的助教如何将新技术应用到他们自己的教学或是实验环节中。比如,教育技术咨询员已经成功举办过一个系列的研讨会,主题是大学课程管理机制中的合作性特征。在研讨会上,他们向与会助教讲述如何在课前搜集学生对即将讨论话题的看法,以及如何让学生持续展开对该话题讨论的相关内容。

教育技术咨询员也会协助教师制作一些大型的教育技术应用项目。例如,在一个大型的生物学课程中,教授决定采用在线测试。我们教育技术咨询员组的一名成员先协助教授设计一个试题库,通过让部分同学使用,完善评分机制,最后根据学生测试成绩调整课程教授内容和教授顺序。另一个例子是,一名大学教师在一位教育技术咨询员的帮助下,第一次使用了大学课程管理器。教育技术咨询员很熟悉当前的新技术和工具,同时他们又有助教的经验,他们知道学生需要什么,也能和"创新型教师"以及其他对教育技术的应用不熟练的教师合作得很好。由于他们自己还是学生,所以教师和他们谈及教育技术的应用时也不会觉得尴尬。

即时训练

除了教学技术方面的指导,教师还要有实际操作的机会。对此我们也有专门的研讨会。然而,密大最近的一项调查显示,一个教师平均每周有58.6 小时的时间用于上课、学生辅导、经费申请和撰写学术出版物上。这样他们就很难参加定时举行的研讨会。"即时培训"项目就是在需要时让教师参加特定技能培训,而无需坐等那些基础培训课程的开始。

例如,一名教师在学期前就已设计好课程管理的网页,但开学几周后想增加多项选择题来帮助学生复习课程内容,这时候他就需要学习这方面的技术。教学中心的咨询员和一名课程管理小组的成员就会到他办公室去,两个小时后他就学会了如何加入多项选择题和设置与线测试,并有机会和教学中心工作人员探讨在线测试相关的教学法问题。两周之后,学生在线测试的试题就准备好了。

集中培训

一对一的磋商和即时培训对大多数教师来说效果都很好,但要花费教学中心工作人员大量时间。如果教学中心工作人员不够充足的话,这种方法显然是行不通的。每年固定一个时间对教师进行集中培训显然能够解决这个问题。教学中心和学校的其他单位(比如图书馆、网络部门)相互合作,每年举行一次教育技术会议,会议名称为"丰富我们的学识"。这个项目为期一周,主要围绕三个主题:教学、研究和出版。一般在各学期之间举行(通常是在 5 月份),这时候他们不用上课,有时间学习一些新的教学方法。教师每年可以参加超过 100 场此类的会议,讨论话题反映了当前的技术在教学上的应用趋势,比如社科和人文学科的镜像资源、使用网络会议软件(Adobe Connect)实现研究生在线会议、采用谷歌的相片处理软件(Picasa)、使用谷歌视频和视频网站(YouTube)观看媒体资源。

这个方案的重点是:向教师介绍创新性观点,培养他们实际运用技术能力,并与同行、专家讨论如何将新技术应用到教学中。教师通过参加这些不同主题的会议,也有机会认识到许多志同道合的人,并相互之间可以建立起良好的沟通和联系。

和技术服务部门合作教学

在制定我们的各项培训计划时,我们会尽量考虑到教师的学习意向和工作需要,这一点我们做得非常成功。但偶尔也会有教师想在一项新课程中应用一个新工具或是用某项技术完善课程。在这种情况下,仅仅参加一两次培训会议恐怕还做不到。把一项新技术应用到课程中后,需要如何调整教学才能让我们的"教"与"学"的目的也"新"起来,对此,教师可能还不太清楚,他们也不知道什么是促使他们实现教学目标的最佳工具。一对一的探讨和培训都不足以解决这个问题。教学中心工作人员也不可能抽出许多时间来满足他们所有的需求。

针对这个问题,教学中心创建了教育技术所(TTI),他们协助把教学法、技术、学科学习联系起来,在规划课程过程中探寻新的教育技术工具(参见图9-2)。教育技术所给来自各个学校技术部门的咨询员和对此感兴趣的教师腾出时间和空间,合作找出一些基于技术的学习活动。下面的讨论就是描述这种成功的合作框架。

对教育技术所感兴趣的教师先提交一份申请,描述与他们课程相关的技术项目。根据相应标准,比如在教育技术应用计划中需要有比较完善的教学法,要对学生学习有潜在影响等,由教学中心领导的学校选拔委员会(成员来自不同学校的教育技术部门)挑选最多10人进入教育技术所。入选的教师将获得2 500美元的奖励,用以完成他们的计划。

接下来就是组建项目咨询小组,主要是基于组建人员的技术构成和咨询员的兴趣。一般是为每个小组配备一名教育技术人员和教学中心咨询员。

由图9-2可知,第二步是和教师的讨论环节。主要是为了让教师明白项目的目的、希望学生达到的学习效果、探寻新的特别是和该项目关联最大的技术工具。讨论中,教师可能会改变他们最初想用的技术,最后往往会选择的是操作、技术含量低的工具。这个转变体现教师培训项目的价值最大化,和以往技术培训中心强调将技术置于教学法前面的做法不同,我们的方法是在第二环节讨论中强调以学生学习为中心的理念。

为项目选定合适的技术工具之后,咨询员就会建议开展一些研讨会,以培训教师的基本技术或技能。教师可以只学习一种软件的基本应用技能,保证他们在设计教学板块和学生学习活动时不至于被一些基本的操作问题难住。这些早期的讨论和培训会议都是为后来为期一天的会议做铺垫的,

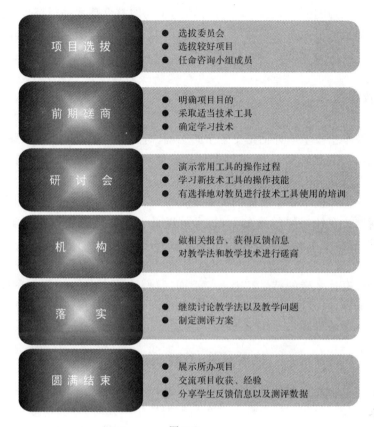

图 9-2

参加会议的人员有教学中心工作人员、教育技术咨询员和教师。会议主题是关于项目介绍、整体构建和教师计划(关于他们的最初计划)。

当这次会议结束以后,在春末夏初这一段时间,在教学中心工作人员协助下,教师开始规划下学期课程。大多数教师在这期间会制定好一个大致框架,比如说学习材料的选取、教学模版的选择、或者是教学的技术应用,等等。夏末时(开学之前),教师和教学中心合作起草一项计划,用以测评课程对学生学习的影响。夏季工作以最后一天半的会议收尾,会上教师展示修改后的课程计划。

春学期时,教师就开始实际操作制定好的课程,把选取的材料运用到课堂中去。学期将近结束时,所有相关教师要一起开会分享上课体会,分享收获以及学生的反馈信息等等。这时候教师常常可以申请进一步的资金支持,来做课程测评和进一步的完善。但如果仅仅是教学中心,显然不能完全满足每个教师的要求,这就要教学中心与不同的教育技术部门充分合作,才能对教师提供高质量的项目给予教学法和技术上的充分支持。另外,我们也会尽量减少会议数量,给教师更多时间以衡量他们新的教学理念。

评估教育技术

对教学中技术的评估是个复杂的工程,需要专门的测评小组来完成,其成员包括技术的研发人员、培训人员还有使用该技术的教师。任何一项技术都可以从多方面去测评,比如软件特点、成本、建议操作程度、安全性和教学价值等。而教学中心能做的评估是关于该技术的教学价值。我们会提出以下问题:"在什么样的情况下,技术可以最大限度地服务于学生学习?"、"什么样的教学策略可以在教学中最好地利用教学工具?"这就把关注的焦点从"我们应不应该在教学中使用技术"转移到"如何最好地利用技术和用法不同会有什么样的结果?"上来。下面,我们将重点介绍教学中心对技术应用的测评,以及在不同教学环境下(单个课程和多个相似课程中)技术对"教"与"学"的影响。

技术对单一课程的影响

很多教师都会在教学中用到技术工具,但很少有老师有时间去测评技术应用对"教"与"学"的影响。要么是数据搜集不及时,要么是搜集数据太耗时间。教学中心鼓励教师用"早播种"、"适时提供支持"的方式做测评。比如,有一个教政治学的教师想在网上放置一些案例研究,学生可以在线阅读。他也会提出一些跟案例有关的问题,要求学生课外自己去查阅相关资料,并把他们的疑问和评价反馈给他,然后,他就可以在课堂上兼顾学生的反馈信息。教学中心咨询员就会跟该教授紧密合作,协助他找到最合适的技术工具、探寻这些工具会对学生产生哪些潜在影响以及这种教学革新对"教"和"学"会产生哪些影响。

有一名教师对测评非常感兴趣,在和我们的咨询员多次讨论之后,他申请了教学中心设立的学生学习调查基金,进行教学测评。(http://www.crlt.umich.edu/grants/islgrant.php)首先,他与咨询员合作制定研究测评方案和数据搜集方式。在课堂上,他观察学生对他的问题的反映情况,仔细聆听他们的讨论,搜集测试的成绩并和学生进行交谈。当课程结束后,教学中心协助他完成数据分析。这个例子生动地反映在线学习对学生学习的价值,此外也能促进教师继续完善他在这方面的教学实践。后来在一场学校举办的教育技术会议上,该教师和同事们分享了他的教学成果。

在多种课程中使用技术工具的影响测评

将测评技术应用于大学多种课程的评价,有非常大的价值。这能帮助改善教学中的技术应用,最终可以让一种新技术在全校得到广泛应用。下面的例子就讲述教学中心是如何在大学推广一项新的技术工具——点击器的。当把该项工具推广到教学中后,教学中心负责调查学生反馈、分析教学成效,并将这些研究和大家进行分享,最后找到在该工具使用过程中最佳的教学实践。

点击器是一种无线手动使用工具,它能即时汇总学生对某个问题的回答。当教师给学生提出问题时,学生可以选择多种形式予以回答:多项选择或简短的回答(根据点击器提供的输入形式)。21 世纪早期,这项技术已经开始引起教师和学生的关注,在相关讨论中也对该技术提出了更多要求。那时对这项技术的价值还不十分确定,也担心会不会给学生带来额外的支出。教学中心决定在多项课程中对该技术做一项测评,记录课堂上该技术的应用方式,找出在"教"和"学"上都有很好效果的最佳教学实践,。

这项项目我们历经了 3 个学期,有 3000 多名学生和 20 名左右教师参加了网上问卷调查,主要是关于学生对使用该工具的反馈,比如对他们上课注意力、参与度、学习的影响。每个学期教学中心人员都会对数据进行分析,探寻有利于或不利于学生学习的教学实践。然后把这些结果和教这门课的教师分享,把问卷调查结果分发给参与这次调查的 20 余名教师以及其他对此感兴趣的教师和学校里更多的人。

基于这些数据,教学中心就能找到那些值得广泛应用的教学实践,比如用点击器检测学生以前的知识水平,或是对上课内容存在哪些认识偏差;也可以用它测试学生对新材料的理解程度。教师愿意接受这样调查得来的"最佳教学实践",并很快应用到自己的教学中。3 个学期以后,学生对点击器的观点也发生了改变,从开始用时有一定的"否定态度",到最后都认为是"学习的好帮手"。目前全校已经开始采用这项技术工具,促进实施大型课堂中的主动学习策略。多种课程中技术工具影响的测评工作相对比较难做,因为这需要更广泛的合作,但也正是这个原因它才会在学校里有如此大的影响。

广泛合作

我想我们还要讨论我们是怎么样在学校里配置资源,促使很多教师(从对技术一窍不通到技术专家)参与到我们的各种项目中来的。

通常情况下,多数大学会独立进行新技术的培训,这和我们这样提供高质量技术支持的培训机构类似。但后者所提供的经验和技术显然是任何大学、任何学院层面所无法替代的。大学独立培训的结果可能是,教师断断续续地接受培训。这些教师虽然接触了新技术,却可能不知道如何更好地发挥它的作用,最终可能没有完成技术培训项目。此外,相同技术工具的效果在培训室里应该在和教室、实验室里的效果相同,才能受学生和教师认可。在陌生的教学地点授课时,突然出现技术障碍,因而浪费了大量的课堂时间是教师们遇到的最糟糕的问题。

这样,相互合作就能够首先解决教师接受培训不连贯的问题。密大给这些分散机构提供支持。在学校里把这种机构和教师培训所需的专业技能相结合是十分必要的。一所大学或一个系不可能负责教师各方面的技术培训,比如教学设计、软件应用培训、课堂支持等。学校技术中心部门人员擅长网络基础和硬件、软件应用方面的培训,而各个系的技术中心负责教室设施方面的支持,教学中心则主要负责教师培训、课程设计和技术的课程应用技巧等等。

教学中心已经和学校中心技术部门和各个系的技术部门建立广泛合作关系,并为此举办一些大型或小型的培训项目。我们也会适时地与相应部门合作,保证他们掌握常用技术的有关信息。例如,我们把学校里提供技术支持部门的信息向教师予以公布,这样可以帮助教师获悉学校层面或系级层面到底拥有哪些可用资源。

结　论

由于我们项目的性质和采取合作方式的原因,我们也接触到了技术应用水平不同的教师。因此,我们的项目也具有一定弹性和创新型,我们主要从三个方面协助教师将技术应用到课堂中:推广使用技术、各方面协助和测评使用效果。在以一个方面为重点的同时兼顾其他方面。在推广使用技术的同时,我们准备好相应的技术支持;在协助教师运用新技术时,我们则准备好了将之用到更大的范围中去；在检测一项新工具的教学效果时，除了与其相关的技术服务外我们还计划如何将这种工具应用到更多学科的教学实践中去。我们有信心，我们的这些工作会得到更多学校教师的采用。

第十章

提高教学水平的行动研究

查德·赫少克(Chad Hershock)

康斯坦斯·库克(Constance E. Cook)

玛丽·怀特(Mary C. Wright)

克里斯托弗·奥尼尔(Christopher O'Neal)

过去的 10 年间,密歇根大学学习与教学研究中心(CRLT)一直把研究的重点放在支持和改善教学质量上。其中一个例子就是 2003 年教学中心关于理科的本科生留校和辍学率影响因素的一项调查(考虑到大多数入门课程学习过程中助教的角色)。用这种调查促进教育上的改革或转变是一项新尝试,但却极度耗费时间,教学中心的人员甚至要花几年的时间来做这项研究。那么,教学中心愿意投入的目的主要有三个:(1)改善理科入门课程教学质量;(2)让系主任更清楚地意识到教学中心的价值;(3)给教学中心咨询员提供一定的数据信息来指导助教的工作。

下面是之前出版过的一篇文章(经 John Wiley & Sons 公司授权再次出版),主要描述该项目目前 3 年的情况,教学中心如何运用这种研究改善学校教学等等。另外,结语中也总结了过去 7 年间,在改善密大教学文化方面此类研究对教学中心各项项目产生的影响。

提高教学水平的行动研究：
用数据加强自己大学里学生的学习[①]

查德·赫少克、康斯坦斯·库克、
玛丽·怀特、克里斯托弗·奥尼尔

摘要　行动研究是学习与教学研究中心的一种研究方式，主要目的是为了提高教与学的质量。这篇文章是关于密歇根大学教学中心所做的一项行动研究。主要是关于理科的本科生留校和辍学率影响因素的一项调查（考虑到大多入门课程学习过程中助教的角色）。最终，我们向教学中心人员提出了六项准则，供他们做行动研究时参考。

大多数大学教学中心的作用都是改善教学质量。它们主要是通过营造好的教学环境、满足教师要求、设立新项目让教学更加现代化等来起作用的。在这篇文章里，我们主要讲"行动研究"——加强学习不可多得的一个好方法。根据卢因的定义，行动研究是任何改革的基础或动力。有学者（Sorcinelli, et al.）讨论教师培训演变过程时认为，20世纪50—60年代之间是学者的时代（强调支持教师研究的重要性），今天是学生的时代（强调了教学法和教学的学习性），未来则是网络的时代，到那时候教师和培训人员的作用就会扩大，他们之间的精诚合作是成功的关键。

密歇根大学教学中心给我们展示了一个教学中心进行行动研究的方法。教学中心成立于1962年，该中心前10年的主要工作焦点是研究。20世纪80年代，该中心开始强调将研究与对教师的服务结合起来。到20世纪90年代，其工作重心大部分放在教师发展项目上，以响应教务长的号召。教务长强调，教学改进非常重要，而要想实现教学改进，必须进行教师发展。这种强调意味着中心不再需要研究，研究也不再是中心的工作任务，当然评价研究还是中心服务工作的必要组成部分。但是中心确实很少提出大型的研究项目，而只是进行单门课程的调查。

在这一新时期，中心拓展了自己的关注点，将更多的具有研究性质的基

---

① John Wiley & Sons 允许再次出版。Cook, C. E., Wright, M., & O'Neal, C. (2007). "Action research for instructional improvement: Using data to enhance student learning at your institution". In D. R. Robertson & L. B. Nilson (Eds.), *To Improve the Academy*: Vol. 25. *Resources for faculty, instructional, and organizational development* (pp. 123—138). Bolton, MA: Anker.

础工作纳入中心的工作计划。我们提出，教师发展项目应该伴随有定期的研究计划，而研究将会提高我们项目的质量。学术管理者常常需要我们进行研究，特别是院长们。这些研究有助于最终确定他们所需要的服务，并提高服务的质量。另外，此类研究还有助于改进教学实践、优化课程和锻造院系文化。此类研究所属的探究类型可称之为"行动研究"，教学中心借助这一有力的工具能很好地改进教学。

莱文（Lewin，1948—1997）将行动研究描述为一种螺旋式的过程，"过程中的每个阶段，都会形成一个由计划、行动、确定行动结果等三个部分组成的循环"（第146页）。组织行动研究对于高等教育来说并不陌生，利用评价的方法对高等教育制度变革进行研究自20世纪60年代高等教育战略规划运动兴起时就已经大量出现了（Halstead，1974；St. John，McKinney & Tuttle，2006）。自那时起，行动研究就被认为是民主化的一种方式。通过它，高等教育中的各个组成部分、各个群体都能参与变革过程（Armstrong & Moore，2004；Benson & Harkavy，1996；Park，1999），同时它还被认为是一种能让学习者积极参与的实验手段（Geltner，1993；Krogh，2001；Zuelke & Nichols，1995），以及课堂研究的一种程序（Cross & Steadman，1996；Schön，1983，1987）。行动研究有很多变体，如参与式行动研究（participatory action research）、合作探究（cooperative inquiry）、赋权式研究（empowerment research）、社区式研究（community-based research）和女权主义研究（feminist research）（Reason，1999；Small，1995；Strand，Marullo，Cutforth，Stoecker，& Donohue，2003）。

为什么教学中心非常适合行动研究？主要有以下几个方面的原因：

第一，这一类型的探究与中心的目标和理念非常契合。尽管教学中心的组织结构差异性非常大，但绝大多数的中心是对学校变革承担广泛职责的校级单位，并有能力形成校级层面的大局观，而不仅仅是面向某一学院（Sorcinelli，et al.，2006；Wright & O'Neill，1995）。这种大局观能让中心的主任们了解学术管理层所关注的问题。此外教学中心的校级地位，也意味着中心的员工知道应该收集什么样的数据，也有权力获得这些数据。另外，教学中心，尤其是规模较大的教学中心，时常参与评价项目，这意味着这些数据唾手可得，并且能有效地计划对行动的评价（Wright & O'Neill）。

第二，教学中心的职业教师具备足够的学术和职业背景，可以做职业调查工作。行动调查工作人员的角色一般都是分析师而不是专家（Gillespie，2001），这和很多咨询员的工作形式有点相似（Brinko，1997；Stringer，

1999)。

最后,是教学中心是个服务机构,他们的任务是把新观念付诸实践,提高教与学的质量。当我们分析完数据,得出结论,有必要采取某些措施时,教学中心就要完善这项行动计划了,然后测评结果如何。他们能够立刻改善这些项目,并与学校里愿意接受教学创新的教师建立联系。

基于教学中心的行动研究一般是先调查学生对某课程的观点(小组教学诊断,SGID),然后根据学生反馈信息进一步完善课程(Seldin, 1997; Nyquist & Wulff, 1988)。然而,课堂之外的的行动研究很少见到,仅有少数是关于研究生的职业目标(为了制定职业培养计划)(Bellow & Weissinger, 2005)、使用学生反馈信息评价和修正系级课程表(Black, 1998)、加强学生写作及学习技能(Zuber-Skerrit, 1992)和其他评估学生学习或是教学学术性之类的项目。此外,华盛顿教学发展研究中心还搜集了很多学院的信息,如分数分布、班级人数、学生评价和助教培训等方面的数据信息,来进一步分析需要改善的环节(J. Nyquist, personal communication, October, 1996)。

除了以上的这些优势,其实教学中心还面临着特殊的挑战。因为它们是服务机构,专业工作人员很难找出足够时间进行这些数据搜集工作。另一方面,教学中心的资金依赖于学校管理者,所以它们的工作必须是有利于学校管理者且不存在任何负面影响。此外,教学中心的项目并非强制性,教师愿意接受培训是因为认识到培训的价值,所以一个正面形象对教学中心而言就非常关键。如果研究问题没有解决,又让教师觉得项目不可信任,这就很容易弄巧成拙。这和政治诉讼的行动研究中遭遇的问题相似(Polanyi & Cockburn, 2003)。其他与行动研究工作人员有关的问题是:

• 他们作为促变者、调研人员、咨询员、助手和测评人员,当这些角色出现冲突时,他们会选择怎样的处理方式(Chesler, 1990; Elden, 1981)?

• 在行动研究的理解、必要的干预、研究结果的交流上,研究人员如何协调他们和机构其他成员之间的关系(Bishop, 1994; Greenwood & Levin, 1998; Israel, Schurman, & Hugentobler, 1992)?

然而,教学中心确实能够从行动研究中获得很多成果。下面我们首先分析一个例子,观察教学中心是如何有效进行行动研究的。首先,我们把教学中心的行动研究置于对理科学生保持率的问题研究上。然后讲述我们在微观层面进行行动研究的方式,也就是如何和密歇根大学三大理科院系进行合作。行动研究的关键步骤是:策划、采取行动和反思,每一个阶段都会做详细记录。最后,基于我们的研究,我们提出了六项准则,供教学中心做行动研究时参考。表 10-1 中有行动研究的步骤以及我们给教学中心的建议。

表 10-1　CRLT 行动研究步骤及准则

行动研究步骤	教学中心行动研究准则	教学中心在理科学生辍学率上的研究
策　划	1. 研究重点是教学中心角色相关的研究。	1. 所做的研究跟教学中心的任务有关,并且重视教学,支持多元化教学环境。
	2. 和学术机构的具体问题相关,调整研究项目。	2. 根据学校需要进行研究,并且与理科学生保持率等国家热点问题相联系。
	3. 获得学校管理者和教师、学生的认可	3. 得到院长和系主任的支持。
行　动	4. 调查结果能够促使教育机构和教师做相应改善,和他们保持紧密联系	4. 将调研结果提供给参与调研的院、系,并共同探讨和制定相应对策
	5. 根据需要,调整教学中心的项目和实践,提高项目的可信度。	5. 改善教学中心的助教培训项目。
反　思	6. 行动研究结束后继续参与改革进程,协助、指导并测评各种项目。	6. 制定行动研究的准则,和院、系合作进行改革,并规划测评方案。

全国性热点问题

理科学生的保持率已经成为一个全国性的热点问题,许多教育机构已经在尽量控制非理科专业本科生的流失率。近 20 年来,国家科学基金会也相应出台了一系列措施,例如设立基金、举行座谈会、出版刊物和其他必要的干预措施来提供理科学生的保持率。美国财政部称,2004 年美国国家科学基金会和其他联邦机构已投入 280 万美元用于提高理科就读学生人数。理科学生的流失现象是一个值得关注的热点问题,因为最初想就读于理科的学生有 40% 最终会选择其他专业,这其中不乏有很多具备较好理工科天赋的学生,这一问题在女生和有色人种学生身上表现得尤为明显。

有关理科学生流失率和保持率的文章中有关助教作用的文章并不多。研究型大学中,就读于科技、工程学和数学专业学生的入门课程大多是由助教教学的。相对于其他学科,这些学生在基本概念的学习上更依赖于助教,因为教师的很多教学任务都交给助教来完成。

教学中心的研究项目

密歇根大学教学中心的行动研究项目来自于 2002 年"密歇根大学研究生助教培训和测试专题研究"(*University of Michigan Task Force on Testing and Training Prospective Graduate Student Instructors*, Cook, et al., 2002)。研究小组由主要的本科生院的领导组成,比如文理学院和工程学院。这一研究小组主要讨论助教培训相关事宜,特别是从事理科生相关课程教学的助教。由于缺少相关数据,学院领导建议做一项行动研究,搜集相关数据,以供决策时参考。

策划行动研究的项目

理科生退学的情况在大学一、二年级比较容易发生,所以教学中心就把研究重点放在对入门课程的研究上。理科高中生到了大学想继续攻读理科的话,就会在大一或是大二修读一些理科的入门课程。经过相关部门的许可,教学中心对 3600 名修读理科课程的学生进行调查,调查内容主要是关于学生未来就读的专业意向、入门课程前后专业意向的变化以及专业意向转变的原因和助教对他们的影响。有 73% 的学生认真完成了调查(也许和我们给参加调查的学生提供奖品有关)。为了进一步完善调查数据,我们从教务长那里得到这些学生的入门课程成绩和其后两个学期内所修其他课程的信息以及与其有关的助教信息,比如助教的个人背景特征、作为研究生时和助教时的学期数量、本科时英语语言基础和学期末学生听课率。我们也会调查每个系的助教培训项目。

行 动

这个项目主要有三项和学院领导最初提出的问题相关的发现:

1. 密歇根大学理科系中,大多数助教表现都较好,只有少数教师助教可以被归结为"有问题"。

2. 实验室氛围是影响学生决定的最重要因素之一。其他因素包括课程成绩、数学成绩、职业方面知识的指导。

3. 从总体上看,密歇根大学理科保持率还是蛮高的,但从长期视角考虑,这仍然存在一定担忧,尤其是在女生的保持率上。

在完成调研工作之后,我们将调查结果反馈给接受调查的三个学院领导,并派工作人员和他们共同分析和讨论这些调研结果,协助他们在助教培训和课程设置方面进行相应的调整。后来,有两个学院对入门课程进行了调整,并设立了新的助教评估和激励机制。通过这样的研究工作,不仅促使密歇根大学教师培训工作有所改革,更重要的是促使三个学院都认识到助教对学生的成绩和保持率有重要影响。

反 思

教学中心一直都在努力协助各个院、系建立并完善这些改革。然而,就像多数行动研究一样,这些项目往往会有一定政治倾向,需要谨慎执行,才能有更多的合作同盟而不是反对者。因此,我们认为项目若要获得成功,需要遵循六项基本准则:

准则1:从事和教学研究中心目标相匹配的研究工作。

因为教学中心在学校里的角色比较特殊,在学生、教师、学院和领导之间起着一定的衔接作用,通常情况下,他们也会很忙,所以要想让教学中心腾出资源和人员来做某项行动研究,就必须要符合教学中心的中心目标。教学中心的中心目标是"重视并奖励教学,尊重个体差异,鼓励建立包容性教学环境。"

这项关于助教角色的行动调查显然就比较符合教学研究中心的中心任务。尽管此项研究耗时巨大,但它确实对教与学产生很大影响(特别是在对助教培训方面),并影响理科中少数族裔群体的录取情况,这有利于我们之前提到过的多元化任务。

准则2:根据国家层面热点问题且又契合院系具体问题进行研究项目的调整。

这项准则看似和教学中心提高其自身学校教与学的目的相悖,但关注国家层面的热点问题存在两方面的理由:第一,教学中心和国家层面的改革热点问题联系越多,它作为高等教育合法促变者的可能性就越大。在调研大学理科助教情况时,教学中心把学生的保持率作为评价教师的一项重要指标。我们在国家层面的论坛中对此研究工作进行了汇报,不仅增加了教学中心的知名度,而且也起到吸引其他学校或院系参与此类项目的作用。第二,教师职员们沉浸在部门的文化氛围之中,习惯与关注那些国家希望他们所在学科去研究的问题(Gouldner,1957)。通过选择关注学生学习巩固率这样一种助教有效性的测量方式,中心关注到了科学中的一个真正的问题。部门的管理者,以往对助教训练方面的项目不感兴趣,如今也置身于(或忙于)有关学生学习的巩固率的问题。

准则 3：获得学校管理者和教师、学生的认可。

2002 年的任务执行人员（也就是学院领导）强调数据的重要性。教学中心开展一项研究前的"催化剂"很重要。我们很幸运遇到了密歇根大学文理学院新的主任，他很热心于教学改革，支持我们的各个项目。他不是一名科学家，但他想知道更多关于文理学院提供的理科教育信息，所以他把这项研究看作自己的一个学习机会。没有他的支持，我们不会有今天的成绩。

然而，项目的成功还需要其他接受调研的系级层面领导们的支持。我们和相关系级层面所有领导进行面谈和沟通，告知他们我们可以将调研结果直接反馈给他们每一个人（而不仅仅是给系主任），这样他们就能独立判断如何改善和干预才会是有所促进的。毫不奇怪的是，有些教师和系并不愿意让我们收集助教和学生的数据，准备接受我们调查的第四个系甚至直接取消了研究。但由于我们前期研究的成功，现在这个系的系主任正和我们院长共同协商如何协助他们完成一项有关助教的调查。

一旦院、系和教学研究中心达成一致协议之后，教学研究中心就开始规划所需要研究的入门课程和研究方案。然后我们还会与这些院系进行多次磋商，直到获取他们的完全信任，同意做某些课程的行动调查研究。这是行动研究中最为关键的一个环节。

准则 4：我们的调查结果要能帮助教育机构和教师做相应改善，而不是脱离实际。

当院系领导支持此项研究后，该院系的相关负责人和老师会参与调研问卷的设计。教学研究中心的目的主要是协助他们完成数据的调查和分析工作。当调研工作结束之后，我们首先会把所有的研究结果反馈给院长和副院长。在这个汇总报告中，我们并不公布各个系的优势和劣势。然后我们和每个系或部门的领导进行沟通和讨论，参照调查汇总结果和他们各个系的调研结果，以凸显每个系的优势，并指出不足之处，之后再给予相应的对策建议。这样既表达了对各个系层面领导的尊重，又给他们留有一定空间，来自己改善助教的培训。最后院长会过问各个系或部门的调研情况，以及各个系、部门针对调研所作出的调整情况。我们在向院长汇报工作中，也会非常强调各个系配合的情况以及实际投入到培训和课程改革方面的预先支出情况（每个系投入了超过 25 万美元的资金）。

准则 5：依据研究需要调整教学中心的项目和实践，提高教学研究中心项目的可信度。

尽管我们教学研究中心对属于科学范畴的学科进行了调研，但教学中心尚有必要经常核查自己的助教培训项目。我们的最终调查数据显示,和助教沟通是本科生最为关心的问题。我们把和学生的沟通问题分成两个组进行研究:英语教学和非英语教学。首先,我们将研究结果给一直和我们有合作关系的英语系,协助其培训在其他国家完成本科教育的新助教(主要是非英语国家学习背景的教师)。这些国际助教的交流工作做得都非常好,这可能归因于以下几个方面:严格的研究生录取选拔过程、教学中心和英语系开展的一系列座谈会和相关培训课程,还有对他们教学能力的测试,等等。然而,在会议上,我们仍然会向系里提供如何进一步促进培训能力提升的策略,诸如当这些助教们进入课堂教学之后如何建立早期反馈和支持系统

第二,我们教学中心注重对所有助教的培训项目。此项研究初期,在2002年关于准研究生导师的评估和培训会议上有两项旨在提高助教沟通技能的建议——本土化和国家化。第一个促进和建议是个人实践教学环节,每位助教需要参加教学研究中心的模拟教学(有时也称为微格教学)。在2小时中,所有的助教被分为6组,每组都配备有1名咨询员。给每个小组成员提供5分钟展示自己领域知识的时间,然后从咨询员和小组其他成员那里获得关于试讲的反馈信息。在研究初期,这种安排还是带有选择性的,但研究结果证明,让每个助教参与到具体实践中非常有必要。参加密歇根大学助教培训项目的人数有数百人,尽管这是一个浩大的工程,但只要是参加过的助教都说这是项目中最好的内容,这让他们刚开始上课时就十分自信。后来我们也建议理科系采用这种培训方法。

另一项促进和改进建议是,增加一小时的促进沟通策略的交互式会议,描述和规划课堂教学的组织、视觉辅助工具的使用以及建立学生之间的互动。同时,也向大家展示了密歇根大学本科生的相关信息,如学术和社会背景、学习风格和智力发展模式等,让教师充分了解学生的基本情况,然后可以进行多元化教学。许多项目培训人员都知道培训时间有限的道理,因此,在确定选择哪些定为培训内容时往往会面临困境。然而,我们仍然可以从关于助教与本科生交流的研究结果中揭示,对这部分内容的关注是我们中心的职责所在,也是需要保持的最有价值的部分。实际上,在教学研究中心后续对助教评估方面,实践教学和沟通策略是最有价值的两部分。助教们的反馈意见是,通过这样的形式,可以促使助教在进入大学之后懂得如何去备课、多元化教学、营造积极的课堂气氛以及采用主动学习方法,如何去计划课程和如何从正在学习的学生那里得到反馈。

原则6:行动研究结束后继续参与到改革过程中,协助、指导并测评各

种项目。

除了教学中心的培训项目以外,很多理科系也有自己独立的助教培训项目。但通过对学生的调研发现,不同培训机构的培训效果还是存在很大的不同。学生会对一些系科的助教培训项目给出很高的评价,但并不意味着培训项目有什么改变。有时候也会有负面评价,学生会批评一些助教,认为他们沟通技能太差,打分机制不透明。教学中心会在后续的培训项目中提供一些教学实习和沟通技巧等,但也会适时安排一些干预措施,以改善下个学期的教学。

有两个系决定对助教进行早期测评,来进一步完善助教培训。在学期初期,通过调查教师的听课率,系和教学中心对存在教学问题的教师提供教学支持,以完善该学期的教学。其中一个系甚至在秋季学期刚开始的时候就给所有的助教安排了培训课程,而不仅仅是那些存在问题的助教。这样就使所有助教都有额外的培训机会。另外一个系准备聘请研究生导师,或是教学经验丰富的助教,协助助教解决教学中的有关难题。根据对学生的调查数据显示,有两个系的领导发现问题的关键在于入门课程本身而非助教。其中一个系很快对这些入门课程进行改革。

如卢因(1948—1997)所说,一个完整的行动调查研究不仅仅是行动,还包括对研究结果的事实搜集(第 146 页)。在上述三个系的培训项目中,教学中心就提供这方面协助,比如负责助教前期测评的监督、提供后续培训项目的指导、提高课程改革的基本数据等。一项良好的行动研究也包括对改革过程的测评,这也是教学中心的职责所在。

结　论

我们从教学中心的行动研究中获悉很多。我们了解到助教培训项目需要进一步改善,而且我们也有指导改善的相关数据,也知晓院系的领导及其团队也有改善其教学方面的意愿,而且愿意接受我们就教学方面调查研究工作。我们同时也非常清楚,向他们提供干预措施和提供数据一样重要。假如缺乏我们的支援,单个的院系可能不能独立完成所有的教学改革。我们最大的收获是知道了数据的力量。当我们在给一所大学做行动研究的时候,我们发现精心策划的研究项目、高质量数据能够吸引教师和领导的关注从而能够促进和完善教学目标。

尾　声

　　教学中心的行动研究以其独特的方式实现我们促进和完善教学的任务。首先,通过行动研究,不仅加强了已有的和院系的合作关系,也和一些院系建立了新的合作关系。这给教学中心提供了很多有价值的信息,比如课程设置、教学实习和助教培训。因此,这几年来我们才可以根据各个系的特点提供相应服务。

　　第二,教学中心从事研究的方式也让他们能够和主要教师和领导保持长期的合作关系。在对一个系的行动调研中,首先投入 25 万美元用于改善入门课程和助教培训,之后应院系主任要求,教学中心负责进行调查数据的搜集工作,并分析入门课程的调整对学生保持率到底存在怎样的影响。最后,不仅为提高学生保持率,也为院系改善教学和助教培训提供了充沛的数据。此外,这也证明了教学中心的专业知识和服务确实能够协助院系集中利用资源,对教学和培训进行改革。由于各个系领导人会面临变更,教学中心就有必要持续参与院系层面的课程改革和评估。例如,当新的系主任上任后,他可能需要改善入门课程的讲课模式和教学法,由于此前我们已经通过行动调查研究和这些教师建立了一定的合作关系,就会理所当然地负责下一轮课程的修改工作以及研究结果的的评估工作。

　　第三,尽管院系领导认为教师更容易在自己的课堂中收集相关测评数据。但这些教师显然很少有时间来分析这些数据或是促进下一步的教学改革促进,而仅仅将这些数据置于一边。然而由于其独特地位,教学中心不仅可以提供这些评估服务,而且还能对课程改革提供一种高效、及时的引导作用。

　　最后,在校园内广泛传播研究成果,也能给那些没有参与行动调查的院系提供教学方面的帮助,尤其是没有参与行动研究的科学和工程学方面的院系科,它们同样希望提高学生的保持率。具体的传播方式如,教学中心会把调查结果置于网络上,供大家在线阅读,也会出版成册分发到每位教师手中。继行动研究结束之后,中心把一些调查结果和现存文献编辑成简单实际的教学策略,用以提高理科学生的保持率,同时也便于教师的课堂操作。另外,我们还根据行动研究数据设立了一项互动的教师培训项目。只要对项目中的例子和活动进行适当修改和调整,就能适用于各个系的教师培训。我们根据行动研究总结出的六项基本准则同样适用于教师的培训项目（对研究生和博士后学者的教师培训）。中心通过这样的活动和调研就可以实现和多个院系和教师之间的沟通，从而达到促进教学互动的目的。

第十一章

角色扮演及其他：结合剧情表演，促进教师培养

马修·卡普兰（Matthew Kaplan）

杰弗雷·斯特格（Jeffrey Steiger）

学习与教学研究中心（CRLT）教学模拟情景剧项目（http://www. crlt. umich. edu/theatre/index. php）致力于把戏剧艺术应用于教师发展中。一些大学剧团为新生表演与课堂或宿舍问题有关的短剧，如约会强暴、作弊和剽窃、酗酒。就我们所知，中心戏剧项目是首个完全制度化的戏剧项目，为教师和研究生表演，剧情主要涉及教学和学习，以及教师的工作和生活等方面的问题，大多采纳短剧的形式（10 分钟），通常包括人物和观众的互动。演出结束后，演员会与观众有个对话阶段，观众可以从演员那里获悉他们的动机、想法和态度。有时短剧会在这种互动和讨论之后重新演出，或者允许观众参与到情节中并促进这个过程的动态变迁。更长的剧目（20～30 分钟）则会包括多媒体元素、音乐和舞蹈。当所有剧目演出结束后，都会展开广泛的讨论，通过讨论可以获悉观众的反应并提供机会了解教师和研究生对现实问题的理解和观点。

这种表演在我们教学研究中心的发展规划中得到了广泛运用。在全校性培训和研究会以及各个院系定制的总结反思会和研讨会中，我们都会安排此类表演。也与大学里的其他单位如密大艾德万斯项目①（ADVANCE，http://sitemaker. umich. edu/advance/home）建立了伙伴合作关系。该项目资助了有关教师工作生活的 3 个短剧的发展和演出（LaVaque-Manty，Steiger，& Stewart，2007），以及为文理学院的助教培训项目制作一套关于预防性骚扰的短剧。

---

① 这是密歇根大学一项致力于改进教师工作环境的项目。主要关注教师聘用方面的公平，防止优秀教师流失，改进院系工作氛围，发展院系领导的领导能力以促进良好的氛围。

无论是密大还是全国，这几年对此类演出的需求越来越多。2009—2010 年，中心演员为 2200 名观众表演了 40 多场。剧目从单独的一个有关科学课堂上对女性冷淡态度的短剧发展到一张超过 25 个短剧的节目单，表演内容涉及广泛的话题。这种形式已经通过实践证明是作为教师发展培训的有效手段，在教师中引起广泛讨论。

尽管我们都非常清楚戏剧的潜力，但我们也意识到目前的结构（3 个专业员工和由 25 个业余演员组成的剧团）远远超出大多数教学中心的承受能力，至少一开始必然会面临资金紧缺的状况。本章集中于如何受益于戏剧的特定方法——角色扮演。运用此法可以实现不需要建立一支完备的剧团就能提供戏剧。

戏剧成功取决于什么？

在详细探讨角色扮演之前，了解戏剧能够促进教师发展取得成功，这是非常重要的。在 2006 年 *Change* 这本杂志的一篇文章（Kaplan，Cook，& Steiger，2006）中揭示了戏剧的 4 个特征，我们认为这些特征是它能够在学术背景下适合职业发展的关键。

- **幽默地展示严肃的问题。**戏剧可以将很难讨论的严肃问题（如在雇用员工或授予终身职位过程中的性骚扰或性歧视）通过幽默的方式予以展示，可以促使观众释放紧张感并愿意参与讨论这些问题。幽默缓解了观众对这些难以启齿问题的抵触情绪，也避免了对这些问题的"说教"。

- **感同身受同时保持距离。**戏剧利用情感的力量以促进学习。比如我们会表演一些当参与者面临困境时（冷淡的教学气氛或获知患癌症的消息）剧情，通过这种可能是发生在自己教室、诊所、部门中的实际情况的表演，可以让观众感同身受，增加认同感而不会有戒备心理。

- **绝对信任，搁置疑虑。**剧情的创作过程包含了对已有文献结果的讨论、小组讨论和预演反馈。我们还充分利用观众愿意搁置疑虑的特点，可以让我们将各种问题浓缩成一个简短的互动，既对此进行了丰富多彩的讨论而又未伤及剧本的可信度。最终，我们时常会听到人们会说这个剧情与现实有着惊人的相似性。

- **通过陈述和积极学习创造价值。**剧本本身作为戏剧研究陈述发挥作用，提出问题但不给出明确的解决方法。后续的讨论和练习则可以充分利用学习者主动学习能力和对此问题的全神贯注，能够推动参与者克服难题、仔细思考同事之间各不相同的观点并对所面临的话题有更为丰富的理解。

通过对中心演出的影响评估表明,短剧对观众既有即时的影响,也有持久的影响。在教师对学生残疾反应的短剧演出后 6 个月的调查表明,80％的调查者认为该短剧对教学有影响(Kaplan, et al., 2006)。密大的艾德万斯项目调查反馈显示,观众对短剧展示教师工作生活问题的有用性和演出、讨论增加了对短剧中问题理解评价很高(总分 5 分,分别获得 4.0 分和高于 4.0 分)(LaVaque-Manty, et al., 2007)。这两次研究我们都设计了开放式问题,观众的回答再一次表明戏剧会对他们产生深远的影响。例如,观看过冷漠气氛短剧的一位助教写了如下一段话:

> 当我上实验课时,我经常看到女学生习惯在实验室记录笔记而不是积极参与到实验中。现在当我面临这种状况时,我会实施干预手段,提醒这些学生他们需要在实验课堂上发展她们自己的实验技能。(Kaplan, et al., 2006, 36 页)

一位观看了教师聘任短剧的教师写道:

> 我认为幽默短剧提出了很多关于部门动态机制的要点。当然每个部门执行委员会都应该看到这一点。因为它能够帮助人们意识到这类普遍存在于人际交往中的陷阱(LaVaque-Manty, et al., 2007, 217 页)。

另外一些人也认可互动戏剧的影响,例如记录了这种方法能够协助工程学院女性教师关注她们学院性别动态中起到的作用 (Chesler & Chesler, 2005)。

那么教学中心如何利用这种戏剧的形式而并不需要建立自己的剧团?我们认为扮演角色为教师发展人员提供了一种很有成效、而又唾手可得的方法来利用戏剧的力量拓展项目和提升内部过程。

教师发展中的角色扮演

以下内容介绍角色扮演的背景及其使用方法。

历　史

使用角色扮演作为一种教学工具有着丰富的历史,横跨多种学科,由于超出本章范围，在此并不进行详细探讨。精神病学家和心理学家雅各布·莫雷诺(Jacob Moreno)经常被认为是使用心理剧、具体应用戏剧或扮演角色作为治疗方法的开创者。戏剧实践者奥古斯都·保尔(Augusto Boal)被保罗·弗雷利(Paulo Freirie)的哲学激发灵感并以此为据点，写了大量关于戏剧活动和互动情景作用的作品，或是作为扮演社会、个人和政治斗争以形成对话和斗争策略、解决方案的"论坛戏剧"，(*Theatre of the Oppressed*，1979；*Games for Actors and Non-Actors*，1992；*The Rainbow of Desire*，1995)。斯普林(Viola Spolin)创作的作品经常被誉为美国喜剧即兴创作的基石，尤其是《第二城市》(后来促成《周六夜现场》)，这被认为是打破了传统喜剧即兴创作的开始。斯普林的作品对在戏剧和课堂上使用游戏也产生了重大影响(*Improvisation for the Theatre*，1963)。随着《教室中的喜剧游戏：教师手册》(*Theatre Games for the Classroom：A Teacher's Handbook*，1986)的出版，更多的教师对斯普林有所了解，因为这本书主要阐述的是她如何拓宽其课堂教育技术的使用。

目前角色扮演可应用于各种学科和教育环境中，包括医学教育(Mann，Sachdeva，Nieman，Nielan，Rovito，＆ Damsker，1996；Jones，2001；Benbassat ＆ Baumal，2002；Heru，2003)、商业(Anselmi，2004；Liebowitz，2003；Yazisi，2004)、历史(Erb，2003；Morris，2003)、反种族主义教学(McGregor，1993)、第二语言习得(Kodotchigova，2001)和社会工作(Halperin，2002)。在中心我们定期采用各种方法进行角色扮演，包括中心对研究生进行培训并使之成为研究生咨询顾问。

角色扮演使用演员：启发性短片(Trigger Vignettes)[①]

中心的艺术指导与教师委员会合作制作启发性短片，通过简短的对艰难或疑难动态情况的情节描述，引发人们讨论当教师面临此情况的对策。短片主题可能涵盖院系氛围和交际、课堂权威、办公时间、教师和学生临场互动。短片的创作动力可能来自院系领导、教师委员会甚至校级管理人员。下面举例说明启发性短片的创作和使用方法。

---

① 启发性短片通常非常简短(2～5分钟)，一般是教师参与场景设计，旨在激发对困难问题的对话。容易将其纳入研讨会、总结反思会或教师会议，对有时间约束的会议或存在具体问题的部门非常有效。

与上述描述的低影响力的角色扮演不同,启发性短片需要提前准备和较高水平的脚本。它经常要用到那些能够对即兴表演得心应手且富有冒险精神的表演者,这对计划和表演都是很重要的。我们的剧团由专业演员和在舞台上不拘束的研究人员共同(研究生、讲师、中心员工)组成。专业演员懂得全套的表演技巧,而研究人员熟悉需要讨论的问题。当然,短片要获得成功尚需要一位领导/推动者,他能够将表演和所讨论的内容合二为一(或是双方共同合作,互相弥补各自的技能)。

导演、演员与委托制作短片的教师组开会。会议通常持续 90 分钟,由两部分组成。第一部分类似于教师小组,专门为了协助导演和演员了解更多表演的目的和教师希望解决的问题,如问题的发展趋势、历史演变、问题现状或与问题相关的动态环境、可信范围或动态机制(相对于可能被认为过于极端的方案)。第二部分则是如何将方案改编成剧本。在这个过程中,演员起重要作用。在教师小组汇报的基础上,导演会让教师提议 2～3 种能代表教师们提出众多问题的情景。然后由演员基于每个方案临时想出简短的情景。当每个情景展示完毕后,导演会向教师提出一些问题。这些问题能够有效帮助这些临时想出来的情景进行修饰、制作:现实意义是什么? 是否有遗漏? 有没有不合适的地方? 是否需要更专业的术语? 导演和演员记录笔记并完善剧情而后演员重新表演情节,导演和和教师进行核查。碰面会后,导演会运用下面例子描述的具体的纲要模式创作一个更完善的短片。然后演员和导演会在演出前 30 分钟进行彩排,以进一步完善和修改短片。

教师—行政人员关系

中心与教务长办公室合作开展院长和副院长职业发展项目和校长领导力培训项目(http://www. provost. umich. edu/programs/faculty_development. html)。除了为所有院长和副院长组织圆桌会议,我们还为那些刚就职的领导进行培训,其中有大学要求最严格、花费时间最多的管理工作培训(更多项目信息参见本书第三章和 Wright,Cook,& O'Neal,2010)。对从教师岗位过渡到行政工作岗位的人而言,如何监督和顺利得到行政人员的支持尚存在一定的困难,这些行政人员主要包括核心办事人员、秘书和其他人。尽管当他们作为教师身份时和这些行政人员也会有一些互动,但不需要为办公室团队工作的顺利进行、行政人员与其他教师关系、或办公室行政人员之间承担行政管理职能,此外,对这些管理人员而言,需要学会如何充分利用行政办公人员,只有这样才能避免自己深陷微不足道的小事中。

这就意味着他们需要重新架构和同事之间的交流和沟通模式。

中心使用上述描述的 90 分钟启发性短片为新上任的院长和副院长创建两个培训方案。在这个案例中由我们学校各大学院所有系的行政主管和中心的主任共同组建讨论小组。因为参与者都对相关的小组极其了解，因此，有限规模的讨论显然非常合适。行政主管人员非常清楚在这个过渡过程中行程人员与教师之间所要面临的冲突与矛盾。中心导演需要和这些院长和副院长进行充分沟通，从而确定他们的需求并进行剧情定位。这个讨论促成两个启发性短片的形成：一个是与新任院长是多年好友关系的行政人员在和另一行政人员产生冲突时，向新任院长寻求支持；另一个是由核心办事人员迟到而引发的无视院长要求、无组织、无纪律性向规范化、制度化工作关系转变。

如上所述，在经过初步讨论之后，导演通过草拟出一系列"片段"概要，即详细说明故事弧段的简短时刻来创制短片。

下面是一个启发性短片概要的例子。

片段 1：迟到

A.（重要的管理者进来）：大家好，很抱歉，我婆婆又……（她在上台阶时绊倒）

B.（重要的管理者说）：阶梯对她来说好像珠穆朗玛峰……

C.（主席试着礼貌地打断：好了，那么……）

片段 2：开始时间

A.（主席回答）：我在等你……我这儿真的需要你……

B.（重要的管理者辩解）：我准备好了……那么我们开始吧……我把便笺簿拿出……

C.（主席说）：这一次我不知道有没有时间……

D.（重要的管理者辩解）：好了，看看我们能做什么，我准备好了。开始吧。

片段 3：错误的开始

A.（主席的纲领）：我们要谈论教务长研讨会、课程……我们要知道原因。

B.（主席的问题）：由于辛迪从现在一直到正午都在家，我们将必须照顾好……

C.（主席重新思考）：你知道的，我不能现在就做。我一会有个会……

D.（重要管理者迅速离开）

片段 4：交谈

A.（主席再次尝试）：坐下来……我们谈谈

B.（主席把问题摆在桌面上）：我迟到了，我们这儿需要你……

C.（重要管理者懊恼地辩解：我婆婆……正搬进来……

D.（主席回答）：你不按时来，不能好好做事……

E.（管理者要求）：辛迪的情况（在中午才到）由我处理，让事情容易点……

F.（主席最后说）：你在开玩笑吧？

概要并不是成熟的剧本。相反，它会给演员提供给表演短片的关键线索。线索之间的空白要演员凭借对情景的把握（通过参与焦点小组或彩排）和对适合他们编造的对话的下一节拍的理解即兴发挥。通过创造出主要的结构，让演员对概要进行自由发挥而不受任何拘束。此外，在表演中添加夸张的对话可以增加表演的新鲜感，吸引观众对这种情景的认可，从而促使这些短片能够成为一种载体，成为讨论问题并产生效果的关键。

短片表演结束之后演员们还会和与会人员进行互动（演员自始至终扮演角色，直到研讨会结束）。这种互动交流把教师吸引到情景中来，加深了他们对话题和人物动机的理解。更为重要的是，有些时候可以获悉当他们面临同样问题时的反应。人物与观众之间的这种互动，可以获得更多的信息、问题和评论。此外，中心的艺术指导会充分运用两种戏剧技巧，以激发那些仍没有谈及的问题。

第一种技巧称为"暂停/重新开始"。在特定的时刻，主持人会提醒观众因为有其他角色的存在，所以其中一个角色可能无法做到坦诚。那么主持人会让观众要求让这个角色说出他内心想表达的秘密。那么，这个角色进入"重新开始"阶段，而另外角色进入"暂停"阶段，听不到正在讨论的东西。这种方法给讨论增添了另外一层重要的含义，它提供了关于问题的动态过程，和什么是我们觉得可以说和不能说的东西（和具体采用何种方式）。

我们把第二种方法称为"转换"。当表演结束后，主持人会让观众构思一个完全一样的场景——一样的对话、性格、争论的问题——但是制作的方式不同。演员重新在舞台上保持原来的位置并摆出一个标志性的身体姿势以展示他们的性格（这在彩排时已计划好了）。当主持人说"转换"时，演员转换身体位置，并按照要求以其他人物展现新姿势。我们通常会问观众他们看到什么发生了变化，什么没有发生变化。例如当由一个白种女性展示的角色改由有色男演员扮演时。我们经常会发现，当观众遭遇这种隐形的诸如种族、性别和其他身份认同的偏见时他们会目瞪口呆。后续的交流就可能增加我们谈话的深度，可以让我们探讨往常难以直接启齿的问题而不会让人产生羞耻感、戒备感或沉默。这是另一个展示戏剧作用的例子，它使得观众有自己的见解而不会感觉他们在接受说教或因认识到自己的盲点而感到羞耻。

这些短片由中心导演和管理者合作共同完成。这种共同促进的合作经历对中心的演员来说非比寻常。它是教师培训人员广为采纳的一种策略，可以通过短片的运用而探讨更为广泛的问题。从事这项活动的员工由于与他们的领导一起经过了多年的训练，往往会拥有自己独到的见解，并能发现一般教师所没有注意的问题。至于其他的教师培训人员，中心导演在给他们制作短片时，通过多次讨论使得他自己不至于说教又能很好地记录好的想法和理念。

无需演员的角色扮演

有些情况下我们并不需要专门进行培训的演员参加，只需要那些稍作准备即可进行的角色表演。有两个例子可以说明我们是如何在不同的环境下采用这种方式——咨询培训会议和招聘教学咨询顾问的过程。

招聘教学咨询顾问

第一章提到，我们的声誉取决于我们所做工作的质量，因此我们对招聘工作相当严肃和谨慎。面试过程涉及很多部分，其中之一就是使用角色扮演促使我们了解候选人在一对一咨询中所具备的能力、态度和性格。我们已围绕两个主要的课堂问题发展了一套角色扮演：普通教学问题（如缺少学生参与）和课堂多元化问题（如包括或排斥来自不同背景的学生），还有一个系级问题（如为助教或教师创办新的职业发展项目）。每个方案都真实反映中心的咨询服务。

进行角色扮演时，我们所有的咨询员工都在场。我们为每个当场进行的方案提供简短的准备材料，然后让各种类型的员工扮演咨询者，应聘者扮演咨询顾问。我们会首先强调问题并没有标准答案，相反，我们对他们如何进行咨询更感兴趣（如他们问的问题、他们用的资源、他们使客户感到舒服自然的能力)。我们会为那些扮演咨询者的人员提供角色扮演脚本,以促使他们在面对咨询顾问谈话时能够就问题和回答前后一致。角色扮演时间非常短暂,约持续3～5分钟。之后我们会让应聘者反思咨询的效果,以及他们为什么会采用那种方法以及不应该做什么。

虽然个人咨询仅仅是工作的一个方面,我们发现这些角色扮演让我们深刻认识到应聘者的一些想法,以及他们会如何与客户进行更为广泛的互动。就像戏剧要求一位观众把舞台上的动作与他们自己的行为作比较,这些角色扮演激发人们讨论应聘者关于教师培训的理论(如想建立对话而非提供答案)和他们扮演角色时采用的方法之间的关系。此外,面试过程向我们展示了他们如何应对困境的状况,而这种状况显然是不会有清晰的正确答案的。最后,尽管每个人都是单独和应聘者进行对话,但角色扮演提供了一种共同的经历,这对我们联系一对一谈话形式非常有帮助。

一种相类似但更简洁的过程用于遴选同事教学咨询顾问(PTCs),我们招聘这些顾问以满足助教对服务的需求(见第五章)。

咨询培训

一旦我们招聘新员工(教学咨询顾问、研究生教学咨询顾问),我们会提供一整套培训研讨会以促进他们了解我们的咨询方法。我们在两个项目中使用角色扮演,一个是关于考察课堂教学和收集学生期中考试反馈,第二个是就学生对教师的教学评价进行的咨询。

关于考察课堂教学和MSFs(见第四章)的研讨会包括客观地记录笔记,同时观察班级情况、运用那些笔记与教师讨论并尝试在课堂中开展MSF过程。在这个过程中,角色扮演必不可少。它能帮助新的咨询顾问感受他们使用的语言、他们可能面对的问题类型和抵触情绪,以及他们需要为咨询作好各种类型的准备。在这个研讨会上,由密大教师播放一个简短的录像(5分钟)。当他们观看时,参与者客观地记录笔记(即记录发生的事,而不进行评判)。观看并讨论研讨会主持人之间的角色扮演范本后,参与者再观看两个录像,并和一个合作伙伴轮流扮演咨询顾问和教师。当每个角色扮演完成后,相互之间汇报情况,角色扮演期间要求参与者要思考有效的策略、挑战和遇到的问题。设计角色扮演时,我们讨论了布林克(Brinko,1997)的咨询模式,范围从提供标准答案到满足客户需求。选择录像时,我们充分考虑了各种个性的教师和各种方法(很自信但说教的演讲者到力不从心的讨论领导者),这样可以促使参与者仔细思考,根据客户和学生的需要而采取具体的方法和类型。

通过咨询过程的表演，参与者有机会在风险很小的情况下尝试他们的方法。事实上他们正在尝试咨询顾问的角色，并得到对方法有效性的反馈。他们还通过观察合作伙伴和主持人获得其他的方法。此外，这些互动活动让他们感受到了咨询的情感要素——咨询顾问和客户都能感受到——这是使用其他方法无法实现的。

在对学生评价的研讨会上，参与者需要给出关于学生评价的研究概述以及促使他们理解的运用指导的总结报告（既有数字资料也有开放式的评论）。为了推动对话的顺利进行，研讨会主持人会扮演咨询者，并告诉参与者要努力把自己设想成共同的咨询者。而在不同的时点，主持人又会扮演咨询顾问的角色，而向在座的参与者扮演的观众咨询如将将对话延续下去。在获悉他们的建议后，咨询顾问会考察其合理性并鼓励他们在角色扮演中尝试他们的想法。如果可行的话，会对同一问题采取不同的方法，咨询顾问可以让一位参与者接着进行角色扮演并试验他或她建议的方法。

角色扮演创造了一种共同的经历，缓解了由距离而产生的紧张关系，从而进一步让我们理解为什么戏剧是卓有成效的。参与者并不是完全在台上，因此他们不会当局者迷，而能保持距离对此进行评判。另一方面，他们作为咨询顾问的同事被带入了这个虚构的角色扮演世界之中，这样随着情节的发展，他们能仔细考虑自己的反应。

就角色扮演使用与教师进行协商

除了把角色扮演纳入我们的项目之中，我们还与学校教师合作，他们希望在课堂或专业大会上使用戏剧。下面是这类工作的例子：

• **遗传咨询**　在这个项目中，学生面临的挑战之一就是如何说出难以启齿的消息。特别是当他们需要告诉病人医学测试结果——他的孩子有严重的健康和能力问题。临床训练课程开始时，教师邀请中心的演员就残疾的观点、看法以及这方面的经历进行讨论，并将在该门课程的教学中运用角色扮演技巧。为了实现角色扮演任务，中心导演鼓励全班同学进行讨论，以确定角色扮演的架构，帮助他们形成指导方针以使人们的反馈都是充满敬意的，为他们确立方案以实现角色扮演，并向同事传递反馈信息。

• **环境公正**　作为有色人种环境峰会陈词的一部分，教师与中心演员一起致力于发现质疑团体成员的看法以及实际采用的策略，并与政策制定者一起研究环境问题对边缘团体的影响。这种合作创造了启发性短片。如一个描述市长和团体成员之间的相互作用的情景，该成员游说市长关注一个被忽视的学校环境问题。看了情景后，大会参与者有机会取代团体成员，并试着用不同的策略游说市长。接下来是全组讨论有效的方法。在陈述取得成功的基础上，教师决定把角色扮演活动纳入他的课程之中。他让学生创造自己的场景并呈现给同学以促进展开更为复杂话题的对话。

• **社会工作学院** 当中心的演员开展了一个课程模块来训练一队精英学生发展角色扮演技巧时，中心演员艺术指导与社会工作学院的教师开展广泛合作。他与教师讨论让演员做好充分准备而采用的典型戏剧方法（如积极的倾听技巧、对场景的全身心投入、临场发挥、进入人物角色）、场景产生效果的支配原则（如上所述）和为演员创建一个开阔空间的重要性，使他们能反思自己的观点并走出刻板塑造形象的困境。上这门课的学生随时可以对方案进行角色扮演。这些方案可能用于其他课程或社会工作学院举办活动的环境中。

结　论

在过去的 10 年中，我们了解到戏剧有能力在教师、助教和学术管理人员间展开谈论难以启齿的话题。此外，我们的经历表明，非正式的作品越多，如呈现出各不相同但独具特色的优点的角色扮演，他们产生的效果可与编制得更为完整、更长的短剧一样好。角色扮演和短片也有独具特色的优势。通常他们都很短，这使得我们能把他们与项目融为一体，创制花的时间也不长，这意味着我们能对项目需要（我们的和我们与之合作的那些单位的）即时回应而不用像制作一个成熟的短剧一样需要很长的准备期。尽管短片受益于经过训练演员的参与，但我们在很多情况下使用角色扮演策略，促使员工甚至管理人员也进入角色，这同样促使我们获得巨大的成功。我们已然发现当我们需要更多演员时，密大戏剧系和其他大学的学生和教师也非常愿意和我们合作。教学中心通过这种跨学校的合作获得了很有价值的同盟者，使得他们能充分利用戏剧的力量来丰富教师培训项目。

结　语

Conclusion

结　语

应对研究型大学教学中心
面临的挑战

马修·卡普兰（Matthew Kaplan），特里·阿拉蒂姆（Terry Aladjem），洛利·布莱斯娄（Lori Breslow），苏萨那·凯尔金（Susanna Calkins），德博拉·德组热（Deborah DeZure），娄比恩·敦巴尔（Robyn Dunbar），让·弗劳曼（Jean C. Florman），马尔内·黑格森（Marne Helgesen），阿兰·卡里什（Alan Kalish），大卫·兰斯利（David Langley），格里高利·莱特（Gregory Light），安吉拉·林瑟（Angela Linse），米歇尔·马林考夫西（Michele Marincovich），约恩·米登多尔夫（Joan Middendorf），阿里森·平格里（Allison Pingree），威廉姆·莱恩都（William C. Rando），玛丽·迪内·索斯瑞丽（Mary Deane Sorcinelli），凯斯·塔卡亚马（Kathy Takayama），普拉提哈·瓦马·奈尔逊（Pratibha Varma-Nelson），苏扎那·韦恩斯泰恩（Suzanne Weinstein）和玛丽·安·温克尔姆斯（Mary-Ann Winkelmes）

引　言

各类院系都致力于他们的教育使命，但在研究型大学，关注卓越的教学感觉是反校园文化的。研究型大学的教学中心在努力完成其提高教学质量和提升学生学习能力的使命之时，面临着独一无二的挑战。

我们认为在最后一章应该把范围从密大和学习与教学研究中心（CRLT）拓宽到同类院校中在类似环境工作的同行。在本书导论中已提到，中心是两个组织的成员——院校合作委员会（CIC）和大常春藤联盟教学联合体——我们在密大的研究型大学环境中遇到挑战时经常向他们寻求帮助。此外，我们经常向多年从事教师发展工作的经验丰富的实践者寻求建议。我们请这些有真知灼见、成功的中心主任与我们分享他们遇到的挑战，以及通过创新项目和谨慎管理资源发展出克服这些挑战的策略。这些挑战可宽泛地分成四大类：校级层面的挑战；让教师和学生参与进来并支持自己实行的教学法；具体学科的项目和适合教师特定职业阶段的项目。他们做出回答并与我们分享了实践经验，对此我们非常感谢。相信你们会觉得他们的看法与我们的一样有价值。

校级层面的挑战

当教学中心地位更为稳固、学术管理人员看到他们的价值时，我们被要求做更多类型的工作。我们的工作在大学中被看得越来越重要、越来越受到重视，对此我们经常感到很兴奋。一些主要计划会撇开教学中心，教学中心如何应对这些计划？我们怎么做才能在坚持使命（就像在中心说的"恪尽职守"）的同时又能满足那些为大学确定道路的领导者们的真正需要？下面的例子提供了应对这一挑战的知识和模式。

岿然不动或略作改动：应对中心和学校的优先任务

马萨诸塞州立大学阿默斯特分校（http：//www. umass. edu/ofd）
教师发展办公室，教师发展副教务长
玛丽·迪内·索斯瑞丽（Mary Deane Sorcinelli）

（感谢范德堡大学（Vounderbilt University）教学中心的阿里森·平格里（Allison Pigree），他就这一话题的谈话对我很有帮助。）

近几年院校对教师发展项目的要求层出不穷。这些项目赞助或支持通识教育、混合和网上学习、一年级的讨论会、学习和教学共通点和新的课堂空间。还号召一些中心在更广泛的职业发展领域如指导、学术写作、领导艺术和工作/生活平衡方面提供帮助。一般来说，支持院校的需求和提议，例如这些，是很有价值的。它使得中心能参与到更广泛的教学工作中，与系、院和院系管理层建立新的网络，并且与其他支持性服务进行合作。它还给中心的专业技能和经验增加了新的内容，以及增加了对中心在管理、经费和政治方面的支持力度。但是支持中心核心使命之外的其他首要任务也会引起"使命偏移"。

中心如何应对这些要求，他们是否应该以一种方式加强而不是削弱其核心使命和指导原则？数年来，通过调整学校的要求和我们的核心使命之间的关系，中心提出了下面一系列问题以"制衡"两者关系的原则。

- 提议符合中心的使命和价值吗？例如，它是受教师驱使由下而上的还是由管理层自上而下命令的，它是发展性的还是评价性的，是自愿的还是强迫的？
- 中心担负着什么样的角色（如工作人员、赞助级别、投入时间）？是否希望我们作为全职合作伙伴参与项目设计、项目发布和评估、项目经费管理，还是仅仅处理行政性事务？
- 项目是否能充分代表中心？如果以我们的名义开展一个没有组织好的活动，演讲者没有经过挑选的活动或属于强迫或限制性的项目（如教师的不当行为、性骚扰）而不是可选和自我发展性质的项目，就会影响人们对我们的看法。
- 我们需要什么资源——员工和预算——我们投入时间、劳力和资金，会有很好的收益吗？
- 观众涉及的范围有多广？一个关注少数教师的活动（如教学奖项或学习团体）可能就需要与有 100 个参与者的全校研讨会进行平衡妥协。
- 中心如何与其他单位（如研究事务管理机构、图书馆）或学术领导人（如院长、系主任、教务长）建立伙伴关系，并交换相互的工作日程以促进教师的职业发展？

把项目固定于中心的核心使命能使你指导的课程把教师需求、学校首要任务和中心的经验紧密地联系起来。

为教学中心找到一种方法，既能支持学校变革，又能对教师发挥作用

俄亥俄州立大学教学促进中心主任（http://ucat.osu.edu）

阿兰·卡里什（Alan Kalish）

在像俄亥俄州立大学这么大的学校，一些教师认为学校的计划只是管理人员的一时冲动或狂热。但是，当一个提议试图提高教学和学习水平时，这直接就是中心的使命。我们寻找方法支持教师使学生得到改变。

当大学从季度制转向学期制时，中心通过担当起支持的重任来应对这种挑战。俄亥俄教育局要求研究学制，使得整个俄亥俄州都发生了相似的变化。员工一直参与到这种学期项目中，且人数众多，他们在所有主要的校级委员会中曾任过职。

在我们与教师的谈话中，中心员工明确表示不是我们推动了变革，而是我们协助学术单位和个人进行变革。有些教师对此兴奋不已，也有些教师对此心存抗拒，但几乎所有人都对为何要做出这种重要的变化感到迷茫。

为了应对这种需求,我们的员工齐心协力创办了课堂和课程设计研究所,它成功地提供了深入研究和重新设计课堂或课程的工具(详情见 http://ucat. osu. edu/semesters. html)。

中心适当参与各种校级的继续教育活动

明尼苏达州大学教学研究中心(http://www1. umn. edu/ohr/teachlearn)主任
大卫·兰斯利(David Langlay)

大型研究型大学都有很多要优先完成的教育任务,应熟悉:a)使课程国际化;b)评估自由教育;c)把学习效果纳入对本科生课程的考查中;d)在技术推动的积极学习环境中提高教学和学习水平;e)把用写作强化课程融入本科专业中。

一种成功地帮助我们决定是否参与的方法是通过陈述目标表明参与意愿——"引导、促进并支持影响大学教育使命的学校计划。"就在前边我们表明愿意参与到影响学校的大型教育计划之中并对此负起责任。

其次,我们决定参与进来需要衡量:a) 高级管理层对计划投入的精力并对其重要性的强调;b) 确定参与的程度,这样就能有针对性地完成自己的任务;c) 员工是否方便并具备技能保质保量地完成任务。此外,与领导(管理我们的是副校长)诚恳地讨论会奇迹般地让领导考虑任务承担的合理性!

我们的战略性风险管理过程——衡量参与的风险和计划的作用——继续开花结果,因为近几年我们的活动范围也扩大了。我们很幸运有员工不仅是任务小组的成员,而且经常是推动项目发展的催化剂。

应对超出中心范围和使命的重要职业发展需求

范德堡大学教学中心(http://cft. vanderbilt. edu)主任
阿里森·平格里(Allison Pingree)

我们中心应对这一挑战是通过建立利益相关者协作网络处理跨单位的问题。范德堡大学传统对研究生教育采取一种分散的方法,通过单个院系分发大多数资源,而不是研究生院。这种方法依赖于院系和教师发展顾问提供职业发展培训工作并促进研究生的职业发展,因此学生自己报告说提供的服务质量不好,数量不够。

为了回应这些要求和为了未来教师培养项目在全国范围取得的成功,我们于 2000 年开展了未来教师培养项目(F2P2),在接下来的 5 年里,有

300 多名研究生参加。然而,随着时间的推移,很明显,继续应对这种需求会超出中心的使命、专业水平和预算。因此我们调整该项目以适于一个关注教学和学习学术研究的教学资格证项目。（见 http://cft. vanderbilt. edu/programs/teaching-certificate-program/）

我们不想让工作的精简使得较为广泛的需求没有得到满足,但是,我们留下了未来教师培养项目的框架和资源作为自我学习的网站资料（http://cft. vanderbilt. edu/teaching-guides/audiences/future-faculty/）。此外,我与两个同行（研究生院的助理教务长和研究生教育的副院长）见面讨论可以应对这些需求的方法,这种需求超出了中心教学资格证项目的范围,结果就是创办了研究生发展网络。

现在协会已成立 5 年了,它由超过 12 个单位的代表组成——管理人员、教师和学生,他们在支持研究生方面起到了作用（http://www. vanderbilt. edu/gradschool/gdn/index. html）。在每个月开的会上,我们分享资源、互相更新关于项目和计划的信息、甚至申请并获得职业发展活动和资源的内部经费。简而言之,我们共同建立了一种促进职业发展的支持结构,我们每个人都不能或不应自己解决职业发展问题。

对于要求创立促进系级助教和研究生助理 在教学方面得到稳健发展的机制作出回应

斯坦福大学教学研究中心（http://ctl. stanford. edu）高级副主任
娄比恩 · 敦巴尔（Robyn Dunbar）和
主任米歇尔 · 马林考夫西（michele Marincovich）

我们中心创建了很多资源来支持教师评议会的指令,该指令在下达的同时并没有拨付经费。该指令要求各个系建立具体学科的助教培训项目（除了由中心提供的一般培训之外）。我们用每年的助教培训经费促进系里的活动并培训管理系级项目的新教师,帮助他们适应角色。我们利用一个久已存在的系联络项目（http://ctl. stanford. edu/teachingta/ctl-liaisons-and-consultants. html）进行跨系会话,并在季度会议和关于助教培训年度会议上分享行之有效的实践经验。网上文件"什么在助教培训中大放异彩"（www. stanford. edu/dept/CTL/TA/whats_working. pdf）提供了进行有效实践的基本框架,并展示了系里的具体例子——扩大研究生教学咨询顾问组织（http://ctl. stanford. edu/teachingta/ctl-liaisons-and-consultants. html）——这个教学指导中心（Mentors in Teaching, MinT）（http://

www. stanford. edu/dept/CTL/mint/index. html)的项目现在培训和支持全校接近 50 个系级的助教。大学决定要求系里培训自己的助教，这对于中心校内其他支持教学的单位及其资源紧密融为一体有着直接的影响，而且影响极为深远，包括进一步把中心与融入系里关于教学、学习和课程发展的更为广泛的对话中。

满足校园期待已久的需求

普渡大学杰出教学中心（http://www. cie. purdue. edu/）主任

马尔内·黑格森（Marne Helgesen）

我开始当新创办的教学中心的主任时，遇到了大学的一个敏感情况"校园期待已久的需求"。8 年时间里，大学领导人一直为中心和主任提出策略，他们觉得中心需要迅速对这一需求做出回应以受到学校的尊敬。应对这一挑战的过程中，我学到了下列的东西：

- 运用策略并迅速与重要人物建立伙伴关系并作出承诺，这是必不可少的。
- 计划与每个院长以及重要的学校管理方面的领导者就发现需求、问题、将要创建的项目（或撤销的）和建立学科之间的联系等方面进行沟通是至关重要的。
- 接受其他大学试验过的项目以节省时间（减少重复工作）。其他教学中心同行慷慨大度的帮助在这儿也很重要。
- 中心应坚持这一理念，即如果不计虚名，能成就大功业。
- 新的中心第一年靠有限的预算能有效运作，因为中心基于一项宗旨，即通过创办次要的无需额外经费的协助项目，也能取得成功、获得尊敬。

教师和学生都参与其中，支持参与式教学法

在很多方面，我们教学中心都鼓励积极参与。我们试图让教师参与服务，更宽泛点说，参与到改变性的谈话中帮助他们批判地思考如何更为有效地促进学生学习。这经常包括寻找策略帮助教师不再依赖传统教学法，而让学生参与到学习过程。它还包括支持那些致力于让学生参与到学校外的团体中去。下面片段的作者提供了帮我们推动参与的实际建议。

鼓励教师参与认真的教学法讨论中

哈佛大学德瑞克伯克教学与学习中心(http://bokcenter.harvard.edu)执行主任

特里·阿拉蒂姆(Terry Aladjem)

作为历史悠久的大学里的一个历史悠久的教学中心,我们的服务广受赞赏。教师知道并尊重我们。他们中很多人都是杰出的教师。但是,他们与我们或互相之间谈到教学法时态度不认真。

为了应对这一挑战,我们认为需要创建 1) 一系列强制的参照点;2) 共同关注点;3) 教师普遍感兴趣的课程,用图表展示了未来的方向,有了这个他们可以进行这种谈话。我们承担了 3 个活动以达到这个目的:

1.我们(和其他人)引入了最高级别的说话者,他们在所作研究的基础上,质疑我们的教师使之作出改变,他们在谈话过程中作为参照点。肯·贝恩(Ken Bain)和卡尔·威门(Carl Wieman)(将他俩引入哈佛是为了达特莱·赫施巴赫(Dudley Herschbach)科学教学讲座)两个人产生了重大的影响。雪莉·特克尔(Sherry Turkle)被预定今年春季谈论未来的教学和学习。

2.我们的资深员工创办了一个教学法讨论会(为自己,也为其他人),会上我们一直在读关于认知科学、关于高等教育评估和评论的尖端研究报告,我们从中开始形成了一套理由充足的词汇,并运用它们来应对教师关注的事。

3.由蒂格尔基金会提供经费,我们今年春季为研究生开展了一个关于"设计未来课程"的讨论会。讨论会上的阅读材料和主题组成了一门课程。中心将给研究生通过系里的教学讨论会和一个资格证项目来讲授这门课程。但最终,还要通过研究生讨论会(为了设计课程而开办的)向教师提供,以及当他们"汇集"起兴趣时在自己的讨论会上进行讨论。

加强与教师联系

宾夕法尼亚州立大学史瑞杰出教学研究所

(http://www.schreyerinstitute.psu.edu)执行主任

安吉拉·林瑟(Angela Linse)

教学咨询、研究和评估主任苏扎那·韦恩斯泰恩(Suzanne Weinstein)

接触教师是宾大教学中心一直面对的挑战之一。尽管这个问题并不是独一无二的,教师的规模和地理分布差异使得这一过程变得极为复杂。史瑞研究所服务于宾夕法尼亚州 24 所学校 8 000 多名各级教师,他们向 9 万名高度多元化的学生教授传统、复合或网上课程。

史瑞研究所的教学咨询顾问采用了多种方法以提高教师意识,并采用我们的服务。过去我们对我们选的话题提供研讨会、活动和经费。近年来,我们的焦点更多地转到扩大的服务范围和对教师和学术单位的需求和兴趣的评估。我们成功做到的有:

• 单位联络。我们 158 个单个和多个区域的学术单位每个都有自己的教学咨询顾问,在这个庞大的系统中这提供了一个人员接触的点。单位联络了解教师和课程、定期与单位领导交流并参观教师会议。这些活动使得单独咨询、定制研讨会、网站流量以及全校教学和学习互动的参加人数都有所增加。

• 教师团体中心。我们合力设计并且管理着一个电子空间以促进分布在各地的教师之间的交流和合作。中心发展到包括基于学科的、跨学科的、课程的、研究、合作课程的和管理团体。

• 经费。有三种经费用于改善教学、学习和评估的情况。我们的经费竞争激烈,为个人的、团体的和多校项目提供资金。地区讨论会的经费资助多校教学和评估活动。特别项目经费根据战略性的优先顺序资助具有广泛影响的项目。

鼓励优先科研与教学之上的教师参加

西北大学塞尔杰出教学中心(http://www.northwestern.edu/searle/)
副主任苏萨那·凯尔金(susanna Calkins)
主任格里高利·莱特(Gregory Light)

面对的挑战涉及研究教师,他们 1) 并不自认为是教师;2) 如果有的话,也很少在教学方面参与中心活动;3) 经常不能很好理解教学能促进更深入的学习(即他们认为教学仅仅是传递事实)。我们的很多项目和服务是专门解决这 3 个相互关联的问题的。例如,除了提供很多教师发展研讨会,还有为期一年的一个大型教师发展项目(赛尔同事项目)。我们与教师就教育研究经费进行合作,合作领域从个人咨询到完成项目评估。为了取得更大成果,我们创办了经费写作和指导研讨会,专门为了帮助教师写申请经费的教育和指导部分(如国家科学基金会(NSF)职业奖、博士生国家卫生研究院(NIH)培训经费)。为了让本科生更好地理解深入地做自然研究意味着什么,我们还设计了一套本科生研究研讨会这些项目的详情见 Calkins 和

Drane（2010）以及 Streitwieser，Light 和 Pazos（2010）。

学生参与：视角从教学转向学习

印第安纳大学创新教学和学习中心（http://citl.gwu.edu）
副主任约恩·米登多尔夫（Joan Middendorf）

教师经常模仿自己的教师，认为他们知道所有事情，并且认为他们给学生所学的所有事情都是好的。他们传授一些必备的学科技能，但一些最基础、必不可少的思维技巧学生却难以学到（Diaz，Middendorf，Pace，& Shopkow，2008）。

我们发现有 3 种关键因素有助于教师转向基于学生学习的视角：

1. 创建一个团体，与其他学科和自己系外的教师建立联系。理解别的教师的难题比理解自己的容易。

2. 把教学问题转换成问题（Bass，1999）。教师认识到自己班级存在的学习瓶颈，就会激发他们的积极性，这就像选择他们自己的研究问题一样。他们都采用同一种过程，但每个人有自己的问题，展示出他们不言而喻的思维模式，为学生进行模仿，给学生提供实践活动和反馈。学科解密模式（Pace and Middendorf，2004）就是从教师的反复试验中得出来的。

3. 评估加强了教师对新的视角的理解。每个教授评估与学生处理瓶颈期的活动。除了给教师就学生如何学习提供反馈，这些评估结果能衡量项目效率，而不仅仅是满意度。

让我们大吃一惊的是，这些来自解密学科学习团体的教师继续进行教学与学习的学术研究，发表他们的论文，并获得数百万美元的经费以继续推动研究。

支持从事公共教学和争取教学项目的教师

爱荷华大学教学中心（www.centeach.uiowa.edu）
主任让·弗劳曼（Jean C. Horman）

我们应对挑战的方法就是提供密集的"现场"培训，还为教师提供机会构建重视团体参与的体制框架。几年前，30 名需要教师发展服务的教师参与了一个密集的教学服务学习研讨班，这是一个由本特利学院英语教授爱德华·兹劳特考斯（Edward Zlotkowski）建立的为期 5 天的教学法培训班。这些教学法被应用到 50 门课程中，而且还在学校和团体间建立了全新的、密切的联系。

2009 年两名教师参加者创立并开展了另一个教学资助教师研讨班，"从参与教学→参与教学学术研究"。其他成果还有：教师参加者受到鼓舞写下了关于合作建立马丁·路德·金纪念公园一书的一章；参加了天普大学"监狱内外交流项目"；还创办了一个博物馆展会以展示大学学者和教师从事的公共工作。

这些教师发展研讨班的一位男校友创办了"十字路口研究所"，12 位教师立刻投入工作，把各种话题和深思熟虑的对话纳入了课程之中。几个参加这些教学中心研究所的人现在成了管理领导者，积极支持团体的参与。此外，研究所教师全副身心投入参与教务长工作组，负责公众参与的艺术、学术和研究。

具体学科项目制定

在中心我们很早就认识到当我们集中于根据具体学科的需求和标准教学法制定的项目和服务时，能产生最深远的影响。但是，我们也知道，作为中心办公室，我们必须服务整个学校。这一部分的作者提供了一些方法模式以在全面教学中心的环境中提供学科的项目。

吸引自然学科教师

布朗大学哈里特·W. 谢里登教学中心
（http://www.brown.edu/Administration/Sheridan_Center）
主任凯斯·塔卡亚马（Kathy Takayama）

科学学科教师积极地定期参加教学中心是研究型大学的一大挑战。但是，在布朗大学，我们的科学星期五（SciFri）小组两年来定期开会并发展成了一个互动团体。来自理工科学科的初级和高级教师每月第二个周五午餐时分享并探讨教学观点。

该项目取得成功的一个关键因素就是教师之间建立了信任感和团体感，他们所有人都没有时间、投入过度但又很关心教学。该项目是一个教师论坛，用来分享他们对教学的兴趣、想法、经历的挑战和失败。讨论是由一位充满热情、很受人尊敬的地理科学教授（是谢里登中心的教师成员）和一位谢里登中心的员工（有理工科背景）一起推动的。与感兴趣的话题相关的资源和活动（如学习风格、视觉认识能力、科学认识能力）都包括进了 SciFri 的活动中。高级教师经常邀请并介绍新的初级教师到项目中。这是高级同行对初级教师教学的重要性和感情投入的有力肯定。

教师愿意来是因为他们喜欢和大家在一起互相交谈。通过在团体中形成共同的价值观,教师发现了一个吸引人的、有用的论坛,能进行知识辩论并促进职业发展。

既整体全面又具体到学科

印第安纳大学—普渡大学印第安纳波利斯联合分校教学中心
(http://ctl.iupui.edu)执行主任
普拉提哈·瓦马·奈尔逊(Pratibha Varma-Nelson)

研究型大学遇到的典型挑战就是将全校服务与具体学科教师服务联系起来的方法。我们中心应对这一挑战是通过更多地采取一种基于学科的方法完成工作。我们通过如下方法达成这一目的:

- 创建一个客座讲座系列,授予那些在本学科以及在本学科的教学方面作出贡献并全国知名的学者荣誉学位。2010 年我们邀请了 2001 年诺贝尔物理奖得主卡尔·维埃曼做讲座(http://ctl.iupui.edu/winterseries/2010/)。
- 通过与教师合作写好给国家科学基金会的教育提议,找到与教师形成感情深厚的伙伴关系的方法。
- 通过雇用有化学背景的主任和一位理工科教育专家,拓宽中心人员的学术背景。
- 提供了新的申请经费的机会,称为课程改革经费,并把一个中心员工分给每个项目以产生更多持久的变化(http://ctl.iupui.edu/Programs/CEG.asp)。
- 通过与系里的教师建立伙伴关系一起展示并开展研讨会、举出例子并形成策略,为该系定制项目,将许多在教学顾问委员会任职的学科代表也纳入进来。

平衡学校与具体学科的教师发展服务

伊利诺伊大学厄巴纳—尚佩恩分校
学习和教学项目(http://www.teachingandlearning.illinois.edu/)的学校协调员
玛丽·安·温克尔姆斯(Mary-Ann Winkelmes)

近几年关于教学、学习甚至教师发展这些话题的学科专业知识有了极大的增长。为了囊括这一丰富而又在不断发展的新知识,任何校级的教师发展部门一定会欢迎基于学科的专家并与之建立伙伴关系。最终,这可能意味着把一些人和资源从中心转移到边缘地区。重要的具体学科的教学工作都发生在边缘地带。但仍是基于中心的和需要有中心的出现，以帮助协调并联结边缘的重要工作，以发现共同的兴趣、形成合作并避免重复浪费。发现并保持与基于学科的促进教师发展之间的有效平衡是很有挑战性的。一些中心拒绝与基于学科的专家建立伙伴关系，认为他们会威胁或竞争有限的资源。这种中心慢慢变得与他们在该学科教学的教师成员没有关联了。

在伊利诺伊大学，我们通过支持 14 个由教师主持、基于学院的具体学科的教学研讨项目（http://www.teachingandlearning.illinois.edu/directory.html）来应对这一挑战，帮助他们尽力应对都感兴趣的话题。从 2009—2010 年开始，教务长办公室和负责学术事务的副校长向院系主任征求提名后，给每个院教学研讨班指定一位教师发展顾问（http://www.teachingandlearning.illinois.edu/facultyfellows.html）。教师发展顾问在他们院里工作以支持教师同行开展教学工作。一个小型的办公室支持所有学院的教学研讨班进行合作以探讨所有学科的教学和学习话题（http://www.teachingandlearning.illinois.edu/audioarchive.html）并提供经过编码、归档并共享的教师发展资源。

制定项目以应对教师特定职业发展阶段

由于各个学科教师的需求和教学法各有不同，因此教师在职业发展的不同阶段需求也不同。这一部分的作者探讨为教学中心服务的特定小组制定项目的过程，特别集中于获得终身教职以及寻找职业发展下一阶段方向的教师和进入研究型大学的博士生。

理解并支持处于职业发展中期的教师

密歇根州立大学教师和组织发展部（http://fod.msu.edu）

负责教师和组织发展的助理教务长，德博拉·德组热（Deborah Dezure）

顾问委员会提出的建议使得我们通过对教师和系主任进行调查，对密大处于职业发展中期教师经历、挑战和需求进行定量研究，从而"确定职业中期经历状况"。这证明是一个重要的数据来源，因为对这一职业阶段的研究几乎没有。

我们了解到很多刚获得终身职位、处于职业发展中期的教师对前方的路不是很清楚。他们不知道晋升为正教授要做的事和标准，也不知道他们可以选哪些能做出成就的职业。对此我们开展了一场"针对职业发展中期的培训:从副教授到教授——作出多产的决策"。我们还了解到处于事业发展中期的教师在系里承担了最大的管理和领导责任而没有机会发展领导能力(仅提供给学术管理人员)。对此我们为"教师领导者研讨会"的教师开展了一系列活动以支持担任非正式领导角色所需要的技能,如有效主持会议、管理冲突。

其他学校对我们研究处于职业发展中期的教师很感兴趣。该项目它获得了罗伯特·蒙格斯教师发展杰出研究奖,并出现在《变革》杂志上(Baldwin, DeZure, Shaw, & Moretto, 2008)。职业发展中期教师培训获得了2009年教师职业与组织发展网络创新奖,并在"教师领导者研讨会"获得了2010年创新奖入围奖。

为博士生提供机会采用促进学习的方法教学

麻省理工大学教学和学习实验室(http://web.mit.edu/tll)主任
洛利·布莱斯娄(Lori Breslow)

我们面对的特定挑战就是要发展一个项目,它足够严格,能为博士生在教学和学习方面打下坚实的基础,同时也考虑到了他们完成研究所受的压力。我们中心通过创办研究生教学资格证项目应对这一挑战。

这个项目由7个2小时长的研讨会组成,话题包括把研究用于给教学提供信息、设计课程和制定教学大纲、构建有效的作业和考试、使用互动教学法、计划并作讲座、在多元文化课堂上课并作教学理念陈述。每场2小时的研讨会需要学生提前阅读并完成作业。例如,对于关于学习的基础研讨会,学生阅读关于构建主义、认知心理学和留级和转学的文章。然后他们被要求创建一页工作表,其中他们首先总结研究结果,然后描述如何已经或可能会在课堂上实际应用那些结果。完成阅读和作业大约需2小时,学生能做到,也能对学生提出严格的要求,这也是我们一直追求的。此外,学生必须参加一个微型教学研讨会。

为了使项目尽可能灵活多变,我们允许学生可以从一年内的任何研讨会开始。(但是,我们强烈建议他们从关于学习的研讨会开始,我们会在秋季和春季学期开始开设。)然后他们有两年的时间完成项目,但我们发现四分之三的学生在一个学期就都完成了。这是我们第三年提供这个项目,到目前为止,60个学生获得了资格证,还有200个正在为获得资格证而努力。

为博士生创造有意义的教学机会

耶鲁大学文理研究生院研究生教学中心
(http://www. yale. edu/graduateschool/teaching/index. html)
助理系主任和主任威廉姆·莱恩都(William C. Rando)

我们中心通过帮助发展并组织了教学协理(Associates in Teaching,AT)项目应对这一挑战。我们与文理研究生院的系主任和副系主任一起合作树立了研究生教师的新角色——教学协理。这样研究生与教师伙伴一起合作设计并一起教授本科生课程。

项目对研究生、教师和本科生来说有多种好处。研究生遇到这种史无前例的机会,能设计并上一门新课或用一种新的方式上已有的课。他们还与耶鲁大学有经验的教师一起上课,这提供了很多指导、模仿和反思教学的机会。教师受益于用全新的方式来对待已有的课程,并且一起教学也提供了反馈和反思的机会。

本科生很高兴看到,在两种思想主导课堂产生的动态环境中合作老师之间丰富的互动。中心与每个团队进行协商并赞助他们之间进行对话。

结 论

贯穿这些叙述的主线是教学中心在研究型大学要发展壮大所必需的创造性和适应性。这可能意味着找到方法对院校的首要任务随机应变。我们的资源和专业水平应付其首要任务看起来有点力不从心。或者我们需要找到方法使我们的项目适于具体的受众,在某种时刻他们的需要是非常急迫的。拒绝应对这些挑战不是正确的选择。很多中心花了多年的时间试图"从地下室搬到前台"(Chism,1998)并恰好取得了成功,因为他们对学校的需求做出了回应,他们能抓住出现的机会。此外,教师发展这一个领域的特点就是推动改变并与时俱进。这种挑战吸引了很多人从事这一职业并让我们全身心投入其中。根据教学中心的记录,如前边的例子所讲的那样,当大学接受 21 世纪的挑战时,对我们专业技能的需求肯定会增加。

主编与作者简介

主　编

　　康斯坦斯·库克(Constace E. Cook)从 1993 开始担任中心的执行主任。2006 年她被任命为负责学术事务的助理副教务长。成为中心的主任之前,康妮是密大校长的行政助理。1987—1990 年她是美国教育部大学教育基金会(FIPSE)综合项目的协调员。去华盛顿之前,她是艾尔比奥学院(Albion College)的副教授,兼任政治科学系主任。她在中心集中于改变体制(即创造研究型大学里的教学文化),10 年多的时间里她一直就这一话题写文章并作讲座。她在学术方面关注提高教学水平采用的策略(如行动研究、教学和学习学术研究、课程改革和多元文化教学与学习)。康妮作为执行主任,协调中心的活动并在教学和学习的问题上代表中心和更广泛的大学团体。她还为国际高等教育领导者协调职业发展项目。她是密歇根大学高等教育研究中心(Center for the Study of Higher and Postsecondary Education)的高等教育实践指导教授,还是政治科学系兼职副教授。她在巴纳德学院获得文学学士学位、在宾夕法尼亚州立大学获得文学硕士学位并在波士顿大学获得哲学博士学位——都是政治科学专业。她的两本书涉及美国的政治利益团体:《为高等教育而游说:大学如何影响联邦政策》(*Lobbying for Higher Education*：*How Colleges and Universities Influence Federal Policy*，Vanderbilt University Press，1998)和《核能与法律辩论:法庭上的环保主义者》(*Nuclear Power and Legal Advocacy*：*The Environmentalists and the Courts*，D. C. Heath/Lexington Books，1980)。(也见: http://sitemaker. soe. umich. edu/soe/faculty&mode = single&recordID=50749)

　　马修·卡普兰(Matthew Kaplan)是中心的行政主任。他主要负责校级活动(如关于教学、评估和重新认证的教务长研讨会)和校外项目,如用于提高写作和批判性思维能力的蒂格尔基金经费。他还一起管理文理学院教学研讨班并监督学校最高级别的本科生教学奖——瑟瑙奖的申请。他在北卡罗来纳大学教堂山分校获得比较文学博士学位,并在该校教学和学习中心工作了 3 年,之后于 1994 年加入密大的中心。马特发表的文章是关于学术雇用过程、使用互动戏剧作为促进教师发展的工具和教学评价。他是《教学建议》(*Teaching Tips*)一书中技术和教学一章的作者。他与人合编了《多元文化教学与学习学术研究》(*The Scholarship of Multicultural Teaching and Learning*,2007)一书,并就教学和学习的新方向编著有《学术机构改进》(*To Improve the Academy*,1998,1999)。1998—2001 年他是高等教育专业和组织发展网络核心委员会的成员。

CRLT 中心作者

克里斯卡·拜尔沃特(Crisca Bierwert)是中心的副主任和多元文化教学与学习的协调员。她为各个系和项目组织研讨会和提供咨询服务,与单个教师和助教协商并引导项目促进大学里实现多元化和社会公正。她还研究学生学习效果,支持跨学科教学并提供多元文化培训。她参加了全校多元化活动,并且她现在是校长多元化委员会的主席。在 2000 年来到中心之前,他在华盛顿大学获得了文化人类学博士学位,在高卡利茨阿中心(Sardis, B.C.)的当地教育项目工作并在密歇根大学教学。她发表的主要作品是关于人类学和北美研究,集中于文本分析、文化政治学和环境问题;它们包括《卢锡德语文本:帕吉特萨利希语叙事美学导论》(*Lushootseed Texts: An Introduction to Puget Salish Narrative Aesthetics*)和《雪松吹拂,居留河边:海岸萨利希语中力量的形象》(*Brushed by Cedar, Living by the River: Coast Salish Figures of Power*)。

辛舍俄·费尼利(Cynthia Finelli)是北部中心的主任,服务于密大工程学院。她分别于 1988、1989 和 1993 年获得电机工程、电气工程学硕士和博士学位。她同时在工程学院和中心任职,也是密大工程教育的研究副教授。2003 年 4 月加入中心之前,她是凯特林大学理查德·L.特瑞尔卓越教学教授、杰出教学和学习中心的创始主任和电气工程系的副教授。她强烈提议在课堂形成积极的、基于团队的学习气氛,并全身心投入几个工程教育项目。她是美国工程教育协会教育研究和方法分会前主席。

查德·赫少克(Chad Hershock)是中心的助理主任。他协调中心的科学和健康科学项目并致力于教育技术活动,与教师和助教就教学和课程设计进行协调,参与研究和评估项目并促进定制的教学方法研讨会。他还创办并主持密大研究生教师资格证项目和密大博士后教学培训短期课程。他获得宾夕法尼亚州立大学的生物学理学学士学位和密大生物学博士学位,他还在密大完成了生态学和进化生物学的博士后学习。2005 年起他加入中心之前,他在百迈威股份有限公司作为研究科学家和项目经理。从 1994 年他一直在密大教学。

德博拉·梅兹立什(Deborah S. Meizlish)是中心的助理主任。她与管理员、教师和助教就课堂和课程问题,包括评估进行协商,计划全校教学项目和学术领导者,组织关于众多教学话题的研讨会。她与人一起管理文理学院教学研讨班,是蒂格尔和斯宾塞基金会资助的"学科写作中的大认知策略的影响:提高写作和批判性思维的实验"的合作的主要调查员。她的研究和作品集中于教学和学习学术研究、学术人员的雇用、未来教师培训项目和学术诚信。她在密大获得了政治科学的博士学位。

斯提力阿娜·米勒科娃(Stiliana Milkova)获得了加州大学伯克利分校比较文学博士学位和布朗大学的文学学士。来到中心之前,她在伯克利大学教比较文学,她还在那里指导助教。作为中心的助理主任,她协调持续一天的未来教师培训大会和研究生教学咨询员项目,并且还与人一起为有非英语教育背景的助教开设课程。她还与教师和助教协调,提供关于教学和学习的研讨会,并开展学生期中反馈会议。

特莎·品德·格里沃(Tershia Pinder-Grover)获得了马里兰大学消防工程的科学学士学位,并接着在密大获得了机械工程的科学硕士和博士学位。2005 年 8 月,她加入了中心,担任助理主任,负责为新工程助教开展教师培训,监督工程专业研究生教学咨询员(EGSM)项目,与人一起主持莱克汉姆研究生院—学习与教学研究中心的未来教师培训讨论会,协调莱克汉姆—中心多校联合指导项目并发展教学研讨会。她还与教师和助教就各种教学和学习问题协商并参与工程教育研究活动。

杰弗雷·斯特格(Jeffrey Steiger)一直从事戏剧工作并且 20 多年来一直研究戏剧互动技巧。他既是演员又是主任,两种职业都体现了这一想法,即把戏剧当做促使社会发生改变的工具。作为中心戏剧项目的艺术指导和中心的常驻艺术家,他创作新颖的剧本,促进互动表演和研讨会,与学术单位进行合作以把戏剧应用于教师发展需求,并与教师和助教就意见和交流问题进行协商。在他的领导下,中心的戏剧项目成为了一种全国性的资源,在校内和全国的大会上进行表演。除了与中心演员一起工作,他还为舞台创作、指导并制作新颖的作品。他还有课堂经验,在密大和安娜堡社区教过表演艺术、戏剧和为非专业演员开设的表演课程。

　　玛丽·怀特(Mary Wright)是中心评估助理主任和助理研究科学家。职责所在,她与密大教师和学术单位在学生学习、教育活动评估和教学与学习学术研究(SoTL)方面一起合作。她还参与中心未来教师培训(PFF)活动。她的研究和教学兴趣包括教学文化、研究生职业发展、本科生科学课程退课的定量研究和评估方法。她的书《永远争执?:在教师与管理层之间建立价值认同》(*Always at Odds? Creating Alignment Between Faculty and Administrative Values*)由纽约州立大学出版社于 2008 年出版。她在中心外担任几个国家科学基金会项目的外部评估员,她也是高等教育专业和组织发展网络(POD)的主席。她获得了普林斯顿大学的社会学文学学士学位,密歇根大学社会学博士学位以及密大高等教育研究中心高等教育管理的文学硕士学位。

　　朱尔平(Erping Zhu)拥有印第安纳大学教育系统技术博士学位。她是中心负责教育技术活动的助理主任,主要负责协调技术融入教学项目并开展教育技术课程。她与密大信息技术单位的同事合作,通过"加强学术"项目为教师提供服务和项目。她还协调教学创新奖评审,管理教育技术研究所。她独著、合著多篇期刊论文、著作章节和百科全书条目。她的研究集中于技术和教学、教学研究和网上的学习和教学。朱博士还负责协调中心的中国项目。

其他大学的撰稿人

　　特里·阿拉蒂姆,哈佛大学德瑞克伯克教学与学习中心执行主任

　　洛利·布莱斯娄,麻省理工大学教学和学习实验室主任

　　苏萨那·凯尔金,西北大学塞尔杰出教学中心副主任

　　查尔斯·德士内,伍德罗·威尔逊/开罗格基金会/诺爱斯中级数学和密歇根大学教育学院科学教师教育项目的协调员(中心助理主任,2009—2010 年)

　　德博拉·德组热,密歇根州立大学教师和组织发展部负责教师和组织发展的助理教务长

　　娄比恩·敦巴尔,斯坦福大学教学研究中心的高级副主任

让·弗劳曼，爱荷华大学教学中心主任让·弗劳曼

克里斯托弗·格劳斯科斯，三一护理及健康科学学院文化变革领导力项目的高级咨询顾问（中心教学咨询顾问，2008—2010 年）

马尔内·黑格森，普渡大学杰出教学中心主任

阿兰·卡里什，俄亥俄州立大学教学提高中心主任

大卫·兰斯利，明尼苏达州大学教学研究中心主任

格里高利·莱特，西北大学塞尔杰出教学中心主任

安吉拉·林瑟，宾夕法尼亚州州立大学史瑞杰出教学研究所的执行主任

米歇尔·马林考夫西，斯坦福大学教学研究中心主任

约恩·米登多尔夫，印第安纳大学创新教学和学习中心副主任

克里斯托弗·奥尼尔，加利福尼亚大学尔湾分校教学、学习和技术中心副主任（中心助理主任，1999—2008 年）

阿里森·平格里，范德堡大学教学中心主任

威廉姆·莱恩都，耶鲁大学文理研究生院研究生教学中心助理系主任和主任

玛丽·迪内·索斯瑞丽，马萨诸塞州州立大学阿黙斯特分校教学发展部的教学发展副教务长

凯斯·塔卡亚马，布朗大学哈里特·W.谢里登教学中心主任

普拉提哈·瓦马·奈尔逊，印第安纳大学—普渡大学印第安纳波里斯联合分校教学中心的执行主任

苏扎那·韦恩斯泰恩，宾夕法尼亚州州立大学史瑞杰出教学研究所教学咨询、研究和评估主任

玛丽·安·温克尔姆斯，伊利诺伊大学厄巴纳—尚佩恩分校学习和教学项目学校协调员

参考书目

Abbott, R. D., Wulff, D. H., Nyquist, J. D., Ropp, V. A., & Hess, C. W. (1990). Satisfaction with processes of collecting student opinions of instruction: The student perspective. *Journal of Educational Psychology*, 82(2), 201—206.

Adams, M. (2007). Pedagogical frameworks for social justice education. In M. Adams, L. Bell, & P. Griffin (Eds.), *Teaching for diversity and social justice* (pp. 15—33). New York: Routledge.

Agee, A. S., Yang, C. & the 2009 EDUCAUSE Current Issues Committee (2009, July/August). Top-Ten IT Issues, 2009. *EDUCAUSE Review*, 44(4), 44—59.

Albright, M. J. (1988). Cooperation among campus agencies involved in instructional improvement. In E. C. Wadsworth (Ed.), *A handbook for new practitioners* (pp. 3—8). Stillwater, OK: New Forums.

Allison, D. H., DeBlois, P. B., & the 2008 EDUCAUSE Current Issues Committee (2008, May/June). Top-Ten IT Issues, 2008. *EDUCAUSE Review*, 43(3), 36—61.

Angelo, T. A. (1995). Reassessing (and defining) assessment. *AAHE Bulletin*, 48(3), 7—9.

Angelo, T. A., & Cross, P. K. (1993). *Classroom assessment techniques: A handbook for college teachers* (2nd ed.). San Francisco, CA: Jossey-Bass.

Anselmi, K. (2004). Modular experiential learning for business-to-business marketing courses. *Journal of Education for Business*, 79(3), 169—175.

Armstrong, P., Felten, P., Johnston, J., & Pingree, A. (2006). Practicing what we preach: Transforming the TA orientation. In S. Chadwick-Blossey & D. R. Robertson (Eds.), *To Improve the Academy: Resources for Faculty, Instructional, and Organizational Development*, Vol. 24 (pp. 231—246). Bolton, MA: Anker.

Armstrong, F., & Moore, M. (2004). Action research: Developing inclusive practice and transforming cultures. In F. Armstrong & M. Moore (Eds.), *Action research for inclusive education: Changing places, changing practice, changing minds* (pp. 1—16). London: RoutledgeFalmer.

Aronson, J. , Fried, C. , & Good, C. (2002). Reducing the effects of stereotype threat on African American college students by shaping theories of intelligence. *Journal of Experimental Social Psychology*, 38(2), 113 − 125. doi： 10. 1006/jesp. 2001. 1491

Association of American Colleges (AAC). (1985). *Integrity in the college curriculum： A report to the academic community*. Washington, DC： AAC.

Association of American Colleges and Universities. (2010). *Preparing future faculty*. Retrieved from http://www. aacu. org/pff/index. cfm

Astin, A. W. , & Astin, H. S. (1993). *Undergraduate science education： The impact of different college environments on the educational pipeline in the sciences*. Los Angeles, CA： Higher Education Research Institute, University of California.

Austin, A. E. (2002). Preparing the next generation of faculty： Graduate school as socialization to the academic career. *Journal of Higher Education*, 73(1), 94−122.

Austin, A. E. (2010). Supporting faculty members across their careers. In K. J. Gillespie, D. L. Robertson, & Associates (Eds.), *A guide to faculty development* (2nd ed. , pp. 363−378). San Francisco, CA： Jossey-Bass.

Austin, A. E. , Connolly, M. R. , & Colbeck, C. L. (2008, Spring). Strategies for preparing integrated faculty： The Center for the Integration of Research, Teaching, and Learning. In K. O'Meara, C. L. Colbeck, & A. E. Austin (Eds.), *Educating integrated professionals： Theory and practice on preparation for the professoriate* (pp. 69 − 81). New Directions for Teaching and Learning, No. 113. San Francisco, CA： Jossey-Bass. doi： 10. 1002/tl. 309

Baldwin, R. , DeZure, D. , Shaw, A. , & Moretto, K. (September/October, 2008). Mapping the Terrain of Mid-Career Faculty at a Research University： Implications for Faculty and Academic Leaders. *Change： The Magazine of Higher Learning*, 40(5), 46 − 55. Retrieved from http://www. changemag. org/Archives/Back%20Issues/September-October% 202008/abstract-mapping-the-terrain. html. doi： 10. 3200/CHNG. 40. 5. 46−55

Banta, T. W. (1997, Winter). Moving assessment forward： Enabling conditions and stumbling blocks. In P. J. Gray & T. W. Banta (Eds.), *The campus-level impact of assessment： Progress, problems and possibilities* (pp. 79−91). New Directions for Higher Education, No. 100. San Francisco, CA： Jossey-Bass. doi： 10. 1002/he. 10007

Banta, T. W. (2007). Can assessment for accountability complement assessment for improvement? *Peer Review*, 9(2), 9−12.

Banta, T. W. , Lund, J. P. , Black, K. E. , & Oblander, F. W. (1996). *Assessment in practice: Putting principles to work on college campuses.* San Francisco, CA: Jossey-Bass.

Barkley, E. F. , Cross, K. P. , & Major, C. H. (2005). *Collaborative learning techniques: A handbook for college faculty.* San Francisco, CA: Jossey-Bass.

Baron, L. (2006). The advantages of a reciprocal relationship between faculty development and organizational development in higher education. In S. Chadwick-Blossey & D. R. Robertson (Eds.), *To Improve the Academy: Resources for Faculty, Instructional, and Organizational Development*, Vol. 24 (pp. 29—43). Bolton, MA: Anker.

Bartlett, T. (2002, March 22). The unkindest cut. *The Chronicle of Higher Education.* Retrieved from http://chronicle. com/article/The-Unkindest-Cut/21885/

Bass, Randy. (1999). The Scholarship of Teaching and Learning: What's the Problem? *Inventio: Creative Thinking About Learning and Teaching.* 1(1).

Bean, J. C. (2001). *Engaging ideas: The professor's guide to integrating writing, critical thinking, and active learning in the classroom.* San Francisco, CA: Jossey-Bass.

Bellows, L. , & Weissinger, E. (2005). Assessing the academic and professional development needs of graduate students. In S. Chadwick-Blossey & D. R. Robertson (Eds.), *To Improve the Academy: Resources for Faculty, Instructional, and Organizational Development*, Vol. 23 (pp. 267—283). Bolton, MA: Anker.

Benbassat, J. , & Baumal, R. (2002). A step-wise role playing approach for teaching patient counseling skills to medical students. *Patient Education and Counseling*, 46 (2), 147—152.

Bennett, W. J. (1984). *To reclaim a legacy: A report on the humanities in higher education.* Washington, DC: National Endowment for the Humanities.

Bensimon, E. M. (2005, Fall). Closing the achievement gap in higher education: An organizational learning perspective. In A. Kezar (Ed.), *Organizational learning in higher education* (pp. 99—111). New Directions for Higher Education, No. 131. San Francisco, CA: Jossey-Bass. doi: 10. 1002/he. 190

Benson, L. , & Harkavy, I. (1996). Communal participatory action research as a strategy for improving universities and the social sciences: Penn's work with the West Philadelphia Improvement Corps as a case study. *Educational Policy*, 10(2), 202—222.

Berg, J. M. , Dutton, J. E. , & Wrzesniewski, A. (2008). *What is job crafting and why does it matter? Theory-to-Practice Briefing.* Retrieved from University of Michigan, Center for Positive Organizational Scholarship website: http://www.

bus. umich. edu/Positive/POS-Teaching-and-Learning/TheorytoPractice. htm

Berge, Z. L. (1998). Barriers to online teaching in post-secondary institutions: Can policy changes fix it? *Online Journal of Distance Learning Administration*, 1(2). Retrieved from http://www. westga. edu/~distance/Berge12. html

Bishop, R. (1994). Initiating empowering research. *New Zealand Journal of Educational Studies*, 29(1), 175—188.

Black, B. (1998). Using the SGID method for a variety of purposes. In M. Kaplan & D. Lieberman (Eds.), *To Improve the Academy: Resources for Faculty, Instructional, and Organizational Development*, Vol. 17 (pp. 245 - 262). Stillwater, OK: New Forums Press.

Blackburn, R. T. , & Lawrence, J. H. (1995). *Faculty at work: Motivation, expectation, satisfaction*. Baltimore, MD: Johns Hopkins University Press.

Blumberg, P. (2010). Strategic committee involvement: A guide for faculty developers. In L. B. Nilson & J. E. Miller (Eds.), *To Improve the Academy: Resources for Faculty, Instructional, and Organizational Development*, Vol. 28 (pp. 63—81). San Francisco, CA: Jossey-Bass.

Boal, A. (1979). *Theatre of the oppressed*. New York: Urizen Books, 1979. Republished by Routledge Press in New York/London in 1982.

Boal, A. (1992). *Games for actors and non-actors*. New York: Routledge Press.

Boal, A. (1995). *The rainbow of desire*. New York: Routledge Press.

Boice, R. (1991a). New faculty as teachers, *Journal of Higher Education*, 62(2), 150—173.

Boice, R. (1991b, Winter). Quick starters: New faculty who succeed. In M. Theall & J. Franklin (Eds.), (pp. 111—121). New Directions for Teaching and Learning, No. 48. San Francisco, CA: Jossey-Bass. doi: 10. 1002/tl. 37219914810

Boice, R. (2000). *Advice for new faculty members: Nihil Nimus*. Needham Heights, MA: Allyn & Bacon.

Bok, D. (2006). *Our underachieving colleges: A candid look at how much students learn and why they should be learning more*. Princeton, NJ: Princeton University Press.

Border, L. , & von Hoene, L. (2010). Graduate and professional student development programs. In K. J. Gillespie & D. L. Robertson & Associates (Eds.), *A guide to faculty development* (2nd ed. , pp. 327—345). San Francisco, CA: Jossey-Bass.

Bothell, T. W. , & Henderson, T. (2004). Evaluating the return on investment of faculty development. In C. Wehlburg & S. Chadwick-Blossey (Eds.), *To Improve the Academy: Resources for Faculty, Instructional, and Organizational Develop-*

ment, *Vol.* 22 (pp. 52—70). Bolton, MA: Anker.

Brandsford, J., Brown, A., & Cocking, R. (Eds.). (2000). *How people learn: Brain, mind, experience and school.* Washington, DC: National Academy Press.

Brinko, K. T. (1997). The interactions of teaching improvement. In K. T. Brinko & R. J. Menges (Eds.), *Practically speaking: A sourcebook for instructional consultants in higher education*(pp. 3—8). Stillwater, OK: New Forums.

Brinko, K. T., & Menges, R. J. (Eds.). (1997). *Practically speaking: A sourcebook for instructional consultants in higher education.* Stillwater, OK: New Forums Press.

Brookfield, S. (1996). Through the lens of learning: How experiencing difficult learning challenges and changes assumptions about teaching. In L. Richlin & D. DeZure (Eds.), *To Improve the Academy: Resources for Faculty, Instructional, and Organizational Development*, *Vol.* 15 (pp. 3—15). Stillwater, OK: New Forums Press.

Bruff, D., Harapnuik, D., & Julius, J. (2010, November). *Revolution or evolution: Social technologies and pedagogical change.* Presentation at annual conference of the Professional and Organizational Development Network in Higher Education (POD), St. Louis, MO.

Calkins, S., & Drane, D. (2010). Engaging faculty in conversations about teaching through a research proposal workshop. In L. B. Nilson & J. E. Miller (Eds.), *To Improve the Academy: Resources for Faculty, Instructional, and Organizational Development*, *Vol.* 28 (pp. 265—277). San Francisco, CA: Jossey-Bass.

Callan, P. M., Jones, D., Ewell, P. T., & Breneman, D. W. (2008). *Measuring up* 2008: *The national report card on higher education.* San Jose, CA: The National Center for Public Policy and Higher Education.

Cameron, K. (2008). *Positive leadership: Strategies for extraordinary performance.* San Francisco, CA: Berrett-Koehler.

Camp, J. S., DeBlois, P. B., & the 2007 EDUCAUSE Current Issues Committee (2007, May/June). Top-Ten IT Issues, 2007. *EDUCAUSE Review*, 42(3), 12—31.

Campbell, P. B., Jolly, E., Hoey, L., & Perlman, L. K. (2002). *Upping the numbers: Using research-based decision making to increase diversity in the quantitative disciplines.* Newton, MA: Educational Development Center, Inc.

Celsi, R. L., & Wolfinbarger, M. (2002). Discontinuous classroom innovation: Waves of change for marketing education. *Journal of Marketing Education*, 24 (1), 64—72. doi: 10.1177/0273475302241008

Center for Research on Learning and Teaching, University of Michigan, (2007). [Qwiz-dom Student Survey]. Unpublished data.

Center for Research on Learning and Teaching, University of Michigan. (2009). [IT Needs Assessment Survey]. Unpublished data.

Centra, J. A. (1976, November). *Faculty development practices in U. S. colleges and universities.* Princeton, NJ: Educational Testing Service.

Chesler, M. A. (1990). Action research in the voluntary sector: A case study of schol-ar-activist roles in health care settings. In S. A. Wheelan, E. A. Pepitone, & V. Abt (Eds.), *Advances in field theory* (pp. 265 – 280). Newbury Park, CA: Sage.

Chesler, N. C. & Chesler, M. A. (2005). Theater as a community-building strategy for women in engineering: Theory and practice. *Journal of Women and Minorities in Science and Engineering*, 11(1), 1–13.

Chickering, A., & Gamson, Z. (1987). Seven principles for good practice in under-graduate education. *AAHE Bulletin*, 39(8), 3–7.

Chism, N. V. N. (1998). The role of educational developers in institutional change: From the basement office to the front office. In M. Kaplan & D. Lieberman (Eds.), *To Improve the Academy: Resources for Faculty, Instructional, and Or-ganizational Development*, Vol. 17 (pp. 141153). Stillwater, OK: New Forums Press.

Chism, N. V. N. (2005). Promoting a sound process for teaching awards programs: Appropriate work for faculty development centers. In S. Chadwick-Blossey & D. R. Robertson (Eds.), *To Improve the Academy: Resources for Faculty, Instruc-tional, and Organizational Development*, Vol. 23 (pp. 314–330). Bolton, MA: Anker.

Chism, N. V. N., & Szabó, B. (1996). Who uses faculty development services? In L. Richlin & D. DeZure (Eds.), *To Improve the Academy: Resources for Faculty, Instructional, and Organizational Development*, Vol. 15(pp. 115–128). Stillwa-ter, OK: New Forums Press.

Chism, N. V. N., & Szabó, B. (1997). Teaching awards: The problem of assessing their impact. In D. DeZure & M. Kaplan (Eds.), *To Improve the Academy: Re-sources for Faculty, Instructional, and Organizational Development*, Vol. 16 (pp. 181200). Stillwater, OK: New Forums.

Chronicle of Higher Education. (2005, March 4). Median salaries of college adminis-trators by job category and type of institution, 2004 – 5. Retrieved from http://chronicle. com/article/Median-Salaries-of-College/9238

Cohen, M. D, March, J. G. , & Olsen, J. P. (1972). A garbage can model of organizational choice. *Administrative Science Quarterly*, 17(1), 1—25.

Cohen, P. (1980). Effectiveness of student-rating feedback for improving college instruction: A meta-analysis of findings. *Research in Higher Education*, 13(4), 321 —341.

Cole, J. (2006, January). *Blogs and wikis: What do they add to research and publishing*? Presentation given at the Center for Research on Learning and Teaching, University of Michigan.

Connolly, M. R. , & Millar, S. B. (2006). Using workshops to improve instruction in STEM courses. *Metropolitan Universities Journal*, 17(4), 53 - 65.

Cook, C. E. (2001). The role of a teaching center in curricular reform. In D. Lieberman & C. Wehlburg (Eds.), *To Improve the Academy: Resources for Faculty, Instructional, and Organizational Development*, Vol. 19(pp. 217—231). Bolton, MA: Anker.

Cook, C. E. (2004). Developing infrastructure. In B. Cambridge (Ed.), *Campus progress: Supporting the scholarship of teaching and learning*(pp. 11—19). Washington, DC: American Association for Higher Education.

Cook, C. E. (2008, May/June). Study abroad for Chinese university presidents: How China is reforming higher education. *Change: The Magazine of Higher Learning*, 40(3), 32—39. doi: 10. 3200/CHNG. 40. 3. 32—39

Cook, C. E. , Gerson, J. , Godfrey, J. , Kerner, N. , Larsen-Freeman, D. , Mullane, E. , . . . Smaill, A. (2002). *Report of the task force on testing and training prospective graduate student instructors*. Ann Arbor, MI: University of Michigan.

Cook, C. E. , Kaplan, M. , Nidiffer, J. , & Wright, M. (2001, November). Preparing future faculty - faster. *AAHE Bulletin*, 34(3), 3—7.

Cook, C. E. , & Marincovich, M. (2010). Effective practices at research universities: The productive pairing of research and teaching. In K. J. Gillespie & D. L. Robertson & Associates (Eds.), *A guide to faculty development*(2nd ed. , pp. 277 —292). San Francisco, CA: Jossey-Bass.

Cook, C. E. , & Sorcinelli, M. D. (2005). Building multiculturalism into teaching development programs. In M. Ouellett (Ed.), *Teaching inclusively: Resources for course, department and institutional change in higher education* (pp. 74—83). Stillwater, OK: New Forums Press.

Cook, C. E. , Wright, M. , & O'Neal, C. (2007). Action research for instructional improvement: Using data to enhance student learning at your institution. In D. R. Robertson & L. B. Nilson (Eds.), *To Improve the Academy: Resources for Fac-*

ulty, *Instructional*, *and Organizational Development*, Vol. 25 (pp. 123—138). Bolton, MA: Anker.

Cox, A. (2008). *Women of Color Faculty at the University of Michigan: Recruitment, Retention, and Campus Climate*. Ann Arbor, MI: University of Michigan Center for the Education of Women.

Cross, K. P., & Steadman, M. H. (1996). *Classroom research: Implementing the scholarship of teaching*. San Francisco, CA: Jossey-Bass.

Dalkey, N. C., & Helmer, O. (1963). An experimental application of the Delphi method to the use of experts. *Management Science*, 9(3), 458—467.

D'Eon, M., Sadownik, L., Harrison, A., & Nation, J. (2008). Using self-assessments to detect workshop success: Do they work? *American Journal of Evaluation*, 29(1), 92—98. doi: 10.1177/1098214007312630

Dewey, B. I., DeBlois, P. B., & the 2006 EDUCAUSE Current Issues Committee (2006, May/June). Top-Ten IT Issues, 2006. *EDUCAUSE Review*, 41(3), 58—79.

deWinstanley, P. A., & Bjork, R. A. (2002, Spring). Successful lecturing: Presenting information in ways that engage effective processing. In D. F. Halpern & M. D. Hakel (Eds.), *Applying the science of learning to university teaching and beyond* (pp. 19—31). New Directions for Teaching and Learning, No. 89. San Francisco, CA: Jossey-Bass. doi: 10.1002/tl. 44

DeZure, D., Kaplan, M., & Deerman, A. (2001). *Research on student notetaking: Implications for faculty and graduate student instructors*. CRLT Occasional Paper No. 16. Ann Arbor, MI: Center for Research on Learning and Teaching, University of Michigan.

Diamond, M. R. (2004). The usefulness of structured mid-term feedback as a catalyst for change in higher education classes. *ActiveLearning in Higher Education*, 5(3), 217—231.

Diamond, R. M. (1989). *Designing and improving courses and curricula in higher education: A systematic approach*. San Francisco, CA: Jossey-Bass.

Diamond, R. M. (1998). *Designing and assessing courses and curricula: A practical guide* (2nd. ed.). San Francisco, CA: Jossey-Bass.

Diamond, R. M. (2005). The institutional change agency: The expanding role of academic support centers. In S. Chadwick-Blossey & D. R. Robertson (Eds.), *To Improve the Academy: Resources for Faculty, Instructional, and Organizational Development*, Vol. 23 (pp. 24—37). Bolton, MA: Anker.

Diaz, A., Middendorf, J., Pace, D., & Shopkow, L. (2008). The History Learning

Project: A department decodes its students. *Journal of American History*, 94(4), 1211—24.

Dotson, W. H. , & Bernstein, D. J. (2010). A model for putting a teaching center in context: An informal comparison of teaching centers at larger state universities. In L. B. Nilson & J. E. Miller (Eds.), *To Improve the Academy: Resources for Faculty, Instructional, and Organizational Development*, Vol. 28 (pp. 82—97). San Francisco, CA: Jossey-Bass.

Dweck, C. S. (2002). Messages that motivate: How praise molds students' beliefs, motivation and performance (in surprising ways). In J. Aronson(Ed.) *Improving academic achievement: Impact of psychological factors on education* (pp. 37—60). New York, NY: Academic Press.

Eble, K. E. , & McKeachie, W. J. (1985). *Improving undergraduate education through faculty development*. San Francisco, CA: Jossey-Bass.

Elden, M. (1981). Sharing the research work: Participative research and its role demands. In P. Reason & J. Rowan (Eds.), *Human inquiry: A sourcebook of new paradigm research* (pp. 261—266). Chichester, UK: John Wiley & Sons.

Erb, S. (2003). A taste of Chautauqua: Historical investigation and oral presentation. *Journal of Adolescent and Adult Literacy*, 47(2), 168—175.

Fendrich, L. (2007, June 8). A pedagogical straitjacket. *The Chronicle of Higher Education*, p. B6.

Ferren, A. , & Mussell, K. (1987). Strengthening faculty development programs through evaluation. In J. Kurfiss (Ed.), *To Improve the Academy: Resources for Faculty, Instructional, and Organizational Development*, Vol. 6(pp. 133—143). Stillwater, OK: New Forums Press.

Finelli, C. J. , Ott, M. , Gottfried, A. C. , Hershock, C. , O'Neal, C. , & Kaplan, M. (2008). Utilizing instructional consultations to enhance the teaching performance of engineering faculty. *Journal of Engineering Education*, 97(4), 397—411.

Finelli, C. J. , Wright, M. C. , & Pinder-Grover, T. (2010). Consulting the Delphi: A new idea for collecting student feedback through the TwoSurveyMethod. *Journal of Faculty Development*, 24(2), 25—33.

Fishman, B. (2009, October 8). *Big class, small feel: Uncommon teaching using commonplace technologies*. Presentation for the Center for Research on Learning and Teaching.

Frantz, A. C. , Beebe, S. A. , Horvath, V. S. , Canales, J. , & Swee, D. E. (2005). The roles of teaching and learning centers. In S. Chadwick-Blossey & D. R. Robertson (Eds.), *To Improve the Academy: Resources for Faculty, Instructional, and Organizational Development*, *Vol.* 23 (pp. 72—90). Bolton, MA: Anker.

Gaff, J. (1983). *General education today: A critical analysis of controversies, practices, and reforms*. San Francisco, CA: Jossey-Bass.

Galura, J., Pasque, P., Schoem, D., & Howard, J. (2004). *Engaging the whole of service learning, diversity, and learning communities*. Ann Arbor, MI: Ginsberg Center for Community Service, University of Michigan.

Gardiner, L. F. (1992). *Designing a college curriculum: Overview, planning aids, and selected resources*. Professional Resource No. 4 (copyright by Gardiner).

Gardner, S. K. (2007). "I heard it through the grapevine": Doctoral student socialization in chemistry and history. *Higher Education*, 54(5), 723—740. doi 10.1007/s10734-006-9020-x

Geltner, B. B. (1993, October). *Collaborative action research: A critical component in the preparation of effective leaders and learners*. Paper presented at the annual meeting of the University Council for Educational Administration, Houston, TX.

Gillespie, K. (2001, October). *Marketplace reality and our dreams of the profession*. Paper presented at the annual meeting of the Professional and Organizational Development Network in Higher Education (POD), Atlanta, GA.

Gillespie, K. J. (2010). Organizational development. In K. J. Gillespie, D. L. Robertson, & Associates (Eds.), *A guide to faculty development* (2nd ed., pp. 379—396). San Francisco, CA: Jossey-Bass.

Gillespie, K. J., & Robertson, D. L. & Associates (Eds.). (2010). *A guide to faculty development* (2nd ed.). San Francisco, CA: Jossey-Bass.

Glenn, D. (2009, August 18). Wary of budget knife, teaching centers seek to sharpen their role. *The Chronicle of Higher Education*. Retrieved from http://jobs.chronicle.com/article/Wary-of-Budget-Knife-Teaching/48049/

Glenn, D. (2010, February 5). College teaching needs to get better now, educators warn. *The Chronicle of Higher Education*, p. A12.

Gouldner, A. W. (1957). Cosmopolitans and locals: Toward an analysis of latent social roles. *Administrative Science Quarterly*, 29(3), 281 - 306.

Greenwood, D. J., & Levin, M. (1998). *Introduction to action research: Social research for social change*. Thousand Oaks, CA: Sage.

Groscurth, C., Hershock, C., & Zhu, E. (2009, October). *Assessing teaching assistants' instructional technology training needs: Research and practice*. Workshop presented at the annual meeting of the Professional and Organizational Development Network in Higher Education (POD), Houston, TX.

Gurin, P., Dey, E., Hurtado, S., & Gurin, G. (2002). Diversity and Higher Education: Theory and Impact on Educational Outcomes. *Harvard Educational Review* 72(3) 330—366.

Hacker, A. , & Dreifus, C. (2010). *Higher education? How colleges are wasting our money and failing our kids—and what we can do about it.* New York, NY: Times Books.

Hagner, P. R. , & Schneebeck, C. A. (2001). Engaging the faculty. In C. A. Barone & P. R. Hagner (Eds.), *Technology-mediated teaching and learning* (pp. 1—12). San Francisco, CA: Jossey-Bass.

Hake, R. R. (1998). Interactive-engagement versus traditional methods: A six-thousand-student survey of mechanics test data for introductory physics courses. *American Association of Physics Teachers*, 66(1), 64—74.

Halaby, C. N. (2005, October). *Two assessment studies of the general education quantitative reasoning "A" requirement at the University of Wisconsin-Madison.* Report to the General Education Assessment Council Subcommittee on the Effectiveness of the Quantitative Reasoning "A" Requirement. Madison, Wisconsin: University of Wisconsin-Madison. Retrieved from http://www. ls. wisc. edu/gened/Reports/commA_surveyreport. pdf

Halperin, D. (2002). The play's the thing: How social group work and theatre transformed a group into a community. *Social Work with Groups*, 24(2), 27—46. doi: 10. 1300/J009v24n02_03

Halstead, D. K. (1974). *Statewide planning in higher education.* Washington, DC: U. S. GPO.

Hartshorne, R. , & Ajjan, H. (2009). Examining student decisions to adopt Web 2. 0 technologies: Theory and empirical tests. *Journal of Computing in Higher Education*, 21(3), 183—198. doi: 10. 1007/s12528-009-9023-6

Hativa, N. , & Marincovich, M. (Eds.). (1995, Winter). *Disciplinary differences in teaching and learning: Implications for practice.* New Directions for Teaching and Learning, No. 64. San Francisco, CA: Jossey-Bass.

Hersh, R. H. (2007). Going naked. *Peer Review*, 9(2), 4—8.

Heru, A. M. (2003). Using role playing to increase residents' awareness of medical student mistreatment. *Academic Medicine*, 78(1), 35—38.

Hines, S. R. (2010). An investigation of program assessment practices at established centralized TLCs: The findings report. Unpublished manuscript, Saint Mary's University of Minnesota.

Holland, P. E. (2001). Professional development in technology: Catalyst for school reform. *Journal of Technology and Teacher Education*, 9(2), 245—268.

Holstrom, E. I. , Gaddy, C. D. , Van Horne, V. V. , & Zimmerman, C. M. (1997). *Best and brightest: Education and career paths of top science and engineering students*. New York, NY: Commission on Professionals in Science and Technology.

Howard, J. (2001, Summer). Service-Learning Course Design Workbook [Companion volume]. Michigan Journal of Community Service Learning. Ann Arbor, MI: Ginsberg Center for Community Service, University of Michigan.

Howland, J. , & Wedman, J. A (2004). Process model for faculty development: Individualizing technology learning. *Journal of Technology and Teacher Education*, 12(2), 239—262.

Hunt, N. (2003). Does mid-semester feedback make a difference? *The Journal of Scholarship of Teaching and Learning*, 3(2), 13—20.

Huntzinger, M. , McPherron, P. , & Rajagopal, M. (2011). The TA consultant program: Improving undergraduate instruction and graduate student professional development. In J. E. Miller & J. E. Groccia (Eds.), *To Improve the Academy: Resources for Faculty, Instructional, and Organizational Development Vol*. 29(pp. 246—259). San Francisco, CA: Jossey-Bass.

Hussey, T. , & Smith, P. (2009). *The trouble with higher education: A critical examination of our universities*. New York: Routledge.

Hutchings, P. (2006). A tug toward the center: Pat Hutchings at POD on the scholarship of teaching and learning. *The National Teaching and Learning Forum*, 16(1), 5—7.

Hutchings, P. (2010). *Opening doors to faculty involvement in assessment*. Retrieved from National Institute for Learning and Outcomes Assessment website: http://www. learningoutcomeassessment. org/occasionalpaperfour. htm

Ingerman, B. L. , Yang, C. , & the 2010 EDUCAUSE Current Issues Committee (2010, May/June). Top-Ten IT Issues, 2010. *EDUCAUSE Review*,45(3), 46—60.

Israel, B. A. , Schurman, S. J. , & Hugentobler, M. K. (1992). Consulting action research: Relationships between organization members and researchers. *Journal of Applied Behavioral Science*, 28(1), 74—101.

Jackson, B. (2005). The theory and practice of multicultural organization development in Education. In M. Ouellett (Ed.), *Teaching inclusively: Resources for course, department and institutional change in higher education* (pp. 3—20). Stillwater, OK: New Forums Press.

Jacobson, W. , Wulff, D. H. , Grooters, S. , Edwards, P. M. , & Freisem, K.

(2009). Reported long-term value and effects of teaching center consultations. In L. B. Nilson & J. E. Miller (Eds.), *To Improve the Academy: Resources for Faculty, Instructional, and Organizational Development*, Vol. 27 (pp. 223 — 246). San Francisco, CA: Jossey-Bass.

Johnson, W. B. , & Huwe, J. M. (2003) *Getting mentored in graduate school*. Washington, DC: American Psychological Association.

Jones, C. (2001). Sociodrama: A teaching method for expanding the understanding of clinical issues. *Journal of Palliative Medicine*, 4(3), 386—390.

Kalish, A. , Armstrong, P. , Border, L. L. B. , Chandler, E. O. , Horii, C. V. , Maurer, V. , Palmer M. , Rohdieck, S. , Schram, L. N. , & von Hoene, L. (2009, October). *Structured professional development for graduate and professional students: A taxonomy*. Workshop presented at the annual meeting of the Professional and Organizational Development Network in Higher Education (POD), Houston, TX.

Kaplan, M. , Cook, C. E. , & Steiger, J. (2006, May/June). Using theatre to stage instructional and organizational transformation. *Change: The Magazine of Higher Learning*, 38(3), 32—39. doi: 10. 3200/CHNG. 38. 3. 32—39

Kaplan, M. , & Miller, A. T. (eds.) (2007). *The scholarship of multicultural teaching and learning*. New Directions for Teaching and Learning, No. 111. San Francisco: Jossey-Bass.

Kardia, D. B. , & Wright, M. C. (2004). *Instructor identity: The impact of gender and race on faculty experiences with teaching*. CRLT Occasional Paper, No. 19. Ann Arbor, MI: Center for Research on Learning and Teaching, University of Michigan.

Keller, G. (1983). *Academic strategy: The management revolution in American higher education*. Baltimore, MD: Johns Hopkins University Press.

Kendall Brown, M. , Hershock, C. , Finelli, C. J. , & O'Neal, C. (2009). *Teaching for retention in science, engineering, and math disciplines: A guide for faculty*. CRLT Occasional Paper, No. 25. Ann Arbor, MI: Center for Research on Learning and Teaching, University of Michigan.

King, P. M. (2000, Summer). Learning to make reflective judgments. In M. B. Baxter Magolda (Ed.), *Teaching to promote intellectual and personal maturity: Incorporating students' worldviews and identities into the learning process* (pp. 15—26). New Directions for Teaching and Learning, No. 82. San Francisco, CA: Jossey-Bass. doi: 10. 1002/tl. 8202

King, P. M. , & Baxter Magolda, M. B. (2005). A developmental model of intercultural maturity. *Journal of College Student Development*, 46(6), 571—592.

King, P. M. & Kitchener, K. S. (1994). *Developing reflective judgment: Understanding and promoting intellectual growth and critical thinking in adolescents and adults*. San Francisco, CA: Jossey-Bass.

Kodotchigova, M. A. (2001). Role play in teaching culture: Six quick steps for classroom implementation. *The Internet TESL Journal*, 8(7), 1—7. Retrieved from http://iteslj. org/Techniques/Kodotchigova-RolePlay. html

Krogh, L. (2001, March). *Action research as action learning as action research as action learning... at multiple levels in adult education*. Paper presented at the Fourth Annual Australian Vocational Education and Training Research Association Conference, Adelaide, Australia.

Kucsera, J. V. , & Svinicki, M. (2010). Rigorous evaluations of faculty development programs. *The Journal of Faculty Development*, 24(2), 5—13.

Kuhlenschmidt, S. (2010). Issues in technology and faculty development. In K. J. Gillespie, D. L. Robertson & Associates (Eds.), *A guide to faculty development* (2nd ed. , pp. 259—274). San Francisco, CA: Jossey-Bass.

Kuhlenschmidt, S. (2011). Distribution and penetration of teaching-learning development units in higher education: Implications for strategic planning and research. In J. Miller & J. Groccia (Eds.), *To Improve the Academy: Resources for Faculty, Instructional, and Organizational Development*, Vol. 29 (pp. 274—287). San Francisco, CA: Jossey-Bass.

Kuhlenschmidt, S. , Weaver, S. , & Morgan, S. (2010). A conceptual framework for the center: Going beyond setting priorities. In L. B. Nilson & J. E. Miller (Eds.), *To Improve the Academy: Resources for Faculty, Instructional, and Organizational Development*, Vol. 28 (pp. 25—36). San Francisco, CA: Jossey-Bass.

Kulik, J. A. (2009, March). *On-line teaching evaluations at the University of Michigan: A preliminary appraisal*. Unpublished report. Office of Evaluations and Examinations, University of Michigan, Ann Arbor, USA.

Langley, D. (2008, July). *Success metrics at the Center for Teaching and Learning at the University of Minnesota*. Memo presented at CIC Teaching Center Directors' Meeting, Chicago, IL.

Lattuca, L. R. , & Stark, J. S. (2009). *Shaping the college curriculum: Academic plans in context*. San Francisco, CA: Jossey-Bass.

LaVaque-Manty, D. , Steiger, J. , & Stewart, A. J. (2007). Interactive Theater. In A. J. Stewart, J. E. Malley, & D. LaVaque-Manty (Eds.), *Transforming sci-*

ence and engineering: Advancing academic women (pp. 204 — 222). Ann Arbor: The University of Michigan Press.

Lee, J. (2002). Racial and ethnic achievement gap trends: Reversing the progress toward equity? *Educational Researcher*, 31(1), 3 — 12.

Levin-Rozales, M. (2003). Evaluation and research: Differences and similarities. *The Canadian Journal of Teaching Evaluation*, 18(2), 1 — 31.

Lewin, K. (1997). *Resolving social conflicts*. Washington, DC: American Psychological Association. (Original work published 1948).

Lewis, K. G. (2010, Summer). Pathways toward improving teaching and learning in higher education: International context and background. In J. McDonald & D. Stockley (Eds.), *Pathways to the profession of educational development* (pp. 13 — 24). New Directions for Teaching and Learning, No. 122. San Francisco, CA: Jossey-Bass. doi: 10.1002/tl.394

Lewis, K. G. , & Povlacs, J. T. (Eds.). (2001). *Face to face: A sourcebook of instructional consultation techniques for faculty/instructional developers*. Stillwater, OK: New Forums Press.

Liebowitz, J. (2003). Teach people skills totally online? *College Teaching*, 51(3), 82 — 85.

Light, G. , Calkins, S. , Luna, M. , & Drane, D. (2008). Assessing the impact of faculty development programs on faculty approaches to teaching. *International Journal of Teaching and Learning in Higher Education*, 20(2), 168 — 181.

Lin, C. , Singer, R. , & Ha, L. (2010). Why university members use and resist technology? A structure enactment perspective. *Journal of Computing in Higher Education*, 22(1), 38 — 59. doi: 10.1007/s12528-010-9028-1

Lonn, S. , & Teasley, S. D. (2009). Saving time or innovating practice: Investigating perceptions and uses of Learning Management Systems. *Computers & Education*, 53(3), 686 - 694.

Lovitts, B. (2008). The transition to independent research: Who makes it, who doesn't, and why. *Journal of Higher Education*, 79(3), 296 — 325.

Mann, B. D. , Sachdeva, A. K. , Nieman, L. Z. , Nielan, B. A. , Rovito, M. A. , & Damsker, J. I. (1996). Teaching medical students by role playing: A model for integrating psychosocial issues with disease management. *Journal of Cancer Education*, 11(2), 65 — 72.

Marincovich, M. (1997). Training new consultants at Stanford: The TA consultants program. In K. T. Brinko & R. J. Menges (Eds.), *Practically speaking: A sourcebook for instructional consultants in higher education* (pp. 305 — 326). Stillwater, OK: New Forums Press.

Marincovich, M. , Clerici-Arias, M. , Denman, M. , & Wright Dunbar, R. (2007). Developing effective consulting skills. In C. Ross, J. Dunphy, & Associates (Eds.), *Strategies for teaching assistant and international teaching assistant development : Beyond micro teaching* (pp. 62—67). San Francisco, CA: Jossey-Bass.

Marincovich, M. , & Gordon, H. (1991). A program of peer consultation: The consultants' experience. In J. Nyquist, R. Abbott, D. Wulff, & J. Sprague (Eds.), *Preparing the professoriate of tomorrow : Selected readings in TA training* (pp. 176—183). Dubuque, IA: Kendall/Hunt Publishing.

Marincovich, M. , Prostko, J. , & Stout, F. (Eds.). (1998). *The Professional Development of Graduate Teaching Assistants*. Bolton, MA: Anker.

Massy, W. & Zemsky, R. (1995, June). Using information technology to enhance academic productivity. Retrieved from http://net. educause. edu/ir/library/html/nli0004. html

McDonald, J. (2010, Summer). Charting pathways into the field of educational development. In J. McDonald & D. Stockley (Eds.), *Pathways to the profession of educational development* (pp. 37—45). New Directions for Teaching and Learning, No. 122. San Francisco, CA: Jossey-Bass. doi: 10. 1002/tl. 396

McGregor, J. (1993). Effectiveness of role playing and antiracist teaching in reducing student prejudice. *Journal of Educational Research* , 86(4), 215—226.

Meizlish, D. , & Kaplan, M. (2008). Valuing and evaluating teaching in academic hiring: A multidisciplinary, cross-institutional study. *The Journal of Higher Education* , 79(5), 489—512.

Meizlish, D. , & Kaplan, M. (2010, November). *Preparing New Professors for a Research University's Teaching Mission*. Poster presented at the annual meeting of the Professional and Organizational Development Network in Higher Education (POD), St. Louis, MO.

Meizlish, D. S. , Pinder-Grover, T. A. , & Wright, M. C. (in press). Effective use of graduate peer teaching consultants: Recruitment, training, supervision, and evaluation. In K. Brinko (Ed.), *Practically speaking : A sourcebook for instructional consultants in higher education* (2nd ed.). Stillwater, OK: New Forums Press.

Meizlish, D. S. , & Wright, M. C. (2009). Preparing advocates for faculty development: Expanding the meaning of "growing our own. " In L. B. Nilson & J. E. Miller (Eds.), *To Improve the Academy : Resources for Faculty , Institutional, and Organizational Development* , Vol 27 (pp. 385—400). San Francisco, CA: Jossey-Bass.

Menges, R. J. , & Svinicki, M. (1989). Designing program evaluations: A circular model. In S. Kahn (Ed.), *To Improve the Academy: Resources for Faculty, Instructional, and Organizational Development*, Vol. 8 (pp. 81 — 97). Stillwater, OK: New Forums Press and The Professional and Organizational Development Network in Higher Education (POD).

Merriam, S. B. (2009). *Qualitative research: A guide to design and implementation*. San Francisco, CA: Jossey-Bass.

Newell, W. H. (1994, Summer)) Designing interdisciplinary courses. In J. T. Klein & W. G. Doty (Eds.), *Interdisciplinary studies today* (pp. 35 — 51). New Directions for Teaching and Learning, No. 58. San Francisco, CA: Jossey-Bass.

Millis, B. J. (2004). A versatile interactive focus group protocol for qualitative assessments. In C. M. Wehlburg & S. Chadwick-Blossey (Eds.), *To Improve the Academy: Resources for Faculty, Instructional, and Organizational Development*, Vol. 22 (pp. 125 — 141). Stillwater, OK: New Forums Press.

Milloy, P. M. , & Brooke, C. (2004). Beyond bean counting: Making faculty development needs assessment more meaningful. In C. M. Wehlburg & S. Chadwick-Blossey (Eds.), *To Improve the Academy: Resources for Faculty, Instructional, and Organizational Development*, Vol. 22 (pp. 71 — 92). Bolton, MA: Anker.

Montgomery, S. (1999). A course on teaching engineering. *Proceedings of the 1999 American Society for Engineering Education Annual Conference and Exposition*. Retrieved from http://soa. asee. org/paper/conference/paper-view. cfm? id=14736

Montgomery, S. M. , & Groat, L. N. (1998). *Student learning styles and their implications for teaching*. CRLT Occasional Paper, No. 10. Ann Arbor, MI: Center for Research on Learning and Teaching, University of Michigan.

Morris, R. V. (2003). Acting out history: Students reach across time and space. *International Journal of Social Education*, 18(1), 44 — 51.

Moser, F. Z. (2007). Faculty adoption of educational technology. Retrieved from http://www. educause. edu/EDUCAUSE + Quarterly/EDUCAUSEQuarterlyMagazineVolum/FacultyAdoptionofEducationalTe/157436

Murray, H. (1985, September). Classroom teaching behaviors related to college teaching effectiveness. In J. G. Donald & A. M. Sullivan (Eds.), *Using research to improve teaching* (pp. 21 — 34). New Directions for Teaching and Learning, No. 23. San Francisco, CA: Jossey-Bass. doi: 10. 1002/tl. 37219852305

Nagda, A. , Gurin, P. , Sorensen, N. , & Zuniga, X. (2009). Evaluating intergroup dialogue: Engaging diversity for personal and social responsibility. *Diversity & Democracy*, 12(1), 4 — 6.

National Institute of Education (NIE). (1984). *Involvement in learning: Realizing the potential of American higher education*. Washington, DC: NIE.

National Science Board. (2004). *Science and engineering indicators*, 2004. (NSB 04—01). Arlington, VA: National Science Foundation, Division of Science Resource Statistics.

National Science Foundation, Division of Science Resources Statistics. (2003). *Women, minorities, and persons with disabilities in science and engineering: 2002*. (NSF 03—312). Arlington, VA: National Science Foundation.

Neal, E. , & Peed-Neal, I. (2010). Promoting your program and grounding it in the institution. In K. J. Gillespie, D. L. Robertson & Associates (Eds.), *A guide to faculty development* (2nd ed. , pp. 99—115). San Francisco, CA: Jossey-Bass.

Nicolle, P. S. , & Lou, Y. (2008). Technology adoption into teaching and learning by mainstream university faculty: A mixed methodology study revealing the "how, when, why, and why not." *Journal of Educational Computing Research*, 39(3), 235—265. doi: 10. 2190/EC. 39. 3. c

Nyquist, J. D. , & Sprague, J. (1998). Thinking developmentally about TAs. In M. Marincovich, J. Prostko, & F. Stout (Eds.), *The professional development of graduate teaching assistants* (pp. 61—88). Bolton, MA: Anker.

Nyquist, J. D. , & Wulff, D. H. (1988). Consultation using a research perspective. In E. Wadsworth, L. Hilsen, & M. Shea (Eds.), *A Handbook for New Practitioners* (pp. 81—88). Stillwater, OK: New Forums Press.

O'Neal, C. , & Karlin, J. (2004). Graduate student mentors: Meeting the challenges of the ongoing development of graduate student instructors. In C. M. Wehlburg & S. Chadwick-Blossey (Eds.), *To Improve the Academy: Resources for Faculty, Instructional, and Organizational Development*, Vol. 22 (pp. 320—332). Bolton, MA: Anker.

O'Neal, C. , Meizlish, D. , & Kaplan, M. (2007). *Writing a statement of teaching philosophy for the academic job market*. CRLT Occasional Paper, No. 23. Ann Arbor, MI: Center for Research on Learning and Teaching, University of Michigan.

O'Neal, C. , & Pinder-Grover, T. *How can you incorporate active learning into your classroom?* Center for Research on Learning and Teaching (CRLT), University of Michigan.

Ouellett, M. (Ed.). (2005). *Teaching inclusively: Resources for course, department and institutional change in higher education*. Stillwater, OK: New Forums Press.

Ouellett, M. & Ortquist-Ahrens, L. (2009, January). *Multicultural Organizational*

Development Institute, Joint session of the Professional and Organizational Development Network (POD) and Association of American Colleges and Universities (AAC&U). Retrieved from http://www. podnetwork. org/conferences/2009-AACU/index. htm and

http://www. podnetwork. org/about/pdf/2009%20MCOD%20Institute%20Report. pdf

Overall, J. U. , & Marsh, H. W. (1979). Midterm feedback from students: Its relationship to instructional improvement and students' cognitive and affective outcomes. *Journal of Educational Psychology*, 71(6), 856—865.

Pace, D. (2004, Summer). Decoding the reading of history: An example of the process. In D. Pace & J. Middendorf (Eds.), *Decoding the disciplines: Helping students learn disciplinary ways of thinking* (pp. 13—21). New Directions for Teaching and Learning, No. 98. San Francisco, CA: Jossey-Bass. doi: 10.1002/tl. 143

Pace, D. , & Middendorf, J. (Eds.). (2004). *Decoding the disciplines: Helping students learn disciplinary ways of thinking*. New Directions for Teaching and Learning, No. 98. San Francisco, CA: Jossey-Bass.

Park, P. (1999). People, knowledge, and change in participatory research. *Management Learning*, 30(2), 141—157.

Patton, M. Q. (2002). *Qualitative research and evaluation methods* (3rd ed.). Thousand Oaks, CA: Sage.

Pchenitchnaia, L. , & Cole, B. R. (2009). Essential faculty development programs for teaching and learning centers in research extensive universities. In L. B. Nilson & J. E. Miller (Eds.), *To Improve the Academy: Resources for Faculty, Instructional, and Organizational Development*, Vol. 27 (pp. 287—307). San Francisco, CA: Jossey-Bass.

Penny, A. R. , & Coe, R. (2004). Effectiveness of consultation on student ratings feedback: A meta analysis. *Review of Educational Research*, 74(2), 215—253.

Perlman, B. , Gueths, J. , & Weber, D. A. (1988). *The academic intrapreneur: Strategy, innovation and management in higher education*. New York, NY: Praeger.

Pinder, T. (2007). Teaching practice: Emphasis on active learning. In C. Ross & J. Dunphy (Eds.), *Strategies for Teaching Assistant and International Teaching Assistant Development* (pp. 76—79). San Francisco, CA: Jossey-Bass.

Pinder-Grover, T. , & Groscurth, C. (2009). *Principles for teaching the millennial generation: Innovative practices of U-M faculty*. CRLT Occasional Paper No. 26. Ann Arbor, MI: Center for Research on Learning and Teaching, University of

Michigan. Retrieved from http://www. crlt. umich. edu/publinks/occasional. php

Pinder-Grover, T. , Milkova, S. , & Hershock, C. (in press). Training TAs as con-
sultants at the University of Michigan: Workshop series for peer mentors. In K.
Brinko (Ed.), *Practically speaking: A sourcebook for instructional consultants in
higher education* (2nd ed.) Stillwater, OK: New Forums Press.

Pinder-Grover, T. , Millunchick, J. , & Bierwert, C. (2008). Using screencasts to en-
hance student learning in a large lecture material science and engineering course.
Proceedings of the 38th IEEE/ASEE Frontiers in Education Conference. Saratoga
Springs, NY. Retrieved from http://fie-conference. org/fie2008/papers/1362. pdf

Pinder-Grover, T. , Root, S. , & Cagin, E. (2008, June). Preparing graduate students
to be successful as teaching mentors and as future professionals. *Proceedings of the
2008 American Society for Engineering Education Annual Conference and Expo-
sition*, Pittsburgh, PA. Retrieved from http://soa. asee. org/paper/conference/pa-
per-view. cfm? id=8379

Plank, K. M. , & Kalish, A. (2010). Program assessment for faculty development. In
K. J. Gillespie & D. L. Robertson & Associates (Eds.), *A guide to faculty de-
velopment* (2nd ed. , pp. 135—149). San Francisco, CA: Jossey-Bass.

Plank, K. M. , Kalish, A. , Rohdieck, S. V. , & Harper, K. A. (2005). A vision be-
yond measurement: Creating an integrated data system for teaching centers. In S.
Chadwick-Blossey & D. R. Robertson (Eds.), *To Improve the Academy: Re-
sources for Faculty, Instructional, and Organizational Development*, Vol. 23
(pp. 173—190). Bolton, MA: Anker.

Polanyi, M. , & Cockburn, L. (2003). Opportunities and pitfalls of community-based
research: A case study. *Michigan Journal of Community Service Learning*, 9(3),
16—25.

Reason, P. (1999). Integrating action and reflection through co-operative inquiry.
Management Learning, 30(2), 207—226.

Redmond, M. V. , & Clark, D. J. (1982, February). Small group instructional diag-
nosis: A practical approach to improving teaching. *AAHE Bulletin*, 34(6), 8
—10.

Rhodes, T. (2002). Could it be that it does make sense? A program review process for
integrating activities. *To Improve the Academy: Resources for Faculty, Instruc-
tional, and Organizational Development*, Vol. 20 (pp. 49—61). Bolton, MA:
Anker.

Ringstaff, C. , & Kelley, L. (2002). The learning return on our educational technology

Rogers, E. M. (2003). *Diffusion of innovations* (5th ed.). New York: Free Press.

Schneider, A. (1999, February 19). When revising a curriculum, strategy may trump pedagogy: How Duke pulled of an overhaul while Rice saw its plans collapse. *The Chronicle of Higher Education*, p. A14.

Schön, D. (1983). *The reflective practitioner*. New York, NY: Basic Books.

Schön, D. (1987). *Educating the reflective practitioner*. San Francisco, CA: Jossey-Bass.

Schroeder, C. M. & Associates. (2010). *Coming in from the margins: Faculty development's emerging organizational development role in institutional change*. Sterling, VA: Stylus.

Seldin, P. (1997). *Using student feedback to improve teaching*. In D. DeZure & M. Kaplan (Eds.), *To Improve the Academy: Resources for Faculty, Instructional, and Organizational Development*, Vol. 16 (pp. 335—345). Stillwater, OK: New Forums Press.

Selingo, J. (2005, October 14). U. S. spends billions to encourage math and science students, but it's unclear if programs work, report says. *The Chronicle of Higher Education*. Retrieved from http://chronicle. com/daily/2005/10/2005101402n. htm

Senge, P. M. (1990). *The fifth discipline*. New York: Doubleday.

Senge, P. M. (2000). The academy as learning community: Contradiction in terms or realizable future? In A. F. Lucas & Associates (Eds.) *Leading academic change: Essential roles for academic change* (pp. 275—300). San Francisco, CA: Jossey-Bass.

Seymour, E. (2001). Tracking the processes of change in U. S. undergraduate education in science, mathematics, engineering and technology. *Science Education*, 86 (1), 79—105. doi 10. 1002/sce. 1044

Seymour, E., & Hewitt, N. M. (1997). *Talking about leaving: Why undergraduates leave the sciences*. Boulder, CO: Westview.

Seymour, E., Melton, G., Wiese, D., & Pedersen-Gallegos, L. (2005). *Partners in innovation: Teaching assistants in college science courses*. Lanham, MD: Rowman & Littlefield.

Shavelson, R. J. (2010). *Measuring college learning responsibly: Accountability in a new era*. Stanford, CA: Stanford University Press.

Shulman, L. S. (1986). Those who understand: Knowledge growth in teaching. *Educational Researcher*, 15(2), 4—14. doi: 10. 3102/0013189X015002004

Small, S. (1995). Action-oriented research: Models and methods. *Journal of Marriage and the Family*, 57(4), 941—955.

Smith, C. (2008). Building effectiveness in teaching through targeted evaluation and response: Connecting evaluation to teaching improvement in higher education. *Assessment & Evaluation in Higher Education*, 33(5), 517—533.

Smith, K. S. (2003). Assessing and reinvigorating a teaching assistant support program: The intersections of institutional, regional, and national needs for preparing future faculty. In C. M. Wehlburg & S. Chadwick-Blossey (Eds.), *To Improve the Academy: Resources for Faculty, Instructional, and Organizational Development*, Vol. 21(pp. 143—159). Bolton, MA: Anker.

Smith, M. K., Wood, W. B., Adams, W. K., Wieman, C., Knight, J. K., Guild, N., & Su, T. T. (2009). Why peer discussion improves student performance on in-class concept questions. *Science*, 323(5910), 122—124.

Smith, P. (2009). *Taking back the tower: Simple solutions for saving higher education*. Westport, CT: Praeger.

Snooks, M. K., Neeley, S. E., & Revere, L. (2007). Midterm student feedback: Results of a pilot study. *Journal of Excellence in College Teaching*, 18(3), 55—73.

Sorcinelli, M. D. (1991, Fall). Research findings on seven principles. In A. W. Chickering & Z. F. Gamson (Eds.), *Applying the seven principles for good practice in undergraduate education*(pp. 13—25). New Directions for Teaching and Learning, No. 47. San Francisco, CA: Jossey-Bass. doi: 10.1002/tl.37219914704

Sorcinelli, M. D. (2002). Ten principles of good practice in creating and sustaining teaching and learning centers. In K. H. Gillespie, L. R. Hilsen, & E. C. Wadsworth (Eds.), *A guide to faculty development: Practical advice, examples and resources*(pp. 9—23). Bolton, MA: Anker.

Sorcinelli, M. D., Austin, A. E., Eddy, P. L., & Beach, A. L. (2006). *Creating the future of faculty development: Learning from the past, understanding the present*. Bolton, MA: Anker.

Sorcinelli, M. D., & Yun, J. (2007, November/December). From mentor to mentoring networks: Mentoring in the New Academy. *Change: The Magazine of Higher Learning*, 39(6), 58—61. doi: 10.3200/CHNG.39.6.58—C4

Sorenson, D. L., & Bothell, T. W. (2004). Triangulating faculty needs for the assessment of student learning. In C. M. Wehlburg & S. Chadwick-Blossey (Eds.), *To Improve the Academy: Resources for Faculty, Instructional, and Organizational Development*, Vol. 22(pp. 23—40). Bolton, MA: Anker.

Spolin, V. (1963). *Improvisation for the theater: A handbook of teaching and direc-*

ting techniques. Evanston, IL: Northwestern University Press.

Spolin, V. (1986). *Theater games for the classroom: A teacher's handbook*. Evanston, IL: Northwestern University Press.

St. John, E. P., McKinney, J. S., & Tuttle, T. (2006, Summer). Using action inquiry to address critical challenges. In E. P. St. John & M. Wilkerson (Eds.), *Reframing persistence research to improve academic success* (pp. 63—76). New Directions for Institutional Research, No. 130. San Francisco, Jossey-Bass. doi: 10. 1002/ir. 180

Stanley, C. (Ed.). (2006). *Faculty of color: Teaching in predominantly white colleges and universities*. Bolton, MA: Anker.

Stanley, C. A. (2001). The faculty development portfolio: A framework for documenting the professional development of faculty developers. *Innovative Higher Education*, 26(1), 23—35.

Stark, J. S., Lowther, M. A., Bentley, R. J., Ryan, M. P., Genthon, M. L., Martens, G. G., & Wren, P. A. (1990). *Planning introductory college courses: Influences on faculty*. Ann Arbor, MI: University of Michigan, National Center for Research to Improve Postsecondary Teaching and Learning.

Steele, C., & Aronson, J. (1995). Stereotype threat and the intellectual test performance of African-Americans. *Journal of Personality and Social Psychology*, 69(5), 797—811.

Strand, K., Marullo, S., Cutforth, N., Stoecker, R., & Donohue, P. (2003). Principles of best practice for community-based research. *Michigan Journal of Community Service Learning*, 9(3), 5—15.

Streitwieser, B., Light, G., & Pazos, P. (2010, May/June). Entering the community of practitioners: A science research workshop model. *Change: The Magazine of Higher Learning*, 42(3), 17—23. doi: 10. 1080/00091381003704867

Strenta, A., Elliot, R., Adair, R., Matier, M., & Scott, J. (1994). Choosing and leaving science in highly selective institutions. *Research in Higher Education*, 35(5), 513—547.

Stringer, E. T. (1999). *Action research* (2nd ed.). Thousand Oaks, CA: Sage.

Svinicki, M. D. (1999, Winter). New directions in learning and motivation. In M. D. Svinicki (Ed.), *Teaching and learning on the edge of the millennium: Building on what we have learned* (pp. 5—27). New Directions for Teaching and Learning, No. 80. San Francisco, CA: Jossey-Bass. doi: 10. 1002/tl. 8001

Svinicki, M., & McKeachie, W. J. (2011). McKeachie's teaching tips: Strategies, research, and theory for college and university teachers (13th ed.). Belmont, CA:

Wadsworth Cengage Learning.

The Secretary of Education's Commission on the Future of Higher Education (2006). *A Test of leadership: Charting the future of U. S. higher education - A report of the Commission appointed by Secretary of Education Margaret Spellings.* Washington D. C. ; U. S. Department of Education.

Tiberius, R, Tipping, J. , & Smith, R. (1997). Developmental stages of an educational consultant: Theoretical perspective. In K. T. Brinko & R. J. Menges (Eds.), *Practically speaking: A sourcebook for instructional consultants in higher education* (pp. 217—221). Stillwater, OK: New Forums Press.

Tobias, S. (1990). *They're not dumb, they're different: Stalking the second tier.* Tucson, AZ: Research Corporation.

Travis, J. E. , Hursh, D. , Lankewicz, G. , & Tang, L. (1996). Monitoring the pulse of the faculty: Needs assessment in faculty development programs. In L. Richlin & D. DeZure (Eds.), *To Improve the Academy: Resources for Faculty, Instructional, and Organizational Development*, Vol. 15(pp. 95—113). Stillwater, OK: New Forums Press.

Turner, C. , & Myers, S. (2000). *Faculty of color in academe: Bittersweet success.* Boston, MA: Allyn and Bacon.

University of Michigan. (2007). *Diversity blueprints task force final report.* Retrieved from http://www. diversity. umich. edu/about/bp-summary. php

University of Michigan. (2010, May 21). How laptops can enhance learning in college classrooms. *ScienceDaily.* Retrieved from http://www. sciencedaily. com/releases/2010/05/100520161950. htm

University of Michigan. (2001). [UMIT Survey]. Unpublished data.

University of Michigan. (2005). [UMIT Survey]. Unpublished data.

University of Michigan. (2010). Accreditation 2010: University of Michigan: An institution of global learning, knowledge and engagement. Retrieved from http://www. accreditation. umich. edu/reports/Accreditation％20Report％20Final. pdf

Usability, Support, and Evaluation Lab, University of Michigan (2008). [CTools Usage Data]. Unpublished data.

Usability, Support, and Evaluation Lab, University of Michigan. (2009). [CTools Usage Data]. Unpublished data.

Volpe Horri, C. (2010). In L. Nilson & J. Miller (Eds.), *To Improve the Academy: Resources for Faculty, Instructional, and Organizational Development*, Vol. 28 (pp. 359—378). San Francisco, CA: Jossey-Bass.

Von Hoene, L. , Bo-Linn, C. , Border, L. , Johnston, K. M. , Ronkowski, S. , Pingree, A. , & Stanton, K. (2006, October). *Differences in common: Graduate student teaching certificate programs*. Presentation at the annual conference of the Professional and Organizational Development Network in Higher Education (POD), Portland, OR.

Wall, V. , & Obear, K. (2008, October). *Multicultural Organizational Development (MCOD): Exploring Best Practices to Create Socially Just, Inclusive Campus Communities*. Workshop at the AAC&U Conference entitled Diversity, Learning and Inclusive Excellence: Accelerating and Assessing Progress, Long Beach, CA. Retrieved from http://www. aacu. org/meetings/diversityandlearning/DL2008/Resources/documents/AACUMCODhandouts2008-ObearandWall. pdf

Wankat, P. C. (2002). *The effective, efficient professor: Teaching, scholarship and service*. Boston, MA: Allyn & Bacon.

Way, D. G. , Carlson, V. M. , & Piliero, S. C. (2002). Evaluating teaching workshops: Beyond the satisfaction survey. In D. Lieberman & C. M. Wehlburg (Eds.), *To Improve the Academy: Resources for Faculty, Instructional, and Organizational Development*, Vol. 20(pp. 94—106). Bolton, MA: Anker.

Wehlburg, C. (2008). *Promoting integrated and transformative assessment*. San Francisco, CA: Jossey-Bass.

Weick, K. E. (1984). Small wins: Redefining the scale of social problems. *American Psychologist*, 39(1), 40—49.

Weimer, M. (2002). Reading Lists. In *Learner-centered teaching: Five key changes to practice*. San Francisco, CA: Jossey-Bass.

Wellman, N. , & Spreitzer, G. (2010). Crafting scholarly life: Strategies for creating meaning in academic careers. *Journal of Organizational Behavior*, 31. Advance online publication. doi: 10. 1002/job. 708

Welsh, J. F. , & Metcalf, J. (2003a). Faculty and administrative support for institutional effectiveness activities. A bridge across the chasm? *Journal of Higher Education*, 74(4), 445468.

Welsh, J. F. , & Metcalf, J. (2003b). Cultivating faculty support for institutional effectiveness activities: Benchmarking best practices. *Assessment & Evaluation in Higher Education*, 28(1), 33—46.

Whetten, D. A. (2007). Principles of effective course design: What I wish I had known about learning-centered teaching 30 years ago. *Journal of Management Education*, 31(3), 339—357. doi: 10. 1177/1052562906298445

Wiggins, G. & McTighe, J. (1998). *Understanding by design*. Alexandria, Va. : Association for Supervision and Curriculum Development.

Williams, D. , Berger, J. , & McClendon, S. (2005). Toward a Model of Inclusive Excellence and Change and Postsecondary Institutions. American Association of Colleges and Universities. Retrieved from http://www. aacu. org/inclusive_excellence/documents/Williams_et_al. pdf

Wright, D. L. (2000). Faculty development centers in research universities: A study of resources and programs. In M. Kaplan & D. Lieberman (Eds.), *To Improve the Academy: Resources for Faculty, Instructional, and Organizational Development*, Vol. 18 (pp. 291—301). Bolton, MA: Anker.

Wright, M. , & Kaplan, M. (2007). *Departmental GSI Development: A Handbook for Faculty and GSMs Who Work with GSIs*. Ann Arbor, MI: Center for Research on Learning and Teaching (CRLT), University of Michigan.

Wright, M. C. (2010). *The growing importance of teaching at the University of Michigan*, 1996—2010. CRLT Occasional Paper, No. 28. Ann Arbor, MI: Center for Research on Learning and Teaching, University of Michigan.

Wright, M. C. , & Bergom, I. (2009, October). *Overcoming barriers to SoTL: Program development and evaluation*. Workshop presented at the International Society for the Scholarship of Teaching and Learning, Bloomington, IN.

Wright, M. C. , & Bogart, P. (2006, October). *Mutual benefits: Developing intercultural learners and ITAs*. Presentation at the annual conference of the Professional and Organizational Development Network in Higher Education (POD), Portland, OR.

Wright, M. C. , Cook, C. E. , & O'Neal, C. (2009). The role of a teaching center in administrative training: A developmental model for academic leadership preparation. In L. B. Nilson & J. E. Miller (Ed.), *To Improve the Academy: Resources for Faculty, Instructional, and Organizational Development*, Vol. 27(pp. 278—291). San Francisco, CA: Jossey-Bass.

Wright, M. C. , Cook, C. E. , & O'Neal, C. (2010). Developing and renewing department chair leadership. In L. B. Nilson & J. E. Miller (Eds.), *To Improve the Academy: Resources for Faculty, Instructional, and Organizational Development*, Vol. 28(pp. 278—291). San Francisco, CA: Jossey-Bass.

Wright, M. C. , & Kaplan, M. (Eds.). (2007). *Handbook on Departmental GSI Development*. Ann Arbor, MI: Center for Research on Learning and Teaching (CRLT), University of Michigan. Available: <<http://www. crlt. umich. edu/gsis/deptgsidevelopment. php>>.

Wright, M. C. , Purkiss, J. , O'Neal, C. , & Cook, C. E. (2008). International teaching assistants and student retention in the sciences. *Studies in Graduate and Pro-*

fessional Student Development, 11(1)：109－120.

Wright, W. A. , & O'Neill, W. M. (1995). Teaching improvement practices：International perspectives. In W. Alan Wright & Associates (Eds.), *Teaching improvement practices：Successful strategies for higher education* (pp. 1－57). Bolton, MA：Anker.

Wrzesniewski, A. , & Dutton, J. E. (2001). Crafting a job：Revisioning employees as active crafters of their work. *Academy of Management Review*, 26(2), 179－201.

Wulff, D. H. , & Nyquist, J. D. (1986). Using qualitative methods to generate data for instructional improvement. In M. Svinicki, J. Kurfiss, & J. Stone (Eds.), *To Improve the Academy：Resources for Faculty, Instructional, and Organizational Development*, *Vol.* 5 (pp. 37－46). The Professional and Organizational Development Network in Higher Education (POD) and The National Council for Staff, Program and Organizational Development.

Xie, Y. , &Shauman, K. A. (2003). *Women in science：Career processes and outcomes.* Cambridge, MA：Harvard University Press.

Yazisi, H. J. (2004). Student perceptions of collaborative learning in operations management classes. *Journal of Education for Business*, 80(2), 110－118.

Young, R. E. (1987, Winter). Evaluating faculty development programs：Program goals first. In J. F. Wergin & L. A. Braskamp (Eds.) (pp. 71－82). New Directions for Institutional Research, No. 56. San Francisco, CA：Jossey-Bass. doi：10. 1002/ir. 37019875609

Zhu, E. (2007). *Teaching with clickers.* CRLT Occasional Paper, No. 22. Ann Arbor, MI：Center for Research on Learning and Teaching, University of Michigan.

Zhu, E. , & Bergom, I. (2010). *Lecture capture：A guide for effective use.* CRLT Occasional Paper, No. 26. Ann Arbor, MI：Center for Research on Learning and Teaching, University of Michigan.

Zhu, E. , Groscurth, C. , Bergom, I. , & Hershock, C. (2010). Assessing and meeting TA's instructional technology training needs：Research and practice. *Journal of Faculty Development.* 24(3).

Zuber-Skerrit, O. (1992). *Action research in higher education：Examples and reflections.* London, UK：Kogan Page.

Zuelke, D. C, & Nichols, T. M. (1995, November). *Collaborative school climate action research for school improvement：Part II.* Paper presented at the Annual Meeting of the Mid-South Education Research Association, Biloxi, MS.